"十四五"职业教育国家规划教材

"十三五"职业教育国家规划教材

职业教育电子商务类专业改革创新教材

网络营销实务

第 2 版

主　　　编	黄文莉　李卫薇
副 主 编	丁　莎　王　辉
参　　　编	潘　璇　宋宇一　刘靓靓
	王诗薇　马旭伟　郭　黎

机 械 工 业 出 版 社

本书第1版获评为"十三五""十四五"职业教育国家规划教材，依据《中等职业学校电子商务专业教学标准》，参照电子商务行业标准和相关1+X职业技能等级标准，并结合网络营销岗位实际需求编写而成。

本书共有10个项目、20个任务、41个活动，包括走进网络营销、网络营销平台认知、网络营销文案编辑、搜索引擎营销及优化、微博营销、微信营销、社群营销、短视频营销、直播营销、网络营销效果测评。本书采用项目式教材编写体例，强调实践性教学，具有较强的实操性，不仅能很好地激发学生的学习兴趣，而且有利于学生对知识和技能的掌握，每个项目后都附有习题，供学生进行自主学习和巩固训练。

本书可作为中等职业学校电子商务、市场营销、移动商务和网络营销等专业的教学用书，也可作为网络创业者和电子商务从业人员的参考用书及相关培训用书。

本书配有丰富的教学资源，包括PPT电子课件、电子教案、习题及答案等，授课教师可通过机械工业出版社教育服务网（www.cmpedu.com）注册后免费获得；同时为重要知识点配备了生动的微课讲解视频资源，以二维码形式呈现于书中；通过超星学习通平台建立的网上课程更使本书如虎添翼，辅助教师教学、引领学生自学。

图书在版编目（CIP）数据

网络营销实务/黄文莉，李卫薇主编．—2版．—北京：机械工业出版社，2024.2（2025.8重印）
"十四五"职业教育国家规划教材：修订版　职业教育电子商务类专业改革创新教材
ISBN 978-7-111-75245-5

Ⅰ．①网…　Ⅱ．①黄…②李…　Ⅲ．①网络营销-中等专业学校-教材
Ⅳ．①F713.36

中国国家版本馆CIP数据核字（2024）第049161号

机械工业出版社（北京市百万庄大街22号　邮政编码100037）
策划编辑：宋　华　　　　责任编辑：宋　华　赵晓峰
责任校对：张雨霏　牟丽英　封面设计：王　旭
责任印制：单爱军
中煤（北京）印务有限公司印刷
2025年8月第2版第5次印刷
210mm×285mm · 16.25印张 · 320千字
标准书号：ISBN 978-7-111-75245-5
定价：49.80元

电话服务　　　　　　　　　网络服务
客服电话：010-88361066　　机 工 官 网：www.cmpbook.com
　　　　　010-88379833　　机 工 官 博：weibo.com/cmp1952
　　　　　010-68326294　　金 书 网：www.golden-book.com
封底无防伪标均为盗版　　机工教育服务网：www.cmpedu.com

关于"十四五"职业教育国家规划教材的出版说明

为贯彻落实《中共中央关于认真学习宣传贯彻党的二十大精神的决定》《习近平新时代中国特色社会主义思想进课程教材指南》《职业院校教材管理办法》等文件精神，机械工业出版社与教材编写团队一道，认真执行思政内容进教材、进课堂、进头脑要求，尊重教育规律，遵循学科特点，对教材内容进行了更新，着力落实以下要求：

1.提升教材铸魂育人功能，培育、践行社会主义核心价值观，教育引导学生树立共产主义远大理想和中国特色社会主义共同理想，坚定"四个自信"，厚植爱国主义情怀，把爱国情、强国志、报国行自觉融入建设社会主义现代化强国、实现中华民族伟大复兴的奋斗之中。同时，弘扬中华优秀传统文化，深入开展宪法法治教育。

2.注重科学思维方法训练和科学伦理教育，培养学生探索未知、追求真理、勇攀科学高峰的责任感和使命感；强化学生工程伦理教育，培养学生精益求精的大国工匠精神，激发学生科技报国的家国情怀和使命担当。加快构建中国特色哲学社会科学学科体系、学术体系、话语体系。帮助学生了解相关专业和行业领域的国家战略、法律法规和相关政策，引导学生深入社会实践、关注现实问题，培育学生经世济民、诚信服务、德法兼修的职业素养。

3.教育引导学生深刻理解并自觉实践各行业的职业精神、职业规范，增强职业责任感，培养遵纪守法、爱岗敬业、无私奉献、诚实守信、公道办事、开拓创新的职业品格和行为习惯。

在此基础上，及时更新教材知识内容，体现产业发展的新技术、新工艺、新规范、新标准。加强教材数字化建设，丰富配套资源，形成可听、可视、可练、可互动的融媒体教材。

教材建设需要各方的共同努力，也欢迎相关教材使用院校的师生及时反馈意见和建议，我们将认真组织力量进行研究，在后续重印及再版时吸纳改进，不断推动高质量教材出版。

机械工业出版社

第2版前言

本书依据党的二十大报告关于"加快发展数字经济,促进数字经济和实体经济深度融合,打造具有国际竞争力的数字产业集群"精神,依据《中等职业学校电子商务专业教学标准》,组织电子商务专业教师,根据电子商务专业教学改革的需要,结合网络营销核心岗位职责的实际需求编写而成。

党的二十大报告指出,电子商务是数字经济产业中的一个重要领域,它利用互联网技术和数字化工具,改变了传统的商业模式和经济活动方式,促进了商品和服务的创造、销售、交付和交换,为数字经济的快速发展提供了强大的支撑。

随着互联网信息技术和新媒体的快速发展,网络营销正处于前所未有的良好发展阶段。传统的网络营销形式正在发生改变,出现了更加丰富的营销方式和手段,拓宽了企业的营销渠道,为企业提供了更广阔的营销空间,达到了较好的网络营销效果。同时,政府陆续出台了一系列政策扶持电子商务的发展。电子商务的蓬勃发展凸显出电子商务人才的短缺,其中网络营销方向的人才短缺较严重。本书在第1版的基础上,对教材内容进行了必要的调整,使之与行业需求接轨,更加符合社会对网络营销人才的需求。

本书根据网络营销工作岗位职责的要求,在编写时突出实践性,重点传授开展各种网络营销的技巧,以及在不同平台上开展网络营销的实战方法。全书共有10个项目、20个任务、41个活动,旨在指导学生掌握网络营销的方法和技能,培养学生分析和解决实际问题的能力,把真实的网络营销案例提炼出来作为实践项目,让学生在第一时间学到真正实用的技能,提升学生的综合职业能力。

本书适用于中职高二年级的专业核心课程,其前续课程可为"市场营销""电子商务基础"等,后置课程可为"网店运营管理""新媒体营销""移动电子商务"等。

本书有以下4大特色:

1. **岗课赛证融通**。习近平总书记在党的二十大报告中指出:"高质量发展是全面建设社会主义现代化国家的首要任务。"本书以《中等职业学校电子商务专业教学标准》为依据,参照相关1+X职业技能等级标准和职业技能大赛标准,融入新知识、新技术、新工艺,为中职院校和行业企业培养高质量的电子商务和网络营销人才,服务行业发展和产业转型升级。

2. **思政元素融入**。本书以落实立德树人根本任务为育人目标,在案例的选择中,突出国有品牌、国有企业、重大事件中国民的正能量行为,弘扬社会主义核心价值观,弘扬企业家精神,着力培养学生深厚的爱国情怀、国家认同感、民族自豪感,树立文化自信,提高遵规守纪意识,使学生具有社会责任感和参与意识,与思政课程一起形成协同育人效应。

3. **职教特色鲜明**。本书充分体现项目引领、任务驱动、实践导向的课程设计理念，突出中职教育"学以致用、做学合一"的特点，将网络营销职业岗位能力具体化为多个项目，根据任务主题设计相应的职场情景和实践活动，在任务驱动下让学生"做中学，学中做"，激发学生的学习兴趣，变被动学习为主动探究，将相关的理论知识融入实践探究活动中，以够用、适用、实用为度，力求做到学以致用。本书适用于项目教学、案例教学、情景教学和工作过程导向教学等多元化教学方式。

4. **课程资源丰富**。本书配有教学资源包，包括教学PPT、教案、参考答案、教学视频等教师教学资源和学生学习资源。教材内容与数字化资源的紧密结合，满足了信息化教学的需要，特别是对采用线上、线下融媒体教学方式起到支撑作用。

本书建议按学时完成，具体学时分配如下：

项 目	内 容	参 考 学 时
项目一	走进网络营销	6
项目二	网络营销平台认知	6
项目三	网络营销文案编辑	8
项目四	搜索引擎营销及优化	8
项目五	微博营销	6
项目六	微信营销	8
项目七	社群营销	6
项目八	短视频营销	6
项目九	直播营销	8
项目十	网络营销效果测评	6
机动学时		4
总计学时		72

本书由武汉市财贸学校黄文莉、李卫薇担任主编，武汉市财政学校丁莎、武汉市教育科学研究院王辉担任副主编，参编人员有杭州市开元商贸职业学校刘靓靓、武汉市财贸学校潘璇、宋宇一、王诗薇、北京博导前程信息技术有限公司马旭伟、武汉软件工程职业学院郭黎。在编写本书之初，武汉昕馨向荣文化传播有限公司任晓林总经理、湖北创研楚商科技有限公司庞盖总经理等企业人员参与了本书内容取舍等框架制定工作，并为本书编写提供了许多有价值的真实案例。本书编写得到了武汉市财贸学校、武汉市财政学校、杭州市开元商贸职业学校、武汉软件工程职业学院的大力支持，并参考了一些网络营销方面的网站资料和书籍，在此一并表示衷心的感谢！由于编者水平有限，不足之处在所难免，恳请广大读者批评指正。

编 者

第1版前言

本书依据《中等职业学校电子商务专业教学标准》，组织电子商务专业教师，根据电子商务专业教学改革的需要，结合网络营销核心岗位职责的实际需求编写而成。

随着互联网的不断发展，网络营销正处于前所未有的良好发展阶段，政府陆续出台了一系列政策来扶持电子商务的发展，电子商务的蓬勃发展使得电子商务人才短缺，其中网络营销方向的人才需求量较大。本书根据网络营销工作岗位职责的要求，在编写时突出实践性，重点传授网络营销的技巧，开展各种网络营销的实战方法，以及不同平台上的网络推广实战技巧。全书共有10个项目、20个任务、41个活动，指导学生掌握网络营销的方法和技能，旨在培养学生分析和解决实际问题的能力，把真实的网络营销工作任务提炼出来作为实践项目，让学生第一时间学到真正实用的技能，提升学生的综合职业能力。

本书的特色是充分体现项目引领、任务驱动、实践导向的课程设计理念，突出中职教育"学以致用、做学合一"的特点，将网络营销职业岗位能力具体化为多个项目，每个项目下的任务都根据任务主题设计相应的职场情景和实践活动，在任务驱动下让学生"做中学，学中做"，激发学生的学习兴趣，变被动学习为主动探究，将相关的理论知识融入实践探究活动中，降低理论难度和知识要求，以够用、适用、实用为度，力求做到学以致用。同时，本书设计有评价环节，有利于学生对知识进行回顾和总结，加深对知识的理解与掌握，也利于教师对教学效果的直观了解和把控。

本书建议学时完成，具体学时分配如下：

项 目	内 容	参 考 学 时
项目一	走进网络营销	6
项目二	网络营销平台认知	8
项目三	网络营销文案编辑	8
项目四	搜索引擎营销及优化	8
项目五	E-mail营销	6
项目六	论坛营销	6
项目七	QQ营销	6
项目八	微博营销	8
项目九	微信营销	10
项目十	网络营销效果测评	6
总计学时		72

本书由武汉市财贸学校黄文莉担任主编，武汉机电工程学校余汉丽、武汉市财贸学校李卫薇担任副主编，参编人员有武汉市财政学校丁莎、杭州市开元商贸职业学校刘靓靓、武汉市财贸学校潘璇和宋宇一。本书在编写过程中，得到了武汉市财贸学校、武汉机电工程学校、武汉市财政学校、杭州市开元商贸职业学校的大力支持，并参考了一些网络营销方面的网站资料和书籍，在此一并表示衷心的感谢！由于编者水平有限，不足之处在所难免，恳请广大读者批评指正。

编　者

本书配套混合式教学包的获取与使用

超星学习通
www.chaoxing.com

本教材配套数字资源已作为示范教学包上线超星学习通，教师可通过学习通获取本书配套的 PPT电子课件、电子教案、微课视频、课后练习题、作业包 等。

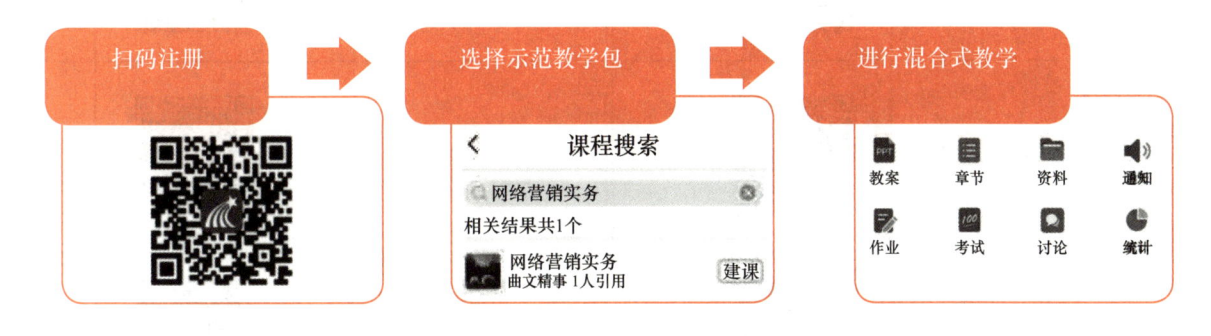

扫码注册	选择示范教学包	进行混合式教学
(二维码)	课程搜索：网络营销实务，相关结果共1个，网络营销实务 曲文精事 1人引用 建课	教案 章节 资料 通知 / 作业 考试 讨论 统计

扫码下载超星学习通APP，手机注册，单击"我"→"新建课程"→"用示范教学包建课"，搜索并选择"网络营销实务"教学资源包，单击"建课"，即可进行线上线下混合式教学。

学生加入课程班级后，教师可以利用 丰富媒体 资源，配合本教材，进行线上线下 混合式 教学，贯穿课前课中课后的日常教学全流程。混合式教学资源包提供 PPT课件、微课视频、课程章节、在线测验和课堂讨论 等。

PPT课件　微课视频　课程章节　课堂讨论　课后练习

扫码学课程

二维码索引

名称	二维码	页码	名称	二维码	页码
微课1　网络营销认知		2	微课6　微博营销		94
微课2　网络营销工具		6	微课7　微信营销		122
微课3　企业网站营销		26	微课8　社群营销		151
微课4　网络营销文案		49	微课9　短视频营销		170
微课5　搜索引擎营销		73	微课10　直播营销		199

目 录

第 2 版前言

第 1 版前言

二维码索引

项目一　走进网络营销　/ 001

任务一　初识网络营销　/ 001

　　活动一　发现身边的网络营销　/ 002

　　活动二　认识网络营销方式及职能　/ 008

任务二　认知网络营销岗位　/ 014

　　活动一　了解网络营销岗位职业素养　/ 014

　　活动二　了解网络营销岗位职责　/ 019

项目二　网络营销平台认知　/ 025

任务一　认知企业网站　/ 025

　　活动一　企业网站解析　/ 026

　　活动二　企业网站需求分析　/ 033

任务二　认知网店　/ 036

　　活动一　网店解析　/ 037

　　活动二　网店需求分析　/ 042

项目三　网络营销文案编辑　/ 047

任务一　认知网络营销文案　/ 047

　　活动一　网络营销文案解析　/ 048

　　活动二　了解网络营销文案的写作要素　/ 051

任务二　撰写网络营销文案　/ 053

　　活动一　撰写促销活动方案　/ 053

　　活动二　撰写网络营销软文　/ 056

项目四　搜索引擎营销及优化　/ 065

任务一　认知搜索引擎营销　/ 065
　　活动一　体验搜索引擎营销　/ 066
　　活动二　设置搜索引擎营销的关键词　/ 074
任务二　实施搜索引擎优化　/ 078
　　活动一　网站页面基础优化　/ 078
　　活动二　网站页面内容优化　/ 082

项目五　微博营销　/ 091

任务一　认知微博营销　/ 091
　　活动一　微博营销案例解析　/ 092
　　活动二　确定微博账号类型　/ 097
任务二　微博推广　/ 103
　　活动一　撰写并发布原创微博　/ 103
　　活动二　转发及评论微博　/ 111

项目六　微信营销　/ 119

任务一　认知微信营销　/ 119
　　活动一　微信营销案例解析　/ 120
　　活动二　注册微信订阅号　/ 125
任务二　微信推广　/ 133
　　活动一　撰写微信公众号标题和文案　/ 134
　　活动二　推送产品信息与粉丝互动　/ 137

项目七　社群营销　/ 147

任务一　认知社群营销　/ 147
　　活动一　社群营销案例解析　/ 148
　　活动二　创建社群　/ 154
任务二　社群活动策划　/ 157

活动一　策划社群线上活动　/157
　　活动二　策划社群线下活动　/161

项目八　短视频营销　/167

　任务一　认知短视频营销　/167
　　活动一　短视频营销案例解析　/168
　　活动二　选择短视频发布平台　/171
　任务二　短视频内容策划及发布　/176
　　活动一　确定短视频选题　/176
　　活动二　规划短视频内容及脚本　/181
　　活动三　发布与推广短视频　/187

项目九　直播营销　/195

　任务一　认知直播营销　/195
　　活动一　直播营销案例解析　/196
　　活动二　选择直播平台　/202
　任务二　直播营销策划　/208
　　活动一　规划直播营销活动流程及脚本　/208
　　活动二　维护粉丝　/214

项目十　网络营销效果测评　/219

　任务一　网店数据统计分析　/219
　　活动一　利用"生意参谋"获取数据　/220
　　活动二　网店数据统计分析与效果评估　/226
　任务二　网站数据统计分析　/232
　　活动一　利用"百度统计"获取数据　/232
　　活动二　网站数据统计分析与效果评估　/238

参考文献　/245

项目一 走进网络营销

项目简介

随着互联网与各行业的跨界融合不断加深，新业态、新模式大量涌现。从传统网络营销到新媒体营销，网络营销的发展将步入更高、更新的境界。本项目中，我们将从同学们所熟知的网络营销方式着手，了解网络营销的概念及其作用。我们将通过网络等相关渠道搜索信息，了解网络营销从业人员应具备的职业素质，认识网络营销相关岗位的职责及要求。

项目目标

- 了解网络营销的概念及作用。
- 知道网络营销的基本职能和基本方法。
- 知道网络营销岗位职责和岗位要求。
- 领会网络营销从业人员应具备的职业素养。
- 宣传国有品牌、国有企业，厚植爱国情怀，树立民族自豪感和文化自信。
- 培养学生的职业自豪感与认同感。
- 树立良好的职业信念和职业道德，弘扬社会主义核心价值观。

任务一 初识网络营销

任务介绍

说到天猫、淘宝、"双十一"、微信小程序、抖音直播，同学们一定不陌生。但是大家知道什么是网络营销吗？网络营销有什么作用呢？在本次任务中，我们将带大家走近网络营销，学习网络营销的基础知识，明确网络营销的概念，形成对网络营销的基本认知，了解网络营销的职能和基本方法，理解网络营销对企业电子商务的重要作用。

活动一　发现身边的网络营销

活动描述

李成响是一名电子商务专业二年级的学生，由于表现突出，他和另外几位同学获得到某企业运营部跟岗实习的机会。该企业是一家专业的网络营销服务提供商，主营业务包括网络品牌推广、网络平台建设、网络系统培训及数据营销等。运营部谢经理是他们的指导师傅。李成响和同学们很高兴，也很紧张，并且有些无所适从。谢经理看出了同学们的心事，安排李成响担任团队队长，让他带着同学们上网搜一搜，找出常见的网络营销形式。

活动实施

第一步：了解网络营销的定义，理解网络营销与电子商务的联系与区别。

李成响召集团队成员一起讨论。大家虽然对网络营销知之甚少，但是在生活中接触过不少网络营销事件，因此大家决定通过百度搜索等渠道，了解网络营销的定义及形式，进而深入学习网络营销。

知识链接 ▶▶▶

网络营销是以国际互联网为基础，利用数字化信息和网络媒体的交互性，辅助实现营销目标的营销活动。网络营销贯穿企业网上经营活动的整个过程，从信息发布、信息收集，到以网上交易为主的电子商务的开展，网络营销都是一项重要内容。

网络营销实现了一对一的营销。企业可以通过信息技术，识别目标客户，并将特定的信息适时传递给合适的对象，对不同的客户使用不同的对待方式。

知识加油站

电子商务与网络营销的关系见表1-1。

微课1　网络营销认知

想一想

同学们能否对网络营销定义进行分析，选出定义中的关键词呢？

关键词：_____

表1-1 电子商务与网络营销的关系

内容		电子商务	网络营销
联系		电子商务与网络营销是密切相关的，网络营销是电子商务的重要组成部分	
区别	研究范围	电子商务的内涵很广泛，其核心是电子化交易，电子商务研究的是交易方式和交易过程的各个环节	网络营销研究的是以互联网为主要手段的营销活动
	关注点	电子商务的关注点是实现电子化交易	网络营销的关注点是交易前的宣传、推广及交易后的二次推广
	应用阶段和层次	电子商务可以看作网络营销的高级阶段	企业在开展电子商务前，可以开展不同层次的网络营销活动

试一试

请根据对电子商务与网络营销关系的理解，选择正确的选项，并将选项编号填入图1-1中的空白框内。

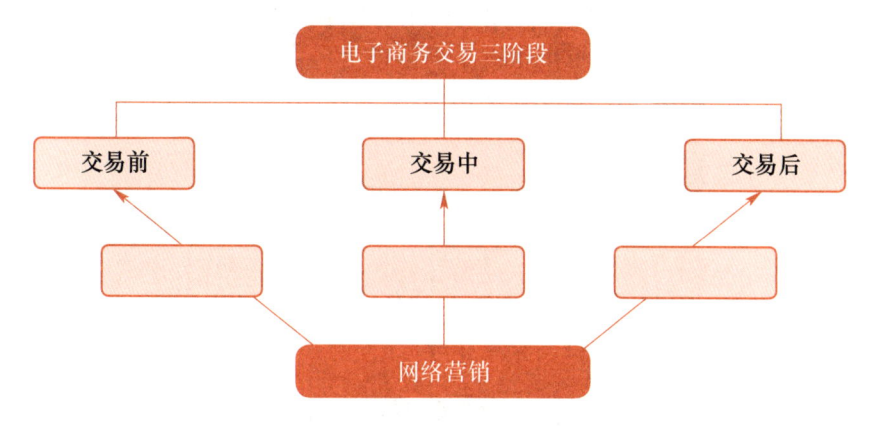

图1-1 电子商务与网络营销关系

选项：①信息收集　②促进销售　③信息传递　④活动宣传及推广
　　　⑤客户关系维护　⑥二次推广　⑦粉丝互动　⑧客户服务

第二步：辨别营销形式，明确网络营销特点。

网络营销与传统营销相比有哪些独特之处呢？带着这个问题，我们继续探究。

图1-2至图1-6呈现的是几种常见的营销形式，请同学们判断哪些是网络营销形式？哪些是传统营销形式？另外，请同学们议一议网络营销与传统营销的区别，以及网络营销的特点。

图1-2　报纸杂志广告

图1-3　微博营销

图1-4　短视频营销

图1-5 超市卖场促销　　　　　　　图1-6 电话营销

议一议

请同学们议一议传统营销与网络营销有什么不同之处，然后将表1-2中所列项目的编号填入传统营销与网络营销对应的_____中。

表1-2 传统营销PK网络营销

比较项目	内　容
产品	①适合任何产品或任何服务项目，特别适合无形产品和定制产品，如电子杂志、网络服务、软件等 ②无法销售任何产品，特别是无形产品和服务
成本价格	③流通环节多、成本高、线下支付、支付方式单一 ④减少中间环节、成本低、支付方式丰富、便利
信息传播媒介	⑤微信、微博、搜索引擎、抖音、社群等，呈现多媒体效果 ⑥报纸、杂志、电视、户外广告等，受时间、版面限制较大
渠道	⑦商场、专卖店、超市、加盟店、直营店等 ⑧电商平台、企业官网、手机APP、微店、线下体验店等，不受时空影响，便于统一规划实施
促销方式	⑨一对一沟通、双向互动、消费者主导、非强迫性的 ⑩一对多沟通、单向的、强迫性的、非个性化的

属于传统营销的是_____
属于网络营销的是_____
请同学们至少说出三个网络营销的特点：_____
_____

> **知识链接**
>
> **1. 传播媒介**
>
> 传播媒介也称为传播渠道、信道、传播工具、媒体等，它是指人借以传递信息与获取信息的工具、渠道、载体、中介物或技术手段，是传播内容的载体。报纸、电视、杂志、广播是四大传统媒体。
>
> **2. 新媒体**
>
> 新媒体是一种相对于传统媒体而言的新兴媒体，是一种利用数字技术、网络技术，通过互联网、宽带局域网、无线通信网、卫星等渠道，以及计算机、手机、数字电视机等终端，向用户提供信息和服务的传播形态。严格地说，新媒体应该称为数字化新媒体。
>
> **3. 营销渠道**
>
> 营销渠道是指某种商品或服务从生产者向消费者转移时，取得这种商品或服务所有权或帮助转移其所有权的所有企业或个人。简单地说，营销渠道就是商品和服务从生产者向消费者转移的具体通道或路径。

第三步：通过网络搜索和学习，发现更多的网络营销形式。

随着互联网影响的进一步扩大，人们对网络营销理解的进一步加深，以及越来越多网络营销成功案例的出现，人们逐步体会到网络营销的诸多优点，并越来越多地通过网络进行营销推广。

谢经理向李成响团队提供了一些网络营销实例，团队进行了网络学习。

常见的网络营销形式：

形式一：网络广告营销

网络广告营销是指通过网络广告投放平台，利用网站上的广告横幅、文本链接、多媒体等，在互联网刊登或发布广告，如图1-7所示。

图1-7 投放网络广告

形式二：搜索引擎营销

搜索引擎营销是指根据用户使用搜索引擎的方式，利用用户检索信息的机会，尽可能将营销信息传递给目标用户，如图1-8所示。

图1-8 百度搜索引擎营销

形式三：微信营销

微信营销是网络经济时代企业或个人的一种营销模式，是伴随着微信的火爆而兴起的一种网络营销形式，是新媒体营销的表现形式之一，如图1-9所示。

形式四：直播营销

直播营销是一种营销形式上的重要创新，它弥补了企业单纯靠图文进行营销的缺憾，在微博、微信之外，开辟了一个更为立体、生动的营销阵地。直播营销也是新媒体营销的表现形式之一，如图1-10所示。

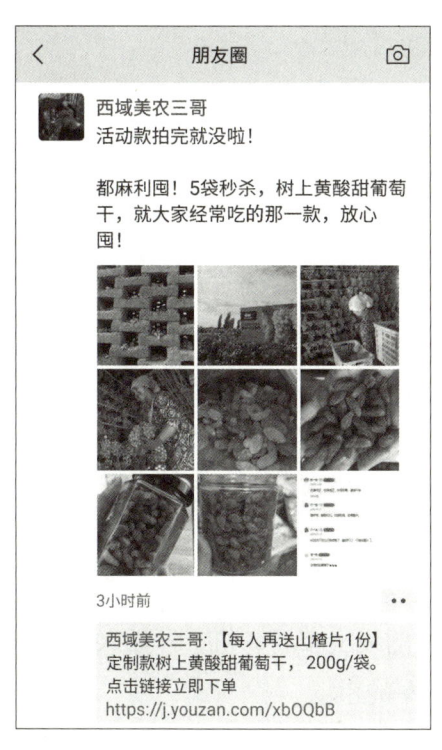

图1-9 微信朋友圈营销　　　　　　　图1-10 直播营销

> **知识链接**
>
> **1. 新媒体营销**
>
> 新媒体营销是指利用新兴的数字媒体平台进行推广和营销活动，包括微信营销、微博营销、社群营销、视频与直播营销等。新媒体营销依赖于互联网和数字技术的发展，与网络营销密不可分。
>
> **2. 网络营销与新媒体营销的关系**
>
> 网络营销是企业整体营销战略的一个组成部分，是指为实现企业总体经营目标，以互联网为基本手段，营造网上经营环境的各种活动。简单地说，网络营销是以互联网为主要平台，为达到一定营销目的而开展的全面营销活动。互联网的发展和社会环境的进步促进了新媒体的发展，新媒体营销已逐渐成为网络营销的主要手段和渠道，并成为网络营销的一部分。

试一试

1. 看了列举的网络营销形式，同学们能发现这些形式有哪些共同点吗？

2. 请同学们思考并结合网络搜索，另外寻找2~3个生活中常见的网络营销形式。

活动二　认识网络营销方式及职能

活动描述

李成响和队员们研究了身边的网络营销，了解了网络营销的定义及特点，变得热情高涨起来。但他们也认识到自己对网络营销的认知还十分缺乏，于是决定通过互联网，进一步了解网络营销的方式、职能和作用。

活动实施

第一步：通过案例分析，认识网络营销方式。

案例 1-1

罐头曾在中国传统食品工业中扮演过艳惊四座的角色，但现在，罐头行业已不复当年的辉煌。国内消费者对罐头的误解，导致国内人均消费量远远低于发达国家，罐头市场拓展遭遇瓶颈。而原材料涨价、人工费率提升等因素不断加大罐头企业的成本压力，再加上罐头企业分散、集中度低的问题一直没有改善，使得全行业面临严峻挑战。

在这样的形势下，国内罐头行业的发展前景在哪里呢？在这个口碑为王的电商大时代，越来越多传统行业看到了诱人的线上市场商机，开始入驻互联网，因而，电商市场将是罐头行业接下来最该进军的市场。

上海梅林正广和股份有限公司（简称"上海梅林"）是中国罐头品牌十大企

业之一，它的前身是上海梅林罐头食品厂。上海梅林正处于一个转型期。上海梅林认为互联网渠道的特点是"营销先行"，为了抓住机遇，他们制定了网络营销战略，明确了实施网络营销的最根本目的——把企业宣传出去，并在最短的时间内建立了企业网站，如图1-11所示，迅速将其投入使用，提高品牌的网上知名度。

图1-11 上海梅林正广和股份有限公司网站

上海梅林以网站为载体，辅以其他网络媒介，进行广告宣传、拓展市场，为产品准确定位，采取差异化的网络营销竞争策略，突出了企业形象和企业产品特色。上海梅林抓住了互联网的优势，将网站信息进行整合，构建权威的官方信息源，实现用户和用户之间、用户和网站之间大规模信息交互，使网站成为一个很好的营销平台，把线下的交易以互联网的形式呈现出来。上海梅林最终爆发出巨大能量，成为全国罐头行业佼佼者。

想一想

请同学们思考一下，上海梅林的网络营销方式属于哪一种？上海梅林的企业网站在营销中起了怎样的作用？

知识链接

按照企业是否拥有自己的网站来划分，网络营销方式分为两类：基于企业站点的网络营销和无站点网络营销。

（1）基于企业站点的网络营销。基于企业站点的网络营销是指企业通过自己的网站开展网络营销活动。

企业网站是企业开展网络营销的基础，是企业重要的网络营销工具之一，是综合性的网络营销工具。企业只有建立合适的网络营销平台，才能更加有效地通过各种途径开展网络营销，才能使企业网络营销的作用充分发挥出来。

基于企业站点的网络营销方式通常包括搜索引擎营销、传统网络营销（QQ营销、论坛营销、E-mail营销等）、新媒体营销（微信营销、直播营销、短视频营销等）。

（2）无站点网络营销。无站点网络营销是指企业没有建立自己的网站，而是利用互联网的资源（如电子邮件、论坛等），开展初步的网络营销活动，属于初级的网络营销。

企业没有建立自己的网站可分为两种情形：一种是企业暂时没有条件或者认为没有必要建立网站；另一种是企业不需要建立网站即可达到网络营销的目的，如开展临时性、阶段性的网络营销活动，或者由于向用户传递的营销信息量比较小，无须通过企业网站即可实现信息传递。

企业没有建立自己的网站，也可以利用一定的方法开展网络营销。无站点网络营销方法包括发布供求信息、发布网络广告、微信营销、短视频营销等，或者利用网上商店、网上拍卖、直播带货等形式开展在线销售。对于大多数传统行业企业，尤其是中小企业，无站点网络营销较为普遍。

议一议

OPPO联合《浙江卫视年中盛典》，以"反正都精彩"为主题开展新品发布会，并通过微博同步直播。发布会上的很多精彩视频片段以短视频的方式通过微博发送出去。这种充分利用微博的各个功能，全方位、规模化的矩阵式传播营销方式，使OPPO的新品发布会成功登顶当天的微博话题榜和热搜榜。在以上营销热度的基础上，OPPO推出的新品触达全网网民，实现了全网营销的目的。

请同学们分析：

1. OPPO的这次新品推广活动运用的网络营销方式是什么？
2. 如果OPPO用报纸来开展此次营销活动，能在较短的时间内产生同样强大的品牌效应和产品热度吗？这次活动体现了网络营销的哪些优势？

第二步：认识网络营销职能，明确网络营销作用。

知识链接

网络营销职能

职能是指人、事物、机构应有的作用。网络营销可以在八个方面发挥作用：网络品牌、网站推广、信息发布、销售促进、网上销售、客户关系、客户服务、网上调研。这也是网络营销的八大职能。网络营销职能的实现需要借助一种或多种网络营销手段，网络营销手段随着互联网技术的发展而不断发展。

网络营销职能不仅表明了网络营销的作用和网络营销工作的主要内容，而且表明了网络营销可以实现的效果。加强对网络营销职能的认识，有助于我们全面理解网络营销的价值和网络营销的内容体系。

网络营销各项职能之间并非相互独立的,而是相互联系、相互促进的。网络营销的最终效果是各项职能共同作用的结果。网站推广、信息发布、客户关系、客户服务、网上调研属于网络营销的投入和建设,是网络营销基础职能;网络品牌、销售促进、网上销售则表现为网络营销的效果。网络营销职能关系如图1-12所示。

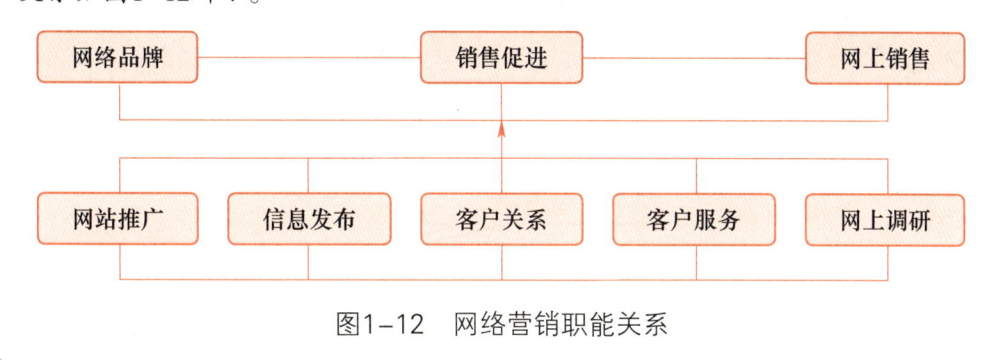

图1-12 网络营销职能关系

(1)登录企业网站进行浏览,体验企业网站的功能。(温馨提示:由于企业网站经常更新,请以网站实时信息为准。下同)

谢经理向大家介绍了华为技术有限公司(简称"华为")官网(http://www.huawei.com/cn/),带着同学们登录华为官网首页,如图1-13所示。谢经理先带大家对首页内容进行浏览,然后选择导航栏"服务支持"下的"企业业务支持"菜单,单击"互动社区"栏目链接,进入相应的二级页面。

图1-13 华为官网首页

(2)进入"互动社区"栏目的二级页面,发现页面内容十分丰富,包括"版块""圈子""专题""积分商城""名人堂"等,如图1-14所示。浏览者只要注册成为华为会员,就可以在网站上发帖、参加各种活动。企业可以与客户进行互动交流,了解客户的需求,增进与客户的关系，提高服务质量。

"互动社区"栏目的二级页面，内容十分丰富，功能强大

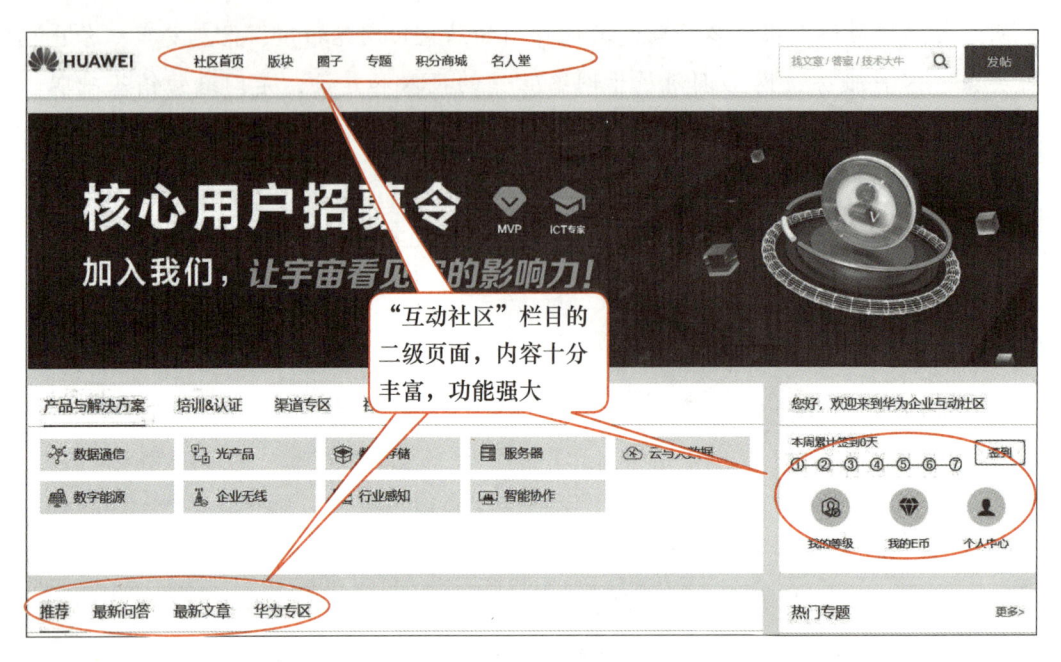

图1-14 "互动社区"栏目下的二级页面

试一试

1. 请分别进入华为官网各栏目的二级页面进行浏览，全面了解网站功能，完成表1-3。

表1-3 华为官网基本功能一览表

网站名称	网站Logo（标识）	网站首页导航栏目名称	二级页面的主要内容	栏目功能简要说明
华为官网		服务支持→企业业务支持→互动社区	圈子、积分商城、社区动态、最新问答、发帖、签到等	注册成为华为会员，就可以在网站上发帖、参加各种活动。企业可以与客户进行互动交流，了解客户的需求，增进与客户的关系，提高服务质量，增加客户黏性，提高转化率

2. 请在体验企业网站功能后，结合对网络营销职能的认识，完成下面的连线，如图1-15所示，建立华为网站功能与网络营销职能的对应关系。

华为网站功能	网络营销职能
新闻与活动	网络品牌
华为商城	
云社区	网站推广
华为服务日	
在线客服	信息发布
华为云	
最新问答	销售促进
商用产品及方案	
了解我们	网上销售
热点话题	
合作伙伴	客户关系
视频中心	
市场活动	客户服务
华为认证	
积分商城	网上调研
企业客户培训	

图1-15 华为网站功能与网络营销职能的对应关系

想一想

请同学们思考一下，如果华为没有建立自己的网站，它该如何开展网络营销活动？无站点网络营销有哪些利弊？

议一议

请分别登录联想集团（简称"联想"）和小米科技有限责任公司（简称"小米"）网站，体验网站基本功能，议一议这些网站是否实现了网络营销的基本职能，还有哪些不足之处，并填写表1-4。

表1-4 企业网站网络营销职能诊断表

企业网站名称	网络营销职能（实现打"√"，未实现打"×"）								不足之处
	网络品牌	网站推广	信息发布	销售促进	网上销售	客户关系	客户服务	网上调研	
联想									
小米									

任务评价

初识网络营销任务评价见表1-5。

表1-5　初识网络营销任务评价表

序　号	评价项目	自　我　评　价			
		能准确阐述（优）	能阐述（良）	能大概阐述（合格）	不能阐述（不合格）
1	网络营销的概念				
2	网络营销的特点				
3	网络营销的基本方法				
4	网络营销的职能				

教师评价：

任务二　认知网络营销岗位

任务介绍

作为电子商务专业的学生，大家毕业后能否找到合适的网络营销岗位，是所有人共同关心的话题。在本次任务中，我们将通过各种渠道，了解电子商务师国家职业技能标准，认知网络营销人员需具备的职业素养和专业技能，学习网络营销岗位职责，为即将开始的网络营销工作奠定基础。

活动一　了解网络营销岗位职业素养

活动描述

在上次任务中，李成响团队知道了网络营销的重要性，也对网络营销职业产生了浓厚的兴趣，但是他们对电子商务师国家职业技能标准不了解，不知道自己是否具备任职资格。于是谢经理接下来将对同学们进行岗前培训。

活动实施

第一步：通过网络搜索，了解国家职业技能标准相关信息。

李成响团队通过网络获知，2019年12月电子商务师国家职业资格证书退出国家职业资格目录。电子商务师不再由政府或其授权的单位认定发证，推行职业技能等级制度，发证部门改为由中华人民共和国人力资源和社会保障部遴选的社会培训评价组织和用人单位。电子商务师职业技能等级证书样式如图1-16所示。

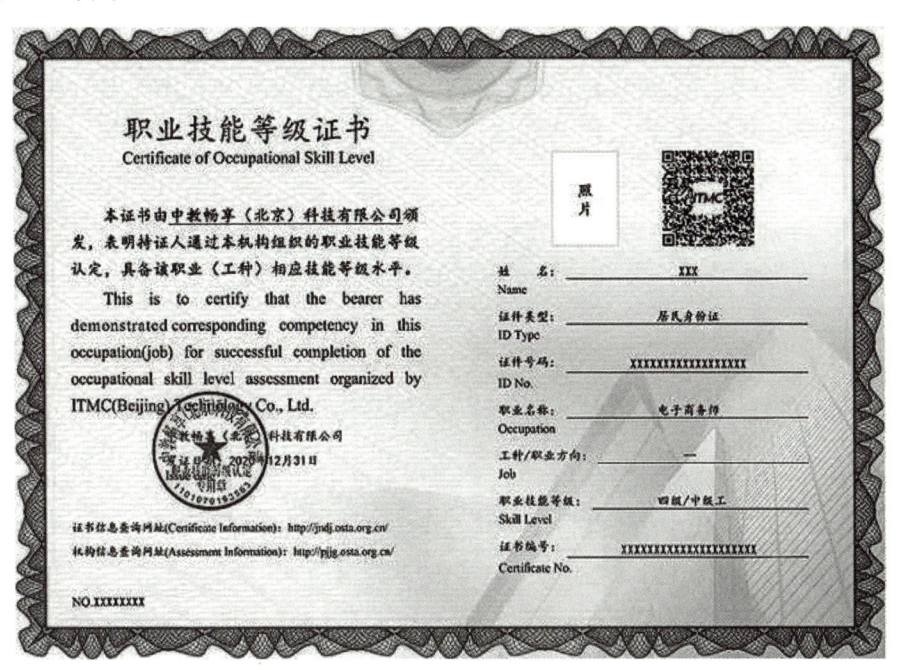

图1-16 电子商务师职业技能等级证书样式

> 📖 **知识链接** ▶▶▶
>
> **1．电子商务师**
>
> 电子商务师是指利用计算机技术、网络技术等现代信息技术，通过专业的网络商务平台，帮助商家与顾客或商家与商家从事各类商务活动或相关工作的人员，可以说是融IT与商务于一身的高素质复合型人才。其职业能力特征是应具有一定的学习能力、动手能力、计算能力、语言表达能力和人际沟通能力；身心健康，视觉、听觉正常。普遍受教育程度是初中毕业（或相当文化程度）。
>
> **2．国家职业技能标准**
>
> 国家职业技能标准是在职业分类的基础上，根据职业活动内容，对从业人员的理论知识和技能要求提出的综合性水平规定。它是开展职业教育培训和人才技能鉴定评价的基本依据。国家职业技能标准由中华人民共和国人力资源和社会保障部组织制定并统一颁布。
>
> **3．电子商务师国家职业技能标准**
>
> 为规范从业者的从业行为，引导职业教育培训的方向，为职业技能鉴定提供依据，根据《中华人民共和国劳动法》，适应经济社会发展和科技进步的客观需要，立足培育工匠精神和精益求精的敬业风气，人力资源和社会保障部组织有关专家，制定了《电子商务师国家职业技能标准（2022年版）》（以下简称《标准》）。该《标准》对电子商务师从业人员的职业活动进行了细致描述，对各等级从业者的技能水平和理论知识水平进行了明确规定。该《标准》经中华人民共和国人力资源和社会保障部批准，自2022年7月12日起施行。

> **想一想**
>
> 请同学们通过网络，搜索一下中职学生可以申报哪个等级电子商务师？该等级具备怎样的申报条件？

4. 电子商务师职业技能等级

电子商务师职业技能共设五个等级，分别为五级/初级工、四级/中级工、三级/高级工、二级/技师、一级/高级技师。其中，五级/初级工、四级/中级工、三级/高级工、二级/技师分为网商、跨境电子商务师两个工种，一级/高级技师不分工种。

5. 电子商务师的职业守则

电子商务师的职业守则是遵纪守法，爱岗敬业；诚信为本，热情服务；保守秘密，注重安全；勇于开拓，积极创新。

试一试

请同学们通过网络搜索，将《标准》中关于电子商务师营销推广职业功能工作要求的内容填入表1-6中。

表1-6 电子商务师营销推广职业功能工作要求

职业等级	职业功能：营销推广		
	工作内容	技能要求	相关知识要求
五级/初级工			
四级/中级工			
三级/高级工			
二级/技师			

第二步：通过网络搜索，了解网络营销岗位设置。（温馨提示：由于招聘网站经常更新，请以网站实时信息为准。下同）

（1）登录智联招聘网首页（http://www.zhaopin.com），左侧是职业类别，如图1-17所示。

图1-17 智联招聘网首页

（2）把鼠标指针放到职业类别中的"互联网IT"上，在右侧会显示其下的职业岗位列表，了解与网络营销相关的职业岗位，如图1-18所示。

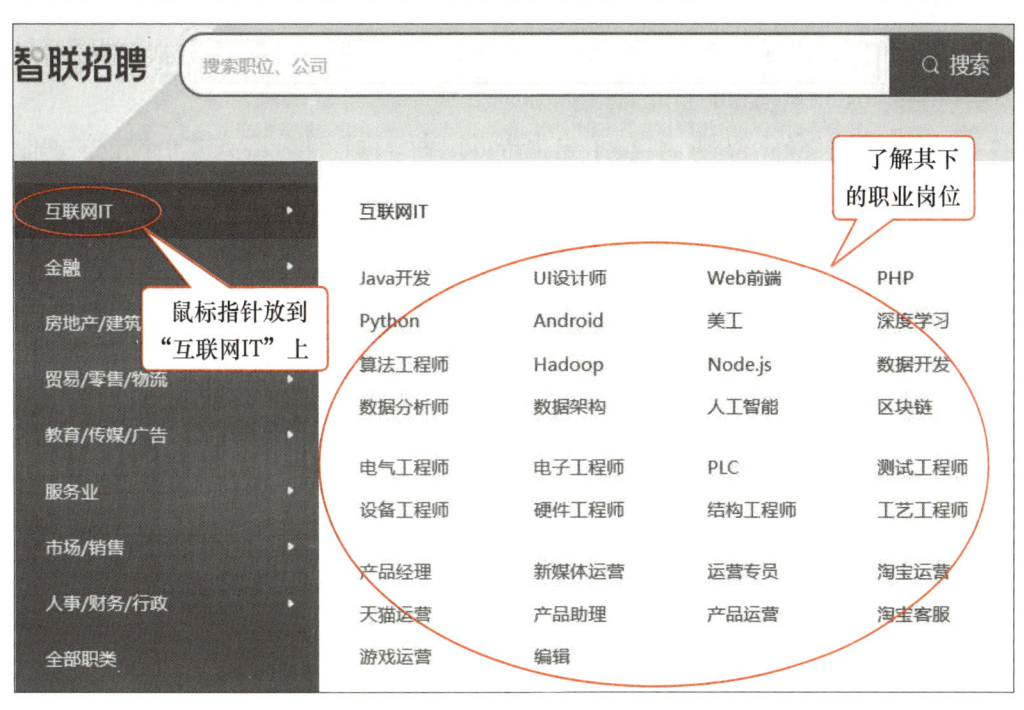

图1-18　了解"互联网IT"下的职业岗位

（3）把鼠标指针放到职业类别中的"市场/销售"上，在右侧会显示其下的职业岗位列表，了解与网络营销相关的职业岗位，如图1-19所示。

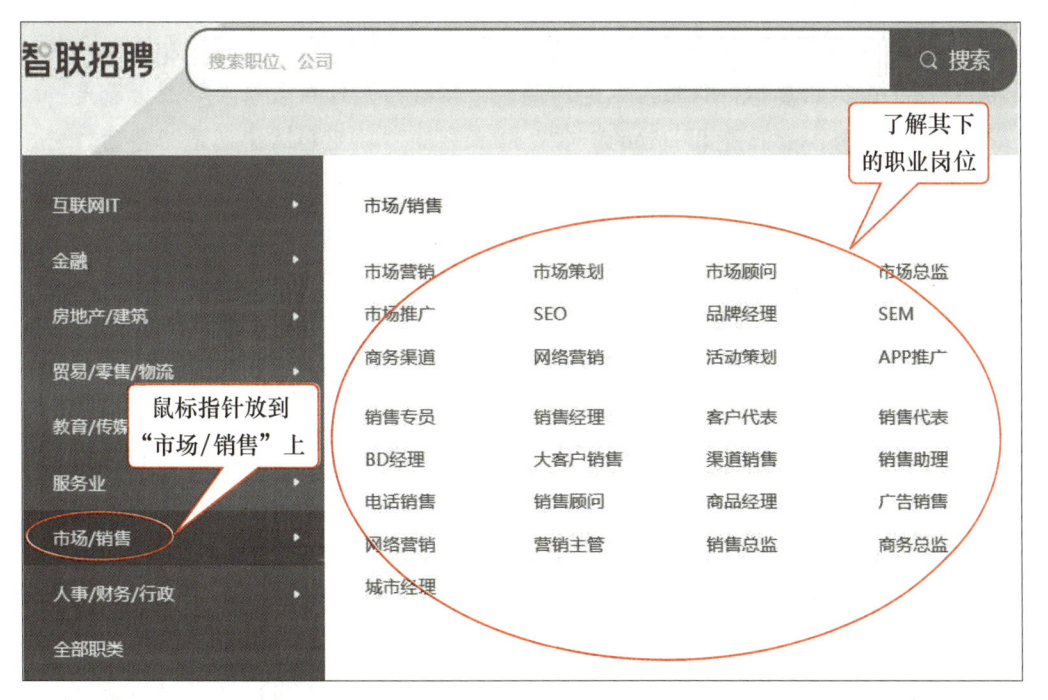

图1-19　了解"市场/销售"下的职业岗位

第三步： 通过案例分析，了解网络营销岗位职业素养。

试一试

请同学们对图1-18和图1-19进行分析，将其中与网络营销相关的岗位挑选出来。

网络营销岗位＿＿

案例 1-2

据长沙晚报报道，某IT企业经过多次考察招到一个员工，其技术笔试、上机操作都非常好，可是该员工上班第一天就迟到了。而他只是轻描淡写地解释一句"昨晚看球赛，早上起晚了"。

这家IT企业负责招聘工作的王先生告诉记者，由于部分IT人才个性较强，他们虽然技术扎实，但喜欢我行我素，缺乏团队合作意识，因此成为企业用人一大难题。记者在对IT企业的调查中发现，目前企业对人才的甄选除了看重技能，越来越多地注重其职业素养。

三联集团企业文化部经理告诉记者，职业素养就像水中漂浮的一座冰山，露出的知识、技能部分仅是表层的特征，不能区分绩效优劣；而冰面下的动机、特质、态度、责任心部分才是关键因素。强烈的责任意识、客户意识、忠诚度、信誉等职业素养是企业鉴别绩效优秀者和一般者的衡量尺度，同时也是决定一个人职业发展的重要因素。

1. 请议一议，该企业新员工对自己迟到的行为表现得无所谓，这是为什么？你认为这种态度正确吗？
2. 如果你是这位新员工，你会怎样处理？
3. 如果你是主管，你希望团队成员具备怎样的职业素养？

知识链接

1. 职业素养的定义

职业素养是人类在社会活动中需要遵守的行为规范。个体行为的总和构成了自身的职业素养。职业素养是内涵，个体行为是外在表象。职业素养是一个很大的概念，专业是第一位的，但是除了专业，敬业和道德也是必备的。它们体现在职场上就是职业素养；体现在生活中就是个人素质或者道德修养。

2. 职业素养的三大核心

（1）职业信念。职业信念是职业素养的核心。它包含了良好的职业道德，正面、积极的职业心态和正确的职业价值观意识，是一个成功职业人必须具备的核心素养。良好的职业信念应该是由爱岗、敬业、忠诚、奉献、正面、乐观、用心、开放、合作及始终如一等关键词组成。

（2）职业知识技能。职业知识技能是做好一份工作应该具备的专业知识和能力。俗话说"三百六十行，行行出状元"，没有过硬的专业知识，没有精湛的职业技能，就无法把一件事情做好，更不可能成为"状元"。

各职业有各自的知识技能，每个行业也有各自的知识技能。总之，我们提升职业知识技能是为了把事情做得更好。

（3）职业行为习惯。职业行为习惯就是人们在职场上通过长时间的学习和改变而最后形成的习惯。心态可以调整，技能可以提升。要让正确的心态、良好的技能发挥作用，就需要不断地练习、练习、再练习，直到使之成为习惯。

议一议

以下是某家电子商务公司的招聘启事。请同学们议一议该公司任职要求中是否包含了职业素养的三大核心,并写出其具体体现。

```
××电子商务公司招聘启事
任职要求:
1. 具备良好的文字写作功底,较强的信息采编能力,独到的文案创作能力;
2. 工作态度积极,有责任心,热爱编辑、文案工作,具有挑战自我的精神;
3. 能编写突出产品特点的文案,进行品牌情感营销。
```

职业信念＿＿＿＿＿＿＿＿＿＿＿＿＿＿＿＿＿＿＿＿＿＿＿＿＿
职业知识技能＿＿＿＿＿＿＿＿＿＿＿＿＿＿＿＿＿＿＿＿＿＿＿
职业行为习惯＿＿＿＿＿＿＿＿＿＿＿＿＿＿＿＿＿＿＿＿＿＿＿

理一理

请同学们通过网络搜索进行深入了解,归纳出初级网络营销岗位的任职要求,填写表1-7。

表1-7 初级网络营销岗位的任职要求

初级网络营销岗位	任职要求
电商运营专员/助理	
新媒体运营专员/助理	
网络推广/营销专员	

活动二 了解网络营销岗位职责

活动描述

完成活动一后,谢经理告诉大家,证书对求职有一定帮助,但是行业更看重实际工作能力。所以大家还要知道具体的网络营销岗位设置和岗位职责。于是大家决定继续上网探究。

活动实施

第一步:在智联招聘网"互联网IT"(见图1-18)中,单击"新媒体运营"岗位。

第二步:在弹出的页面中,选择某企业,单击"新媒体运营专员"链接,如图1-20所示。

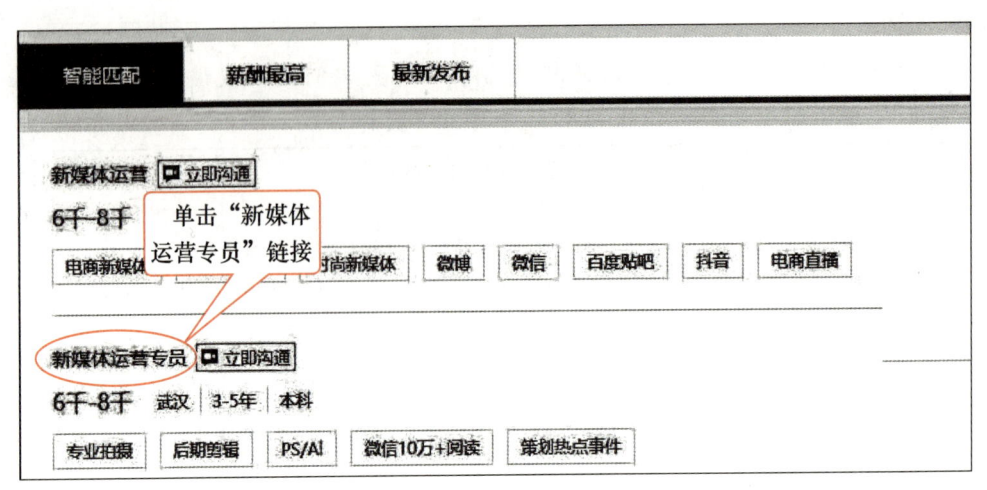

图1-20 单击"新媒体运营专员"链接

第三步： 在弹出的公司招聘信息页面中，浏览并查看该公司"新媒体运营专员"的岗位职责，如图1-21所示。

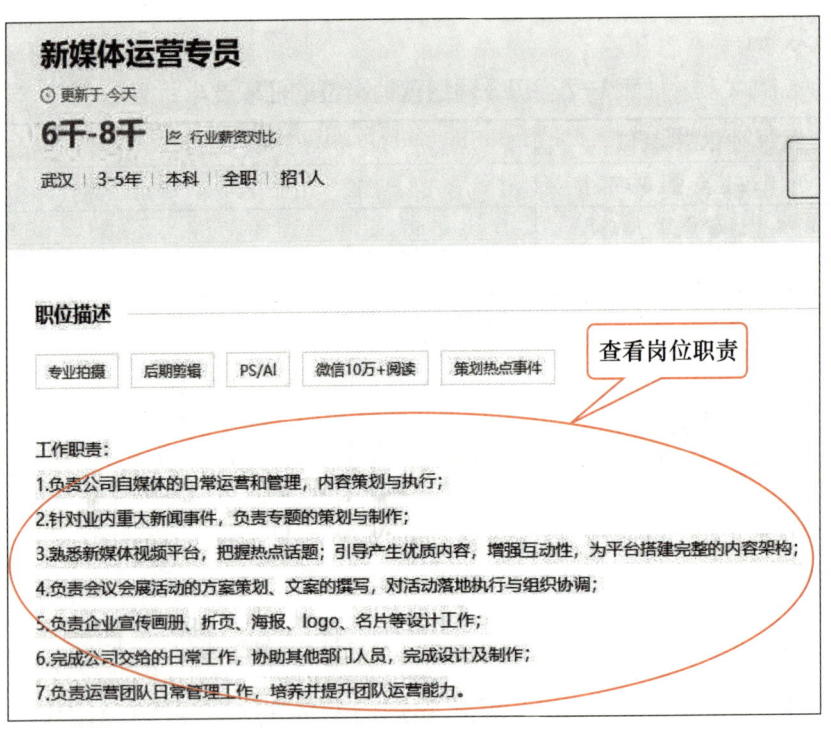

图1-21 浏览并查看岗位职责

知识链接

1. 网络营销岗位简介

随着互联网的普及和推广，近年来网络营销的应用已逐渐深入各行各业，企业纷纷设立电子商务或者网络营销部门来开展营销业务。一般来说，企业将网络营销岗位分为网络营销专员、网络营销主管、网络营销经理及网络营销总监4个层级。

2. 岗位职责的定义

岗位职责是指根据法人或者其他组织的规定,职工所在岗位的工作任务和责任范围。

3. 岗位职责的制定原则

(1)必须结合工作性质和特点制定。

(2)必须按不同专业、不同档次、不同工作岗位制定。

(3)必须全面、准确、明了。

4. 新媒体营销与新媒体运营

新媒体营销是一种将传统营销理论通过新媒体平台,重新进行应用和发展的,更适合当前环境的网络营销模式。它通过在新媒体平台上发布具有广泛影响力的内容,吸引用户参与具体的营销活动。

新媒体运营是指借助现代化移动互联网手段,通过如抖音、快手、微信、微博、贴吧等新兴媒体平台工具,进行品牌和服务的宣传推广以及产品销售的一系列运营手段。新媒体运营主要包括5个方面:用户运营、内容运营、活动运营、数据运营、渠道运营。

新媒体运营和新媒体营销是包含与被包含关系:新媒体运营包含新媒体营销,新媒体营销是新媒体运营的一部分。简单来说,它们的区别在于"运营向内,营销向外"。

试一试

请同学们登录前程无忧官网(http://www.51job.com),收集初级网络营销岗位的岗位职责,进行整理归纳,填写表1-8。

表1-8 初级网络营销岗位的岗位职责

岗 位 名 称	岗 位 职 责
电商运营专员/助理	
新媒体运营专员/助理	
网络推广/营销专员	

议一议

请大家议一议,以目前的专业知识和技能,是否能胜任初级网络营销岗位?以及应如何进一步提升自己?

知识加油站

　　网络营销岗位一般设置为4级，由低到高依次为网络营销专员、网络营销主管、网络营销经理、网络营销总监。公司规模不同，岗位设置也有所不同：1000人以上的公司，这4个层级基本都会设置；500人以上的公司，主要设置网络营销专员、网络营销主管或者网络营销经理、网络营销总监3个层级；其他公司主要设置网络营销专员和网络营销经理两个层级；部分网络营销业务较少的公司，只设置网络营销专员一职。

　　随着网络营销岗位层级的提升，一方面网络营销岗位专业知识和能力的要求有所提升，另一方面岗位工作内容也从简单的网络营销推广，到网络营销策划，最终到对网络营销的整体项目负责。

任务评价

认知网络营销岗位任务评价见表1-9。

表1-9　认知网络营销岗位任务评价表

序号	评价项目	自我评价			
		能准确阐述（优）	能阐述（良）	能大概阐述（合格）	不能阐述（不合格）
1	电子商务师职业技能等级				
2	电子商务师的职业守则				
3	网络营销岗位设置				
4	网络营销人员的职业素养				
5	初级网络营销岗位职责				

教师评价：

项目总结

● 本项目主要内容包括初识网络营销和认知网络营销岗位两个学习任务。

● 初识网络营销主要通过对网络营销概念和职能的介绍，让同学们对网络营销形成基本认知，知道网络营销的目的和作用，知道常用的网络营销基本方法。

● 认知网络营销岗位主要帮助同学们了解网络营销岗位设置和岗位职责，知道网络营销从业人员的职业素质和职业晋升途径。

● 本项目是本教材的引导项目，旨在帮助同学们理解网络营销的重要性，理解本课程的重要性。

项目练习

一、不定项选择题

1. 以下对网络营销概念的理解，正确的有（　　）。
   A. 网络营销是企业整体营销战略的一个重要组成部分
   B. 网络营销是建立在互联网基础之上的
   C. 网络营销是利用电子信息手段进行的营销活动
   D. 网络营销就是电子商务
2. 常见的网络营销形式有（　　）。
   A. 报刊营销　　B. 直播营销　　C. 微信营销　　D. 电视营销
3. 下面不属于网络营销职能的有（　　）。
   A. 网站推广　　B. 网络品牌　　C. 资源合作　　D. 销售促进
4. 下面不属于网络营销基础职能的有（　　）。
   A. 网上调研　　B. 网络品牌　　C. 客户关系　　D. 客户服务
5. 下面不属于无站点网络营销方法的有（　　）。
   A. 微信营销　　　　　　　　　B. 微博营销
   C. 社群营销　　　　　　　　　D. 搜索引擎营销
6. 以下属于网络营销特点的有（　　）。
   A. 多媒体性　　B. 经济性　　C. 高效性　　D. 交互性
7. 按照企业是否拥有自己的网站来划分，网络营销基本方式分为（　　）。
   A. 无站点网络营销　　　　　　B. 整合营销
   C. 基于企业站点的网络营销　　D. 个性化营销
8. 以下属于新媒体营销平台的有（　　）。
   A. 抖音　　　　B. 快手　　　　C. bilibili　　D. QQ
9. 以下属于网络营销人员应具备的职业素质的有（　　）。
   A. 遵纪守法　　B. 爱岗敬业　　C. 责任意识　　D. 诚实守信

二、判断题

1. 计算机网络技术和信息技术的发展是网络营销产生的技术基础。（　　）
2. 网络营销是随着互联网的产生与发展而逐渐形成的新的营销方式。
   （　　）
3. 企业在开展电子商务前，不能开展网络营销活动。（　　）

4. 新媒体营销与网络营销是部分与整体的关系。　　　　　　（　　）

5. 无站点网络营销属于初级的网络营销。　　　　　　　　　（　　）

6. 坚忍不拔不是网络营销人员应具备的职业素质。　　　　　（　　）

三、简答题

1. 请简述网络营销的职能。
2. 请说出常见的网络营销形式。
3. 请说出网络营销与电子商务的联系和区别。
4. 请简述新媒体营销与网络营销的关系。

项目二 网络营销平台认知

项目简介

本项目中,我们将对网络营销平台的两种类型:企业网站和网店进行深入了解;从比较知名的企业网站和网店着手,了解企业网站和网店的概念、特点、建立目的、基本功能和需求;通过在线体验和相关渠道搜索信息,探索网络营销平台是如何为企业销售服务的。

项目目标

- 了解企业网站的概念和特点。
- 知道企业网站建站目的和网站功能。
- 了解网店的概念和建店目的。
- 知道网店的优势。
- 能够分析企业网站和网店的需求。
- 在活动实施中坚持社会主义核心价值观,树立民族自信,传播正能量。
- 树立遵规守纪意识,培养专业、积极向上、乐观健康的营销思维。

任务一 认知企业网站

任务介绍

网站建设是网络营销策略的重要组成部分,有效地开展网络营销离不开企业网站的支持,网站建设的专业水平同时也直接影响着网络营销的效果。在本次任务中,我们来浏览几个知名的企业网站,通过体验不同的企业网站,了解企业网站的概念及本质特点,理解企业建站的目的,掌握企业网站的基本功能和需求。

随堂记

活动一 企业网站解析

活动描述

李成响团队对网络营销已经有了初步认知。为了更好地开展后续工作，谢经理让同学们通过网络搜索并结合自己的经验，登录几家知名企业的官网并进行深入探究，在探究过程中了解企业网站的本质特点，体验企业网站的功能，从而体会企业建站的目的和企业网站的需求。

活动实施

知识链接

1. 企业网站的概念

企业网站是企业在互联网上进行网络营销和形象宣传的平台，相当于企业的网络名片。建立企业网站不但是一个良好的宣传企业形象的机会，而且可以通过网络直接实现产品的销售，同时企业可以利用网站来进行品牌宣传、产品资讯发布和招聘等。

2. 企业网站建设目的

（1）有利于提升企业形象。企业网站类似于企业在报纸和电视上所做的，宣传企业自身及品牌的广告。不同之处在于，企业网站容量更大，企业几乎可以把任何想让客户及公众知道的内容都放入网站。

（2）使企业具有网络沟通能力。互联网络真正的内涵在于其内容的丰富性。对于一个企业来说，其具有网络沟通能力的标志是拥有自己的独立网站。

（3）可以全面、详细地介绍企业及企业产品。企业网站的一个最基本功能，就是能够全面、详细地介绍企业及企业产品。事实上，企业可以把任何想让人们知道的东西放入网站，如企业简介、厂房、生产设施、研究机构、产品的外观、功能及其使用方法等。

3. 企业网站的常见类型

企业网站的常见类型主要有：企业门户网站（企业官网）、品牌宣传型网站、企业销售型网站。

第一步： 登录并浏览企业门户网站，认识并了解该类型网站需求及功能。

谢经理让同学们通过百度搜索，找到"格力官网"（见图2-1）和"小米官网"（见图2-2），对两个网站进行仔细浏览和探究，比较它们的异同。（温馨提示：由于企业网站经常更新，请以网站实时信息为准。下同）

微课3 企业网站营销

随堂记

图2-1 格力官网

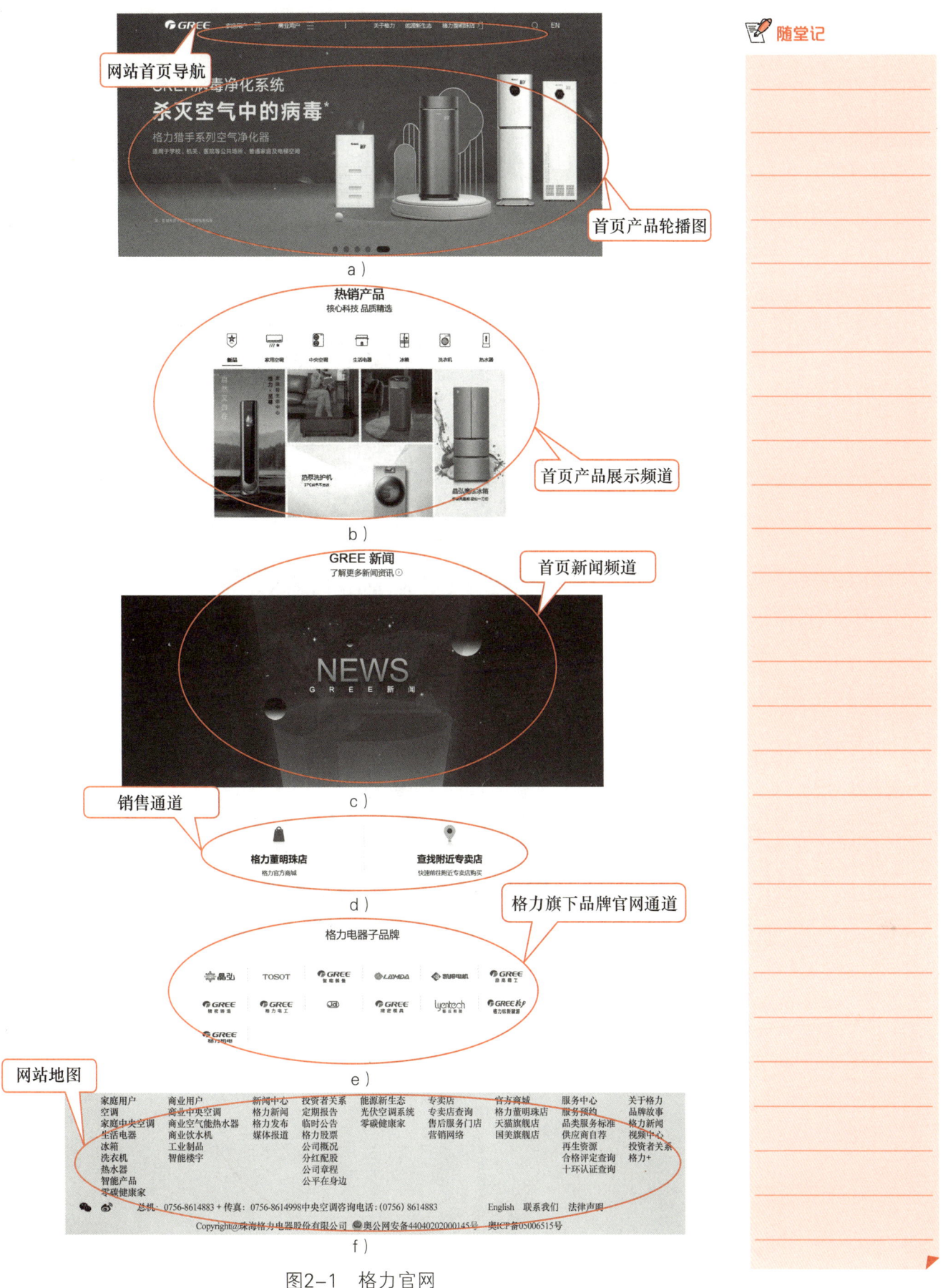

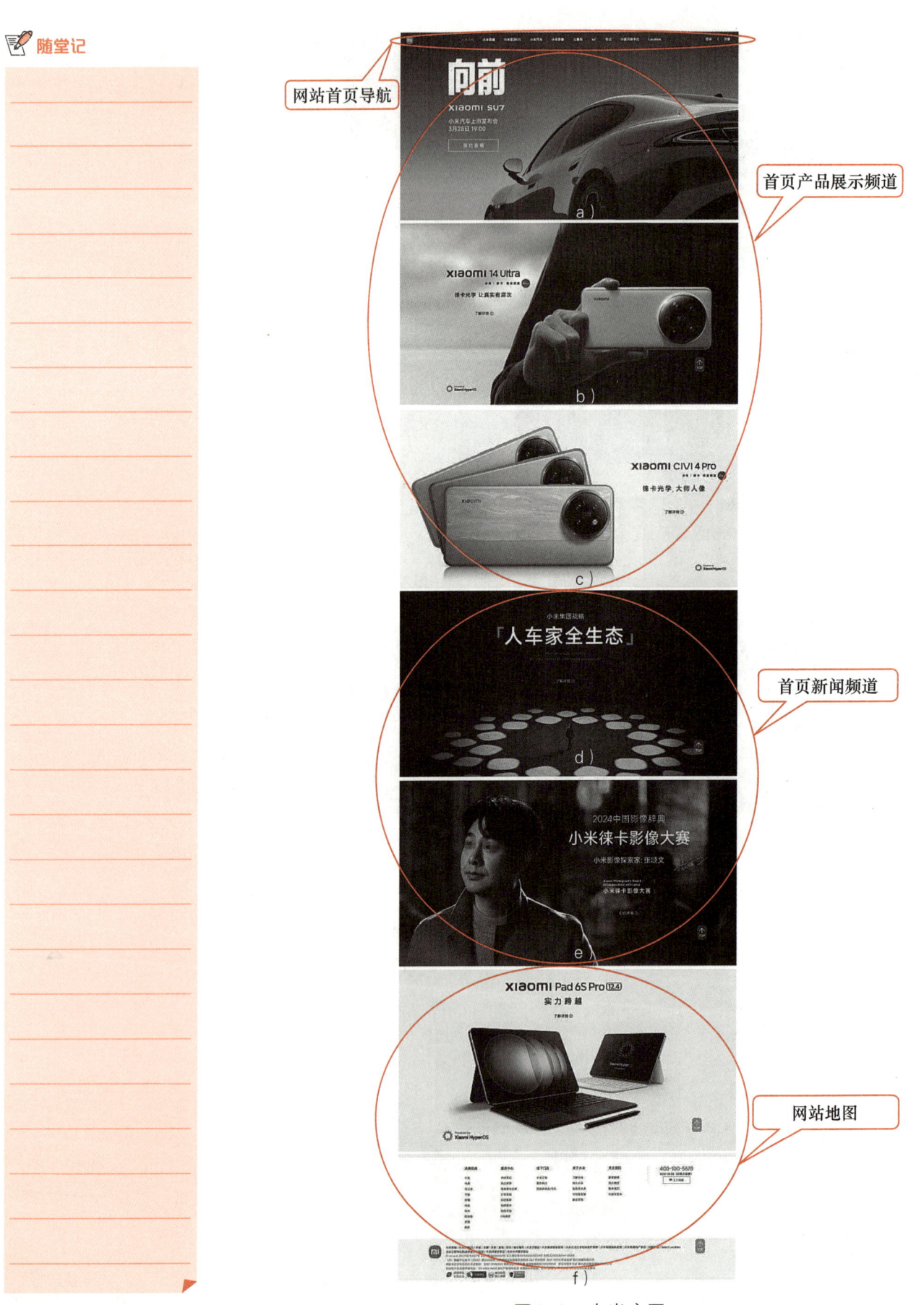

图2-2 小米官网

知识链接

企业门户网站的定义

企业门户网站是指在互联网环境下，把各种应用系统、数据资源和互联网资源集成到企业信息门户之下，根据不同用户的使用特点和角色，形成个性化的应用界面，并通过对事件和消息的处理传输，把用户有机地联系在一起。建立一个企业网站不仅仅局限于提供企业的产品和服务信息，更重要的是能帮助企业实现多业务系统的集成，能对客户的各种要求做出快速响应，并且能对整个供应链进行统一管理。

企业门户网站相对商业信息门户网站（如新浪、搜狐）和公共信息发布门户网站而言，是专门应用于企业的互联网应用概念。企业门户网站是因电子商务的发展而兴起的，越来越多的企业正在考虑建设企业门户网站，以进一步提升企业的核心竞争力。

想一想

请同学们想一想"格力官网"和"小米官网"属于企业门户网站吗？请分别说出是或否理由。

议一议

请同学们议一议企业建设门户网站的目的和需求分别是什么？请上网搜索2~3个企业门户网站，并进行分享。

试一试

请同学们深入探究"格力官网"和"小米官网"，比较它们的异同，然后填写表2-1。

表2-1 "格力官网"和"小米官网"对比分析

对比项目	格力官网	小米官网
网站类型	□信息发布型网站 □产品销售型网站 □综合电子商务网站	□信息发布型网站 □产品销售型网站 □综合电子商务网站
网站主要功能	□品牌形象 □服务展示 □信息发布 □客户关系 □产品展示 □客户服务 □网上销售 □网站推广	□品牌形象 □服务展示 □信息发布 □客户关系 □产品展示 □客户服务 □网上销售 □网站推广
网站内容	□公司概况 □产品目录 □荣誉证书 □公司动态 □产品搜索 □产品价格 □网上订购	□公司概况 □产品目录 □荣誉证书 □公司动态 □产品搜索 □产品价格 □网上订购

随堂记

（续）

对比项目	格力官网	小米官网
网站内容	□销售网络 □售后服务 □联系信息 □辅助信息 其他内容	□销售网络 □售后服务 □联系信息 □辅助信息 其他内容
网站评价		

第二步：登录并浏览企业销售型网站，认识并了解该类型网站需求及功能。

谢经理让同学们通过百度搜索，找到"格力商城"，并对该网站进行仔细浏览和探究，比较它与"格力官网"的异同，如图2-3所示。

图2-3　格力商城

知识链接

企业销售型网站

企业销售型网站的常见类型是以产品销售为主的网上购物型网站。网上购物型网站可以实现网上买卖商品，商品的购买对象可以是企业（B2B），也可以是消费者（B2C）。企业利用该网站可以开辟新的营销渠道，扩大市场，同时还可以直接接触消费者，获得一手的产品市场反馈，有利于市场决策。为了确保采购成功，该类网站需要有产品管理、订购管理、订单管理、产品推荐、支付管理、收费管理、送发货管理和会员管理等基本的系统功能。对于复杂的产品销售，网上购物型网站还需要建立积分管理系统，VIP管理系统，客户服务交流管理系统，商品销售分析系统及与内部进销存（MIS、ERP）相关的数据导入、导出系统等。

> **想一想**
>
> 请同学们想一想"格力商城"属于哪种类型的网站？它与"格力官网"在功能上有什么不同之处？建设"格力商城"的主要目的是什么呢？

知识加油站

海尔集团公司（简称"海尔"）创立于1984年，是全球大型家用电器知名品牌，目前已从传统制造企业转型为面向全社会孵化创客的平台。在互联网时代，海尔致力于成为互联网企业，打破传统企业自成体系的封闭系统，变成网络互联中的节点，互联、互通各种资源，打造共创、共赢新平台，实现攸关各方的共赢和增值。

海尔电子商务公司是海尔的一家子公司，成立于2000年3月。目前海尔主要的网络营销平台有两大类：一类是官方自建平台，包括海尔官方网站、海尔商城、海尔官方移动端网站、海尔商城移动端网站、海尔APP；另一类是海尔第三方销售平台，包括海尔天猫旗舰店、海尔京东旗舰店、海尔苏宁旗舰店、海尔1号店旗舰店等，具体如图2-4至图2-6所示。海尔之所以开发多个网络平台，是因为单个网站已经无法满足不同类型的目标客户，多个网络平台有利于细化网站功能，更好、更精确地服务目标客户，进一步提高品牌认知度，扩大企业知名度。这些网站可以实现用户之间、用户和网站之间大规模交互，最终使企业爆发巨大能量，使销售额节节高升。

图2-4　海尔官网

图2-5 海尔商城

图2-6 海尔天猫旗舰店

想一想

请同学们结合案例并通过网络搜索,想一想海尔为什么要建设不同类型的网站?海尔这样做的目的是什么?

议一议

请同学们议一议,"格力官网"与"格力商城"之间有什么关联?

试一试

请同学们深入探究"格力商城",将其首页主要栏目的功能与"格力官网"首页主要栏目的功能进行比较,并填写表2-2。

表2-2 "格力官网"与"格力商城"的比较

格力官网		格力商城	
栏　目	功　能	栏　目	功　能
例:新闻中心	更新企业新闻,展现企业魅力	例:购物车	方便消费者购买商品

活动二　企业网站需求分析

活动描述

李成响团队通过活动一,知道了不同类型企业网站在网络营销中的作用。正巧公司接到了一个为"××文具有限公司"建设企业网站的项目,谢经理告诉他们,建设网站前要对网站需求进行分析,只有明确建站目的,才能吸引目标用户。于是李成响团队在谢经理指导下,开始进行企业网站需求分析。

活动实施

第一步:了解企业背景,明确建站目的。

谢经理带着李成响团队来到该文具公司,与公司相关人员进行对接,对公司的基本情况做详细了解。

> **知识加油站**
>
> **××文具有限公司情况介绍**
>
> ××文具有限公司是一家专注文具事业的综合文具企业。自1998年创立以来，××文具有限公司凭借对文具市场的开拓和创新，拥有了在大规模生产下保持产品优异品质的能力，并已在中国建立起较大规模的营销网络。近几年随着网络经济的兴起，××文具有限公司积极开拓电子商务业务，在阿里巴巴上成功注册为诚信通用户，并通过电子商务平台接到了来自欧洲、北美洲等厂商的订单。但是由于国内文具市场竞争激烈，该公司决定拓展海外市场。同时，为了使企业在生产和销售中处于有利的竞争地位，树立良好的国际、国内形象，打造公司网络品牌，让公司品牌深入人心，节约运作成本，提高工作效率，让更多的人了解××文具，该公司建设自己的网站的需求已经迫在眉睫。

想一想

请同学们根据该公司的基本情况，想一想其目前需要建设哪种类型的网站？并说出理由。

第二步：了解目标用户的行为与需求，明确网站的主要内容和功能。

案例2-1

得力集团有限公司（简称"得力"）创建于1981年，历经40余年的探索与拼搏，已成为中国最大的办公与学习用品产业集团和多工作学习场景整体解决方案的领导者。通过持续不断的产品创新、管理创新和产业布局，得力产业领域已从办公和学生用品扩展至办公设备、打印设备、金融机具、安防监控与视频会议系统。得力丰富而完整的产品集群，全方位满足了企业级用户一站式整体采购的消费需求，也给个人消费者提供了多样化与个性化的产品选择。

为了使全球消费者能够更加便捷地感受得力的产品与服务，得力布局分销、B2B、电商和海外四大业务渠道，并建立了100余家国内销售分公司和十余个海外区域营销总部。随着电子商务的蓬勃发展，得力在各大电商平台上持续保持办公文具类目市占率第一名；在万亿级的中国B2B市场，得力通过自建B2B商城，抢占风口，已成为上海、广州、天津等地政府及中国移动、国家电网、农业银行等大型央企办公物资集采首选平台。多元渠道的全球化布局引领得力成为全球知名的办公文具品牌，并为得力实现可持续增长奠定了扎实的基础。

得力的企业愿景是成为一家值得信赖且受人尊敬的企业。

得力的企业使命是创造美好产品，服务全球用户。

得力的企业价值观是爱社会、爱企业、爱产品、爱客户、爱同事、爱家人。

得力的企业文化基因是务实、稳健、专注、创新。

得力官网应当根据其行业特点以及企业特色进行网站搭建，从而满足企业对网站平台的需求，以企业优化为建站目的，为得力创造更高的排名和更大的营销价值。

得力官网（http://www.nbdeli.com/）具有很高的兼容性、易用性和安全性，页面色调鲜明、充满活力，文字力求简洁、凸显内容。得力官网在结构上采用扁平化的设计思路，大幅简化网站访问层级，图文并茂地呈现了得力的实力和产品，着重凸显了买家较为关注的内容，如图2-7所示。

得力官网首页栏目清晰、信息分明、操作简便，其设计切实为用户着想，提高了企业知名度，有效地突出了企业的产品、服务以及完整的价值理念。

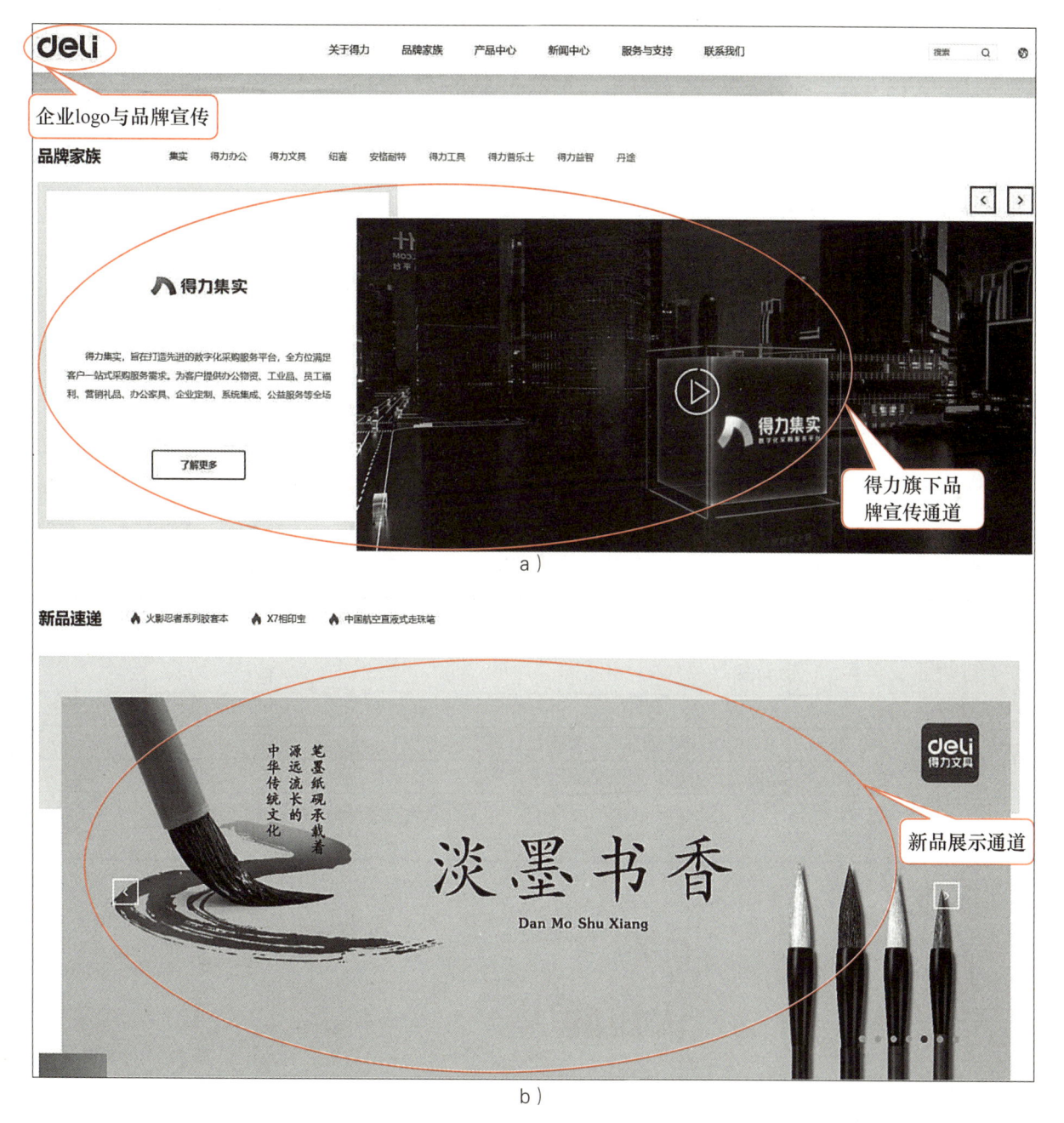

图2-7 得力官网

想一想

请同学们想一想：

1. 得力官网导航栏目的设置满足了用户的什么需求？

2. 得力官网轮播图片中的海报向用户传递了企业的什么信息？

3. 得力官网中有哪些主要产品？它们在官网中是否得到了充分展示？

4. 得力官网的主要内容和功能是否迎合了用户的需求？

议一议

请同学们议一议××文具有限公司网站的目标用户有哪些？他们的行为与需求分别是什么？

试一试

请同学们在活动一中解析的企业网站和得力官网的基础上，确定××文具有限公司网站内容和功能需求，并填入表2-3中。

表2-3　××文具有限公司网站内容和功能需求表

网站访问者	重要程度	用户希望看到的内容	栏目名称
目标客户			
潜在客户			
社会公众			
经销商			
公司员工及应聘者			

任务评价

认知企业网站任务评价见表2-4。

表2-4　认知企业网站任务评价表

序号	评价项目	自我评价			
		能准确阐述（优）	能阐述（良）	能大概阐述（合格）	不能阐述（不合格）
1	了解企业网站的概念、类型及作用				
2	知道企业建站目的				
3	知道企业网站的基本功能				
4	能简单分析企业网站的需求				

教师评价：

任务二　认知网店

任务介绍

网店作为网络营销平台之一，在企业拓展产品销路、配合网络营销策略方面起到了重要作用。在本次任务中，我们将通过浏览网店，了解网店的概念和优势，理解网店装修的重要性，分析网店的需求，为网上开店及运营打下基础。

活动一　网店解析

活动描述

李成响团队对网站已经有了一定的了解，但是对网店知之不深。谢经理带着同学们对淘宝网知名童装店铺"巴拉巴拉官方旗舰店"进行解析，让同学们了解网店的概念和优势，知道网店装修的重要性。

活动实施

第一步：通过案例解析，明确网店的概念和优势，理解开店目的。

知识链接

1. 网店的概念

网店就是网上开的店铺，是电子商务的一种形式，是一种能够让人们在浏览商品的同时进行购买，且通过各种在线支付手段进行支付以完成交易的网站。目前大多数网店都是在淘宝、天猫、京东商城等第三方大型电子商务平台上开设的，如同在大型商场中租用场地开设的商家专卖店。

2. 第三方电子商务平台的定义

第三方电子商务平台也称为第三方电子商务企业，泛指独立于产品或服务的提供者和需求者，通过网络服务平台，按照特定的交易与服务规范，为买卖双方提供服务的平台。服务内容包括但不限于供求信息发布与搜索、交易的确立、支付和物流。

3. 网店的优势

（1）开店便捷且成本低。许多第三方电子商务平台（如淘宝）注册手续简便快捷，并且功能齐全、服务完善。卖家只需支付极低的租金或不用付费，就可以拥有一家网上商店，省下了昂贵的店铺门面租金，也无须支付水、电等费用。

（2）无须占用资金。开网店不需要占用大量资金，商家完全可以在接到订单的情况下再去进货，因此开网店能做到进退自如。由于存货较少，网店随时可以更换商品品种，或者经营其他商品。

（3）不受营业时间限制。网店不受营业时间限制，可以24小时在线营业，消费者可以在任何时间登录网店并购物。营业时间的全天性和全年性，使得交易成功的机率大大提高。

（4）销售规模不受店铺面积限制。实体店铺的面积决定了所能摆放的商品数量，因此销售规模常常为店铺面积所限。而网店不受店铺规模限制，因此生意可以做得很大。

（5）不受地域限制。网店经营不受地理位置限制，可面向全国，乃至全世界消费者。这令消费者群体突破了地域限制，无论消费者身处何方，在网上都可以很方便地购物。

案例2-2

在天猫中搜索店铺"巴拉巴拉官方旗舰店"（https://balabala.tmall.com/），打开网店首页并进行浏览，如图2-8所示。（温馨提示：由于企业网站经常更新，请以网站实时信息为准。下同）

图2-8　天猫"巴拉巴拉官方旗舰店"

浙江森马服饰股份有限公司（简称"森马服饰"）是一家专注多品牌服饰运营、以"虚拟经营"为特色的上市民营企业。森马服饰连续多年入围中国服装行业利润、销售前十强和中国民营企业500强，于2020年进入《财富》中国500强。

森马服饰旗下拥有以森马、巴拉巴拉为代表的多个国内和国际知名品牌，构建了覆盖不同消费层级、不同消费年龄、不同消费场景的多品牌矩阵，该品牌在全球有近万家终端店铺。

浙江森马电子商务有限公司（简称"森马电商"）为浙江森马服饰股份有限公司的全资子公司。森马电商采取多品牌、多渠道、多模式经营战略。

多品牌是指，经过几年的飞速发展，森马电商在线上已拥有森马（Semir）、巴拉巴拉（Balabala）、哥来买（Glemall）、梦多多（Mongdodo）等品牌，形成以森马为核心的成人装体系和以巴拉巴拉为核心的童装体系布局。

多渠道是指，森马电商各品牌已覆盖淘宝、唯品会、京东、当当、1号店和银泰等国内知名线上平台，并打造了哥来买品牌专属平台。2015年森马电商入股韩国电商ISE，整合了国际优质供应链，并在中国构建移动互联平台。

巴拉巴拉是中国森马集团于2002年创建的童装品牌，产品全面覆盖0~14岁儿童的服装、鞋品、生活家居、出行等品类，是国内儿童时尚生活方式品牌。2015年巴拉巴拉荣获"中国服装大奖"最佳童装品牌，2019年巴拉巴拉荣获年度企业标准"领跑者"。巴拉巴拉终端网点遍布全国31个省、市、区。巴拉巴拉不仅在线下有众多的专卖店，在线上也建立了自己的品牌官网（如图2-9所示），在天猫、京东等平台上也开设了官方旗舰店（如图2-10所示）。巴拉巴拉以其线上、线下相结合的方式，一度成为国内网点分布最广、数量最多、销售额最高、增长速度最快的童装品牌。

图2-9　巴拉巴拉品牌官网

图2-10　巴拉巴拉京东旗舰店

想一想

请同学们想一想，巴拉巴拉有很多线下实体店铺，为什么还要在第三方电子商务平台上开设网店呢？

随堂记

议一议

请同学们议一议巴拉巴拉的品牌官网与网店之间的联系。

第二步：了解网店装修的含义，理解网店装修的重要性。

知识链接

1. 网店装修的含义

网店装修就是在淘宝、京东等第三方电子商务平台允许的结构范围内，尽量通过图片、程序模板等装饰让网店更加丰富、美观的过程。

2. 网店装修的内容

网店装修的内容很丰富，主要包括网店风格、网店结构及栏目、店铺首页、详情页、网店招牌、banner（横幅广告）、主图及各种图片、文字和视频等。

3. 网店装修的必要性

如果网店没有装修，很难激起消费者购物的欲望，因此，网店装修是为了让消费者在购物中感受到一种温馨的气氛，从而增加销售额。人们对网店的第一印象会对认知产生相当大的影响。对于网店而言，装修是网店兴旺的方法之一。一个装修精美的网店能增加用户的信任感，提高产品附加值和增加网店浏览量。

案例 2-3

A网店和B网店都是淘宝平台上销售童装的网店。对两家网店所有商品按销量从高到低排序，如图2-11和图2-12所示，A网店销量远低于B网店。

图2-11 A网店销量

图2-12　B网店销量

对这两个网店主要栏目进行比较，见表2-5。

表2-5　网店主要栏目对比

比较项目		网店截图	对比分析
网店招牌	A网店		1. 招牌色彩过暗，风格不活泼 2. Logo设计有一定创意 3. 导航设置不符合搜索习惯
	B网店		1. 招牌白底黄字，醒目活泼，符合产品特点 2. Logo设计简单易记，突出品牌特点 3. 导航设置符合搜索习惯
网店促销区域	A网店	无	PC（个人计算机）端店铺首页无促销区
	B网店		1. 海报图片背景色彩明亮，与产品风格相符，视觉效果好 2. 儿童模特出镜，定位清晰，能生动地展现商品亮点，吸引买家眼球
商品展示区域	A网店		拍摄背景简陋，无后期处理，色彩暗沉，无法唤起消费者购买欲望
	B网店		1. 图片色彩明亮，产品与背景协调，视觉效果好 2. 儿童模特出镜，更生动地展现商品，抓住买家眼球 3. 促销信息醒目，卖点突出，能唤起消费者购买欲望

议一议

请同学们议一议，哪家店铺的装修、设计风格更符合产品特点和买家喜好呢？请说出理由。

活动二 网店需求分析

活动描述

完成活动一中的网店解析后,大家对网店有了一定的认识,理解了开网店的目的以及网店装修能直接影响转化率和成交率。那么,怎样才能使网店装修符合要求呢?谢经理让大家结合任务一思考,李成响团队马上领悟到网店的装修设计也需要进行需求分析。谢经理表扬了大家,然后带着团队一起探究。

活动实施

通过对网店商品及消费群体进行分析,确定网店装修风格。

知识加油站

茶上往来店铺需求分析

1. 用户对产品生长环境的需求分析

爱茶的人对茶树的生长环境要求较高,希望茶树生长在绿色无污染的地方,最好是云雾缭绕的高山。针对用户对产品生长环境的需求,茶上往来店铺(https://cswl.tmall.com/shop/view_shop.htm)以绿色为主色调,店招和首焦图的背景直接采用了蓝天白云、高山茶园来烘托产品天然无污染的特点,如图2-13所示。

图2-13 茶上往来店铺首焦图

2. 用户对产品品质的需求分析

喜欢喝茶的人大多是有一定经济实力、对生活品质要求较高的人,他们除了看重茶树的生长环境，还对茶叶的品质要求较高，追求茶叶色、香、味俱全，并希望购买当季新茶。针对用户的需求，茶上往来店铺在首焦图中，用"正宗""香气纯正""口感甘醇"等文字和包装精美的产品图片来烘托产品的高品质，突出了产品的卖点，如图2-13所示。

3．用户对产品情感的需求分析

茶叶不仅是中国的传统饮品，也得到了外国友人的喜爱。古往今来，人们往往把茶叶作为送礼的首选，并赋予了茶叶保健、休闲、社交和情感传递等多种功能。茶上往来店铺不仅提供了不同规格的礼盒包装，而且在网店装修设计中采用了水墨画、秦砖汉瓦等中国元素，烘托了产品的历史感和文化氛围，使产品显得更有档次，满足了用户的情感需求，如图2-13和图2-14所示。

图2-14　茶上往来店铺产品展示图

议一议

请同学们议一议天猫"巴拉巴拉官方旗舰店"的装修风格与产品和用户需求是否相符？并请完成下面的连线。

装修风格	产品和用户需求
视频广告，动感十足	知名品牌
中外小模特	儿童服装
时尚元素：棒球帽、滑板等	产品国际化
以logo色为主色调，突出品牌的视觉体系	追求品牌
logo无处不在	注重品质
活泼可爱小模特	追求时尚感
设计简洁、活泼、明快	穿着舒适、自在
检验报告	

试一试

请同学们对"巴拉巴拉官方旗舰店"商品详情页进行浏览分析,完成表2-6的填写(根据店铺实时装修情况填写)。

表2-6 商品详情页装修需求分析表

装修内容	详情页需求分析	与需求相符度
商品主图	图片统一规划,简洁不凌乱	
详情页图片类型	图片丰富,包括整体展示图、细节特写图、模特展示图、场景图、颜色展示图、资质图等	
细节图	清晰,细节或卖点突出、直观	
产品规格信息	产品信息、尺寸信息	
促销区	放置位置恰当,促销信息清楚、醒目	
服务项目	有安全小知识、洗涤方法、温馨提示、价格说明等	
不足之处		

任务评价

认知网店任务评价见表2-7。

表2-7 认知网店任务评价表

序号	评价项目	自我评价			
		能准确阐述(优)	能阐述(良)	能大概阐述(合格)	不能阐述(不合格)
1	网店的概念和优势				
2	网店装修的内容				
3	网店装修的重要性				
4	网店需求分析的方法				
5	网店需求分析与网店装修的关系				

教师评价:

项目总结

- 本项目主要内容包括认知企业网站和认知网店两个学习任务。
- 认知企业网站主要通过对企业网站的解析和企业网站需求分析，让同学们了解企业网站的概念和特点、建站目的、基本功能和需求，探索企业网站是如何为企业网络营销服务的。
- 认知网店主要通过网店解析和网店需求分析，让同学们明确网店的概念和优势，理解网店装修的重要性，分析网店需求，知道网店是企业的重要销售渠道，并探索网站与网店的联系。

项目练习

一、不定项选择题

1. 企业网站是企业在互联网上进行网络营销和形象宣传的平台，相当于企业的（　　）。
   A. 网络名片　　　B. 招牌　　　C. 代言人　　　D. 办公室
2. 企业网站建设目的有（　　）。
   A. 有利于提升企业形象
   B. 使企业具有网络沟通能力
   C. 可以全面、详细地介绍企业及企业产品
   D. 提升产品销量
3. 企业网站的常见类型有（　　）。
   A. 企业门户网站（企业官网）　　B. 品牌宣传型网站
   C. 企业销售型网站　　　　　　　D. 娱乐休闲型网站
4. 网店的优势有（　　）。
   A. 开店便捷、成本低　　　　　　B. 无须占用资金
   C. 不受营业时间限制　　　　　　D. 不受地域限制

二、简答题

1. 请说出品牌型网站与销售型网站的作用有什么不同？
2. 请说出网店装修的重要性。
3. 请说出网店装修的主要内容有哪些？
4. 请说出要想了解企业网站的建站需求，首先要了解什么？
5. 浏览得力官网，说说企业网站中的哪些栏目能满足浏览者了解企业基本信息的需求？

项目三 网络营销文案编辑

项目简介

文案是网络营销内容最直接的表现形式，文案既可以描述营销的具体内容，也可以是具有营销性质的软文、品牌推广故事等。优秀的网络营销文案能提高营销内容的表达力，增加内容的阅读量和转发量。本项目中，我们将从同学们熟知的网络营销文案着手，了解网络营销文案的概念及类型，知道网络营销文案的作用及写作技巧，学会两种重要的网络营销文案——促销活动方案和网络营销软文的写作方法。

项目目标

- 了解网络营销文案的概念及类型。
- 知道网络营销文案的作用。
- 认识网络营销文案的写作要素。
- 掌握促销活动方案的写作方法和技巧。
- 掌握网络营销软文的写作方法和技巧。
- 感受中国文化的博大精深，增强文化自信和民族自信。
- 坚持社会主义核心价值观，在文案撰写中做到遵纪守法、诚信友善。

任务一 认知网络营销文案

任务介绍

构思一篇精彩的网络营销文案是许多营销人梦寐以求的事，但很多人都认为好的营销文案"可遇不可求"，从而将创意神秘化。实际上，写好一篇营销文案并非像想象的那么高深莫测，而是有很多诀窍可循。在本次任务中，我们将走近网络营销文案，学习网络营销文案的基础知识，了解网络营销文案的概念和类型，知道网络营销文案的作用。

活动一　网络营销文案解析

活动描述

在李成响团队实习期间，企业运营部正在运作几个项目，其中有许多网络营销文案需要撰写，谢经理要求李成响团队参与进来。知道大家第一次接触网络营销文案，谢经理没有急于让大家动手，而是让他们上网搜索并了解网络营销文案的相关知识。

活动实施

第一步：解析优秀网络营销文案，了解网络营销文案的概念和类型，知道网络营销文案的作用。

案例 3-1

丝瓜水：让你肤如凝脂的秘密

据《红楼梦外传》记载，林黛玉在中秋月圆之夜，精选扬州二十四桥旁边枝叶旺盛的丝瓜藤，在丝瓜茎高出地面半人高处将其拦腰切断，取其源源不断滴出的晶莹汁液，然后带到大观园的地窖里封存起来；妙玉在冬至这一天，从艳红的梅花上采撷落雪，与初春采摘的桃花叶一起，放在成窑的瓦罐里，用黑炭烧火，慢慢蒸馏出精制净水，也封存在地窖里。到了来年的七月初七牛郎织女相会日，林黛玉和妙玉一个取出丝瓜汁，一个取出梅花雪水，在成窑的瓦罐里搅拌调匀，再加进柠檬、酒精、金缕梅、迷迭香等，最终配制成丝瓜水。

丝瓜水的制作如此复杂，其功效到底如何呢？林黛玉曾如此答复："我和妙玉姐姐所制丝瓜露，承佛祖古老配方之遗风，具药物清热解毒、润肺利肠之功效，头痛、腹痛、神经痛者用之病症立除，更具有妙不可言的美容效果。"关于此，《红楼梦外传》有诗为证："江南有草本非栽，隐隐水边飘香来。二十四桥丝瓜露，成就金陵十二钗。"

但有奇效在，怎能不流传！《红楼梦》中的古典美女们使用丝瓜水美容护肤，个个貌若天仙，皮肤水嫩紧致。从此丝瓜水名声在外，流传至今。

案例分析： 本篇软文以《红楼梦外传》中林黛玉、妙玉取丝瓜汁、梅花雪水调配丝瓜水的故事，引出丝瓜水这一产品；借林黛玉的答复，介绍丝瓜水具有清热解毒等功效。软文从古典名著中巧妙引出产品，是广告与文学相结合的精彩示例。

知识链接

1. 网络营销文案的概念

网络营销文案是指在互联网上，以营销为目的，与消费者进行沟通、交流的文字。网络营销文案由创意、标题、文字和图片组成，具有销售力、传播力和公信力。

2. 网络营销文案类型

网络营销文案是网络营销的核心，它属于传播文案，可以细分为品牌背书文案、硬广告文案、营销方案、产品文案、活动文案、新闻、软文等。

3. 软文的定义

软文是指通过特定的概念诉求，以摆事实、讲道理的方式使消费者走进企业设定的"思维圈"，以强有力的针对性心理攻势，迅速实现产品销售的文字（图片）形式。软文有多种形式，比如与新闻结合就形成了新闻软文，发往新闻门户网站或行业门户网站；与论坛、社区结合就形成了帖子；与广告结合就形成了营销软文。软文营销是最有力的营销手段。

第二步： 解析促销活动海报文案，体会网络营销文案的作用。

案例3-2

促销活动海报文案如图3-1所示。

图3-1　促销活动海报文案

> **想一想**
>
> 请同学们想一想，案例3-1的文案属于网络营销文案哪种类型？文案中出现了什么产品？这个产品是如何引出的呢？

> **想一想**
>
> 1. 案例3-2的文案属于网络营销文案中的哪种类型？文案中的活动主题是什么？海报上有哪些促销活动信息？它们有什么作用呢？
>
> 2. 以上两个案例的文案有什么共同点呢？

知识链接

网络营销文案的作用如下：

（1）网络营销文案以宣传产品和促进产品销售为目的，营销性强。

（2）优秀的网络营销文案起着塑造企业形象和品牌形象的作用。

（3）网络营销文案通常与营销活动相结合，让用户有很强的参与感，号召力强。

议一议

下面两个案例（见图3-2和图3-3）分别属于哪种类型的网络营销文案？它们的营销目的有什么不同？是否体现了网络营销文案的作用？

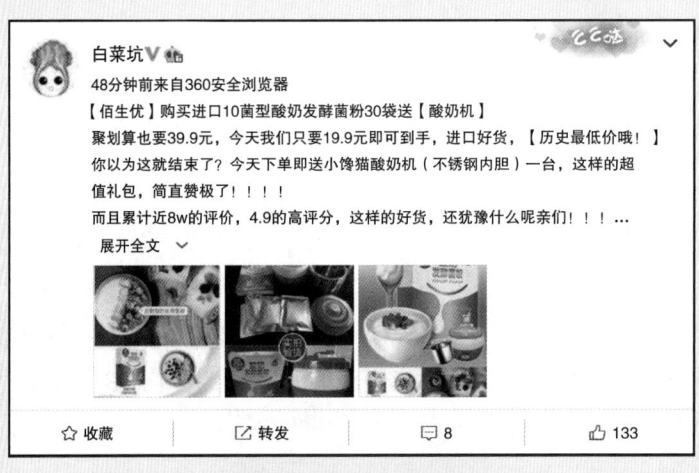

图3-2 微博营销文案

图3-3 微信营销文案

项目三 网络营销文案编辑 | 051

活动二　了解网络营销文案的写作要素

活动描述

李成响团队通过案例解析，了解了网络营销文案的概念及作用，知道了网络营销文案的类型，但是对如何写出好的网络营销文案仍然一知半解。谢经理让他们进一步探究网络营销文案的写作要素和写作方法。

活动实施

通过学习和了解网络营销文案的写作要素，知道网络营销文案的写作技巧。

知识链接 ▶▶▶▶

网络营销文案的写作要素主要包括标题、副标题、正文和标语。

1. 标题

标题是营销文案的主题，也是文案内容的重点诉求。它的作用在于吸引人们对文案的注意，引起人们对文案的兴趣。受众只有对标题产生兴趣时，才会阅读正文。

2. 副标题

副标题是文案标题的补充部分，起点睛作用。营销文案不一定都有副标题，需视情况而定。

3. 正文

营销文案正文以客观事实对产品、服务及营销信息进行具体说明，从而增加消费者对产品的了解与认知。

4. 标语

标语一般是文字简练、意义鲜明的宣传鼓动口号。营销文案不一定都有标语，需视情况而定。

做一做

图3-4是天猫"双11"促销活动海报，请将网络营销文案写作要素填入相应的方框中。

图3-4　天猫"双11"促销活动海报

知识链接

网络营销文案写作技巧

1. 新颖有创意

互联网时代的消费者喜欢从网上获得新鲜有趣的信息，网络营销文案应生动活泼，加入一些有创意的元素及吸引消费者眼球的字眼。

2. 强调优势及事实

网络营销文案的目的是吸引消费者购买商品，应该告诉他们产品的优势是什么，这些优势如何让产品与众不同。文案一定要真实可信，不要误导消费者。

3. 简短精悍

网页浏览者是随着文案浏览量的增加而逐页关闭网页的，文案应当把有用的信息和重要的资讯简洁地表现出来。同时，文案应集中诉求点，不然就没有侧重。

4. 在文案中融入情感

好文案应当是融入了真实的情感、能感动写作者自己的文案，如此才可以打动他人。情感让文案和产品拥有了生命力，能够激起消费者共鸣，从而建立产品或品牌的忠诚度。

议一议

请同学们议一议，下面的网络营销文案中应用了哪些写作技巧？

村里人都笑他"傻"，原来是因为这个？

林师傅为人憨厚，尽管不少村里人会笑他"傻"，但他们夫妻俩仍然坚持用祖辈的老工艺制面（比如别人搓面只搓一遍，他坚持反复搓三遍），每天只能做80斤左右的纱面（产量大的农户一天能做140斤左右）。

林师傅亲手为我们煮了一碗纱面，那种细腻柔韧的口感确实不是一般的纱面所能企及的。也许，世间所有美好的食物都源于那种近乎"痴傻"的坚持吧。

纱面和木活字印刷术、古法红糖一样，都是靠天吃饭的手艺，天气不好根本无法进行生产。据说《舌尖上的中国》本打算介绍瑞安纱面，但因为连日阴雨，只能放弃拍摄计划。正所谓机器为逆天而生，而手艺必须顺天而为。

任务评价

认知网络营销文案任务评价见表3-1。

表3-1 认知网络营销文案任务评价表

序 号	评 价 项 目	自 我 评 价			
		能准确阐述（优）	能阐述（良）	能大概阐述（合格）	不能阐述（不合格）
1	网络营销文案的概念				
2	网络营销文案的作用				
3	网络营销文案的类型				
4	网络营销文案的写作要素				

教师评价：

任务二　撰写网络营销文案

任务介绍

在了解了网络营销文案的类型和写作要素后，我们来撰写网络营销文案。在本次任务中，我们以促销活动方案和网络营销软文为例，了解它们的写作方法，掌握它们的基本结构和写作技巧，争取写出符合要求的网络营销文案。

活动一　撰写促销活动方案

活动描述

实习企业有一个推广项目，要求为某健身器材网店在国庆节期间策划一次促销活动，运营部需要配合此次活动并撰写促销活动方案。李成响团队觉得这是一个很好的锻炼机会，于是主动向谢经理请缨，请求承担促销活动方案的撰写任务。大家一致认为需要加强学习，才能写出符合要求的网络营销文案。

活动实施

通过对知识和案例进行学习，知道促销活动方案的定义，认识促销活动方案的基本结构，能写出比较规范的促销活动方案。

知识链接

促销活动方案的定义

促销活动方案是企业在进行产品或服务的销售之前，为使销售达到预期目标而进行的各种促销活动的整体性策划文案。

案例 3-3

××淘宝店"中秋节"线上促销活动方案

中秋节即将到来，人们走过街头，可以看到大街小巷热闹非凡，显然中秋节节日气氛的渲染已经开始，各商家纷纷有所行动。为抢占节日促销市场，××淘宝店制定了此次促销活动方案。

一、活动目标

活动期间，营造浓烈的节日气氛，提高客户的点击率，使销售额提升10%。

二、活动对象

淘宝网网友。

三、活动时间

中秋节前一周。

四、活动主题

浓情中秋节，好礼永不停。

五、活动内容

1. 惊喜永不断

活动期间，周一至周五每天不定期选择1个时段（在人流高峰期），周六至周日每天不定期选择2个时段，分别举行为时20分钟的限时抢购活动，即在现价的基础上再打5折优惠。活动主打产品包括阿斯拜混酿干红葡萄酒、灰比诺白葡萄酒2008等。

2. 好礼永不停

促销活动期间购买本店商品可赠送相应的小礼品。具体如下：

（1）在促销活动期间，凡购买3瓶以上葡萄酒的，本店会送价值50元的抵价券一张，可用于下次购物。

（2）在促销活动期间，凡购买本店果汁类产品的，都会获得钥匙扣一个；购买5瓶以上的，本店会赠送精美杯子一个。

（3）亲友介绍好礼：凡推荐亲友光顾本店的，被介绍人报上介绍人姓名及淘宝账号，经客服核实后，介绍人与被介绍人均可获得8折优惠券两张。

六、媒体宣传规划

1. 站内推广

前期打造一款商品参加聚划算活动，吸引流量；在活动3天前，该商品加入

想一想

请同学们想一想，案例3-3中的××网店中秋节促销活动采用了哪些促销方式？

淘宝网首页的钻石展位，吸引关注；完善店铺，优化店铺首页以及宝贝详情页、宝贝标题，营造促销氛围。

2. 站外推广

向老客户发送促销消息，通知活动内容；通过站外宣传，如QQ、微博和论坛等平台发布活动消息，向外扩展店铺活动入口。

七、活动准备

（1）选款。选择有成交记录、价格稍高、收藏量大、性价比适中、库存充足的商品参加优惠活动。

（2）准备货源。选好促销商品，准备充足的货源，以免活动期间断货。

八、紧急情况预案

（1）实时更新库存，补充货源，以免发生断货。

（2）加强各部门之间的协调，保证及时、有效沟通信息。

（3）根据促销实况，调整促销页面内容。

通过对案例进行分析，可知促销活动方案的基本结构一般如下：

1. 活动目的

活动目的应在对网店自身、竞争对手和市场环境的调查基础上得出。只有明确目标，才能使活动有的放矢。

2. 活动时间和参与对象

活动时间不应太长，应给客户紧迫感。参与对象选择的正确与否会直接影响促销的最终效果。

3. 活动主题

活动主题一般可以结合某个节日或促销节点，目的是给消费者一个购买的理由。

4. 活动方式

无论采取哪种促销方式，活动都应有吸引力、形式新颖，给消费者一定的刺激感，但同时也要考虑成本。

5. 媒体宣传

媒体宣传是指选择在媒体上做推广。媒体宣传应使多种媒体相配合，同时也要考虑费用。

6. 预算

对促销活动的费用投入和产出应做预算。

7. 前期准备

前期准备一般包括人员安排和物资准备等。

8. 紧急情况预案

对活动中可能出现的意外情况做必要的人力、物力和财力方面的准备。

> **知识链接** ▶▶▶
>
> #### 促 销 方 式
>
> 促销方式是指企业利用各种有效的方法和手段，使消费者了解和关注企业的产品或服务，激发消费者的购买欲望，并促使其实现最终的购买行为。常用的促销方式包括降价、打折、返券、赠品、捆绑销售、积分积点、会员制、有奖销售（抽奖、多买多奖）等。

议一议

请同学们结合网络搜索，议一议网上还有哪些促销方式？请写出2~3种。

随堂记

试一试

请同学们帮助李成响团队策划并撰写健身器材网店国庆节促销活动方案，并将具体内容填入表3-2中。

表3-2　健身器材网店国庆节促销活动方案

方案结构	具 体 内 容
活动目的	
活动时间	
活动主题	
活动内容	
媒体宣传	
预　算	
前期准备	

活动二　撰写网络营销软文

活动描述

李成响团队在了解促销活动方案的基本结构和写作方法后，完成了促销方案的撰写。谢经理对他们积极主动的态度给予了充分肯定，并告诉他们，为了配合网络媒体宣传推广，要撰写网络营销软文。李成响和队员们决定先通过网络学习营销软文的相关知识，掌握网络营销软文的写作方法和技巧。

活动实施

第一步：通过学习，了解网络营销软文的定义，知道营销软文的写作步骤和写作类型。

知识链接 ▶▶▶

1. 网络营销软文

网络营销软文是企业为提升形象、品牌知名度或促进产品销售，经过策划，在网络媒体发布的，对消费者进行针对性心理引导的文章。它主要通过文章的情感和产品关键词来打动客户，营销具有一定的隐蔽性，属于情感营销。网络营销软文通过让消费者对产品产生认同感，在不知不觉中接受文章信息，进而达到软文营销的效果。

2. 硬广告

硬广告是广告界中的行话，也称硬广，指直接介绍商品、服务内容的传统形式的广告。消费者在报纸、杂志、电视、广播等传统媒体上看到和听到的那些宣传产品的纯广告就是硬广告。

议一议

请同学们根据对网络营销软文定义的理解，议一议它与硬广告的区别，然后从下面的选项中选出网络营销软文的优势，将选项数字填写在横线上。

网络营销软文的优势：_____。

选项：①生硬；②成本低或免费；③成本高；④表达形式多样；⑤表达形式单一；⑥易传播；⑦让读者不厌烦；⑧营销隐蔽；⑨情感共鸣。

知识链接 ▶▶▶

网络营销软文的写作步骤如下：

1. 熟悉产品或服务

在写营销软文前，写作者要熟悉自己推广的产品或服务，写作者对产品的认知度决定营销成功与否以及营销是否有效果。

2. 做好市场调查

市场调查包括用户需求调查和竞争对手分析。针对目标人群的不同，营销软文的内容是完全不同的。只有找准切入点，软文的目标才会明确，才能做到针对性营销和精准营销。

3. 确定写作类型

写作类型应当根据营销软文投放平台的用户喜好来确定。

4. 构思创意，策划话题

一个精妙的软文创意会对企业的营销产生巨大的影响。

知识加油站

网络营销软文的类型如下：

1. 新闻式

新闻式软文是指站在第三方的角度，像报道新闻一样介绍某件事情，如图3-5所示。这种写作形式比较客观，容易让人产生信任感。

> **"我在屈乡过端午"线上端午节启动**
>
> 人民融媒体
> 2022-04-11 06:50 人民科技账号   关注
>
> 本文转自：三峡商报
>
> 三峡商报讯（记者刘茜）4月8日，由宜昌市商务局、秭归县委宣传部、秭归县科技经信局主办，湖北屈姑国际农业集团承办的2022年"我在屈乡过端午"线上端午节启动仪式在屈姑橘颂馆隆重举行。本次活动通过"屈姑食品"抖音官方平台线上进行全程直播。
>
> 参加此次活动的嘉宾先后参观了屈姑橘颂馆、屈姑透明工厂——中央厨房粽子生产车间。工作人员介绍了秭归脐橙及深加工产品，邀请嘉宾现场品鉴脐橙饼、橘子蜜饯、橙皮丝、脐橙粽子等特色产品。

图3-5 新闻式软文

2. 热点式

热点式软文是指借助近期的热点事件，以引起关注，也可借助名人效应，如图3-6所示。写作者平时应多收集归纳热点事件，将产品与事件联系起来。这类软文的写作要特别注意时效性。

> **《新国氏教您巧妙应对春节饭局》**
>
> 中国人的传统节日——春节又要到了，在家人团圆、亲朋相聚的同时，人们吃吃喝喝也比平时"升级"了。
>
> 升级不仅仅是指饭菜的品种和质量，最主要的是频率升级，特别是工作、生活在异地的朋友回老家过年，午饭、晚饭亲朋好友轮番聚餐。
>
> 连续几顿大餐之后，相信很多人都会为吃什么发愁，甚至为如何应对饭局而颇费心思。其实，只要准备好两样东西，可以让你高枕无忧。
>
> 首先是酸奶或者牛奶。中国的酒文化源远流长，有"无酒不成席"的说法。面对亲朋好友频频举杯相邀，岂能失陪？饮酒前，喝一杯酸奶或者热牛奶，其中的脂肪能够在胃里形成一层黏膜，并在一定程度上阻止酒精渗透胃壁，从而延缓酒精进入血液的时间。这样，一来是保护胃，二来是不容易醉酒。
>
> 其次是新国氏全营养素系列产品。春节期间，有些时候暴饮暴食是身不由己。但是爱美的女性或者体重超标的男士必须注意饮食。春节期间，饭菜丰盛，营养容易过剩，而且出于客观原因，节食对很多人来讲不现实，人们一方面感到盛情难却，另一方面担心肥胖。如果人们身边带着新国氏系列中的任何一种产品，都可以无后顾之忧。

图3-6 热点式软文

图3-6中的软文发布在临近春节的时候，借春节聚餐这一热点，巧妙、自然地引出了养胃、护胃产品。

3. 活动式

活动式软文与促销活动相结合，与主题密切相关，容易引起读者的兴趣和关注，如图3-7所示。

> 京东周黑鸭官方旗舰店今日开展了"鸭粉"会员日活动，优惠多多，爆款直降，低至第2件半价等，部分专区还可享受满188减100优惠券，不少商品折算下来可达到入手好价力度，喜欢吃的买家们不要错过了！
>
> 活动时间：8月21日10点-8月24日10点
>
> 优惠券力度：部分专区可享满188减100优惠券，全场可享满99减5券，满188减10券
>
> 优惠力度：爆款直降，低至第二份半价，另外有气调包装食品和新品等专区，顺丰送达
>
> 需注意：部分锁鲜装食品有物流限制，下单注意，锁鲜气调包装专区的食品不能送达的，可以在颗粒装专区挑选

图3-7 活动式软文

4. 故事式

故事式软文通过讲述一段感人的、搞笑的或夸张的故事，进而自然地引出产品，如图3-8所示。这类软文应注意要与产品巧妙结合。

> 只有你，才是我想要的味道。
>
> **黑黢黢**，黏黏稠稠的是你，南方黑芝麻糊；省时、方便的是你，南方黑芝麻糊；让人思念悠长的还是你，南方黑芝麻糊。
>
> 小时候，家里条件不好，母亲和父亲为了养活我们一家，不得不外出打工赚钱，外出前想着，婆婆已经给五爹、幺爹各带了一个小孩了，再加上我和哥哥两个也挺好的，这样上学时还能有个伴。前去跟外婆商量的时候，外婆开始沉默不语，最后父亲说要将我们寄送给婆婆的时候，外婆直接拒绝了，说："你们走可以，孩子不要给婆婆带，我来帮你们照顾两个孩子！"然后外婆抱着我和哥哥说："小影，强强，明天开始就过来和外婆一起过吧！"听到这话，我和哥哥很是高兴，虽然那时只是小孩子，但是谁对自己好还是知道的。

图3-8 故事式软文

图3-8中的软文讲述了主人公小时候住在外婆家的经历。小时候主人公见到外婆亲手制作芝麻糊，长大后再见到芝麻糊，唤起了主人公对亲情的怀念。软文将充满温情的故事植入了芝麻糊这一产品。

5. 娱乐式

娱乐式软文通过将产品融入娱乐内容里，用小笑话引出产品，能够让读者更加愿意接受，如图3-9所示。

> 在医院的重症监护室，护士们正在巡视，一个全身不能动弹的病人突然眨了几下眼睛。护士打电话向医生咨询。当医生和护士聚集在病人床前时，他的手指又微微动了动，好像在表达什么。医生很快递过来纸和笔，年轻人写下了一行字：不要挡住电视！原来医务人员正好挡住了病人看电视的视线，所以他要求大家让开，不要打扰他看电视节目。

图3-9 娱乐式软文

议一议

请同学们通过上网搜索，议一议网络营销软文的写作类型还有哪些，然后彼此进行分享。

试一试

请同学们针对哑铃这款健身产品，按照网络营销软文的写作步骤制定写作方案，并填写表3-3，为营销软文的撰写做准备。

表3-3 哑铃产品网络营销软文写作方案

写作步骤	具体内容
哑铃的功能及作用	
用户需求分析	
目标人群定位	
软文投入平台	
软文写作类型	
软文创意	

第二步：通过知识和案例的学习，掌握网络营销软文的写作方法和技巧。

知识链接

网络营销软文的写作技巧如下：

1. 拟定吸引人的标题

在软文中，用户首先看到的是文章标题，他们会根据软文标题判断文章是否具有阅读价值。用户只有觉得标题吸引人，才会点击进去看正文内容。

2. 正文真实有内容，借势传播

正文是对产品信息的完整包装和深度诉求，或者是对产品相关事件的引导，要以情感人，直击用户痛点，引起用户共鸣，巧妙融入产品的广告信息。

成功的软文都是图文并茂的文章。如果软文只有大段文字，会让用户觉得枯燥无味。软文的文字和图片应尽可能相关，不能完全不匹配。

3. 适当布局关键词

适当布局关键词的技巧如下：

（1）选用关键词。在选用关键词时，可以在百度指数、淘宝或微博热搜榜寻找近期热门的关键词，从中挑选与产品相关的，从而确定产品关键词，并将产品关键词适当地插入到软文中。关键词应当与营销主题相契合，写作者可以围绕某关键词或热点事件，将营销信息融入其中，创作相关的软文。

（2）布局关键词。首先是标题。在大多数搜索引擎中，标题都拥有极高的权重，一般软文最先展示的就是标题，所以最佳关键词最好出现在标题中。

其次是文章首段。在百度搜索中，如果软文没有设置文章描述，百度快照会将截取的文章首段内容作为描述。文章首段的关键词可以出现1~2次。

再次是中间部分。软文的中间部分有较大的自由发挥空间，但也不能过于集中地展示关键词，应当尽量将关键词出现频率控制在每两百字出现1~2次。

最后是文章结尾。在判断文章是否为原创时，很多算法都是在文章首尾各抓取100字，如与已收录的文章雷同，则可能会被判定为抄袭。在文章结尾处，应当让关键词出现1~2次。

案例 3-4

【湖北】武汉白领人士为什么选择了爱玛莎按摩椅垫

昨天，湖北的池先生开车来到上品一家武汉有限公司采购爱玛莎按摩椅垫。他在武汉黄浦大街上的写字楼上班，是行政机关白领人士，与他的同事共计采购了37台型号为IM-LL06的按摩椅垫。

池先生告诉上品一家武汉有限公司营销人员，他是在武汉岱家山科技城十年成果展上看到并体验了爱玛莎按摩椅垫后决定购买的，还邀请了几十位同事团购。作为一位白领人士，池先生快50岁了，工作性质决定他上班需要面对电脑并且开车上下班。由于颈椎长期保持一种姿势，池先生得颈椎病已经好多年了，在最近的体检中发现了腰椎间盘突出。池先生还说，他的很多年轻同事也有颈椎病了。池先生尤其看中此款按摩椅垫还可以在汽车上使用，于是他自己买了两台爱玛莎按摩椅垫，一台放在办公室，一台放在汽车上。

爱玛莎按摩椅垫独创3D指压式按摩头，模拟人工推拿按摩，指压式按摩头通过在背部上下运行，推拿、按捏背部，缓解背部酸痛；独创颈部按摩枕，可90°调节角度，满足不同身高人士的颈部按摩需求，可以有效预防颈椎病；坐垫震动功能分为强、中、弱三挡，有效缓解脊椎、腰椎间盘等部位压力；具有远红外加热功能，可以对背部进行热敷治疗；还可以在汽车内使用，随机配有车用点烟器插接线（特别提醒：驾驶人严禁使用，以免分散注意力）。爱玛莎按摩椅垫的工作电压为12V，低工作电压避免了对人体造成伤害，同时延长了产品的使用寿命，可以为用户进行持久按摩理疗。

议一议

请同学们在阅读完案例3-4后，开展头脑风暴，对以下问题展开讨论：
（1）案例中营销软文标题是否有吸引力？＿＿＿＿＿＿＿＿＿＿＿＿＿＿＿＿
（2）案例中营销软文的关键词有哪些？＿＿＿＿＿＿＿＿＿＿＿＿＿＿＿＿
（3）案例中营销软文属于哪种类型？＿＿＿＿＿＿＿＿＿＿＿＿＿＿＿＿
（4）案例中营销软文是否达到了软文营销效果？＿＿＿＿＿＿＿＿＿＿＿＿

试一试

请同学们根据制定的写作方案，运用一定的网络营销软文写作技巧，为哑铃撰写一篇营销软文。

任务评价

撰写网络营销文案任务评价见表3-4。

表3-4 撰写网络营销文案任务评价表

序号	评价项目	自我评价			
		能准确阐述（优）	能阐述（良）	能大概阐述（合格）	不能阐述（不合格）
1	促销活动方案的结构				
2	促销活动方案的写作方法				
3	网络营销软文的概念和优势				
4	网络营销软文的写作技巧				

教师评价：

项目总结

- 本项目主要内容包括认知网络营销文案和撰写网络营销文案两个学习任务。
- 认识网络营销文案主要通过介绍网络营销文案的概念和作用,让同学们对网络营销文案形成基本认知,知道网络营销文案的类型和要素,知道常用的网络营销文案写作技巧。
- 撰写网络营销文案主要通过介绍网络促销活动方案和网络营销软文,让学生们学习这两种具有代表性的网络营销文案的写作方法。

项目练习

一、不定项选择题

1. 以下属于网络营销文案类型的有(　　)。
   A. 营销方案　　B. 活动方案　　C. 产品文案　　D. 软文
2. 网络营销文案必不可少的写作要素有(　　)。
   A. 标题　　B. 副标题　　C. 正文　　D. 标语
3. 下列属于促销活动方案要素的是(　　)。
   A. 促销时间　　B. 促销方法　　C. 预算　　D. 促销效果
4. 将网络营销软文的写作步骤进行排序(　　)。
   A. 确定写作类型　　　　　　B. 构思创意,策划话题
   C. 熟悉产品或服务　　　　　D. 做好市场调查
5. 网络营销软文的写作技巧有(　　)。
   A. 适当布局关键词　　　　　B. 尽量多地宣传产品和价格
   C. 拟定吸引人的标题　　　　D. 内容充实,带入自然的情感

二、判断题

1. 网络营销软文的优势主要体现在做广告于无形。(　　)
2. 判断软文推广效果的关键,可以看其是否被点击和转载。(　　)
3. 热点式软文主要采用促销活动的方式宣传软文。(　　)
4. 促销活动的推广时间越长越好。(　　)
5. 网络营销文案起宣传和促销产品的作用。(　　)

三、简答题

1. 网络营销文案的作用是什么?
2. 常见的活动促销方式有哪些?
3. 请说出3种网络营销软文的写作类型,并进行简要说明。

项目四　搜索引擎营销及优化

项目简介

据相关调查数据显示，80%的互联网用户把搜索引擎作为在网上获取信息的主要方式。因此，基于搜索引擎开展营销，成为了网络营销的重要推广方式。本项目中，我们将从真实的推广业务入手，带领同学们一起认识搜索引擎营销，通过对案例的学习，了解搜索引擎营销的作用、特点和方法，同时能够针对搜索引擎营销进行网站内的基础优化。

项目目标

- 了解搜索引擎营销的概念及方法。
- 掌握在搜索引擎中利用搜索词快速搜索信息的技巧。
- 能够完成在搜索引擎营销中对关键词的分析及关键词序列的设计。
- 能够进行网站SEO分析，能进行基础优化，完成优化实施。
- 树立依法开展营销活动的法律意识。
- 培养精益求精、严谨细致、勇于创新的工匠精神。

任务一　认知搜索引擎营销

任务介绍

搜索引擎是非常重要且有效的数字营销渠道，无论是基于自然搜索结果的搜索引擎营销，还是付费搜索引擎广告，都能有效地提升搜索引擎营销的效果。在本次任务中，我们将走近搜索引擎营销，完成对SEO（Search Engine Optimization，搜索引擎优化）与SEM（Search Engine Marketing，搜索引擎营销）基础知识的学习，明确搜索引擎营销的概念及特点，知道搜索引擎的使用方法及搜索引擎营销的主要方法。

活动一　体验搜索引擎营销

活动描述

李成响团队实习所在的电子商务企业接到了客户的推广需求。该客户是武昌区一家教育培训机构，该机构建有自己的网站，主营业务是成人、少儿钢琴的一对一、一对多课程培训，同时也提供艺术高考的钢琴辅导。但是由于市场竞争激烈，该机构网站推广效果不佳，现委托电子商务企业做搜索引擎推广。谢经理接到该项目后，决定带李成响团队一起完成。

活动实施

第一步：了解并体验搜索引擎。

谢经理告诉李成响团队，在进行搜索引擎营销时，必须先了解竞争对手的推广信息，所谓"知己知彼，百战不殆"。因此，第一步需要用搜索引擎搜索该培训机构竞争对手的相关信息。

知识链接

搜索引擎（Search Engine）是指运用一定的策略和特定的计算机程序从互联网上搜集信息，对信息进行组织和处理后，为用户提供检索服务，并将用户检索的相关信息展示给用户的系统。搜索引擎包括全文索引、目录索引、元搜索引擎、垂直搜索引擎、集合式搜索引擎、门户搜索引擎与免费链接列表等。

搜索引擎的基本工作原理包括如下三个过程：①在互联网中发现、搜集网页信息；②对信息进行提取和组织建立索引库；③检索器根据用户输入的查询关键字，在索引库中快速检出文档，进行文档与查询的相关度评价，对将要输出的结果进行排序，并将查询结果返回用户。

想一想

同学们能否对搜索引擎定义进行分析，选出定义中的关键词呢？

关键词：＿＿＿＿＿

知识加油站

目前国内常见的搜索引擎包括：

1. 百度搜索

百度搜索是全球最大的中文搜索引擎，致力于让网民更便捷地获取信息，获得所求。百度搜索拥有超过千亿的中文网页数据库，可以使用户瞬间找到相关的搜索结果，如图4-1所示。

图4-1　百度搜索

2. 360综合搜索

360综合搜索属于元搜索引擎，是奇虎360公司开发的基于机器学习技术的第三代搜索引擎，具备"自学习、自进化"能力，如图4-2所示。

图4-2　360综合搜索

3. 搜狗搜索

搜狗搜索是国内领先的中文搜索引擎，支持微信公众号搜索、文章搜索，具备独特的Sogou Rank（网页评级）技术及人工智能算法，如图4-3所示。

图4-3　搜狗搜索

试一试

请同学们以"武昌钢琴培训机构"为搜索词，分别用不同的搜索引擎进行搜索，并将搜索引擎体验结果填入表4-1中。

表4-1　搜索引擎体验比较

比较内容	百度	360	搜狗
搜索结果数量			
相关信息匹配度			
网站功能			

第二步：设置有效搜索词，掌握搜索引擎的使用技巧。

李成响团队在搜索竞争对手信息时发现了一个问题，他们有的人可以

想一想

请同学们想一想，你最常用的搜索引擎是什么？你常用它来做什么呢？

查找到竞争对手信息，而有的人没有查到，为什么会这样呢？谢经理查看了他们的搜索词，发现了问题的关键：这是因为团队中每个成员的搜索词不一致，不同搜索词显示的结果如图4-4至图4-7所示。

图4-4　搜索词为"武昌钢琴培训"显示的结果

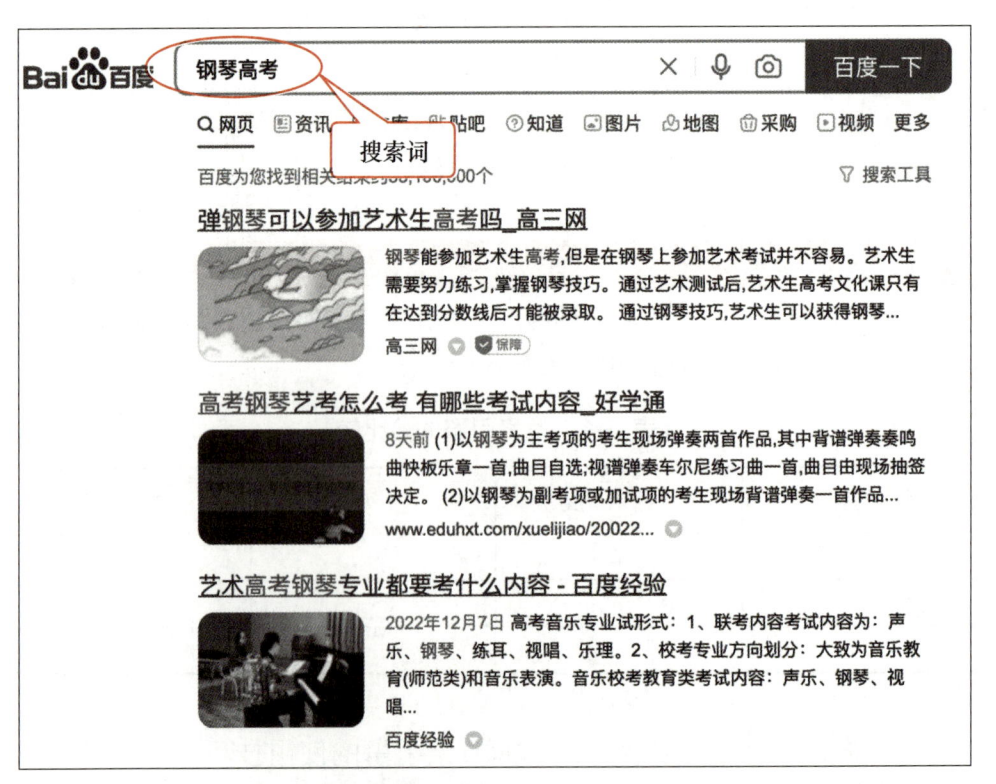

图4-5　搜索词为"钢琴高考"显示的结果

图4-6 搜索词为"武昌钢琴高考"显示的结果

图4-7 搜索词为"武昌钢琴高考培训机构"显示的结果

谢经理查看了几个成员不同的搜索词，问李成响团队："哪些词语的搜索结果更接近我们需要的信息呢？"李成响团队明白了谢经理的意思：由于搜索词不同，会产生不同的结果。

议一议

请同学们议一议，以上搜索结果中，哪些包含李成响团队想要的搜索信息？

谢经理告诉大家，在互联网上搜索信息时，还需要掌握一定的搜索引擎使用技巧。

知识加油站

百度搜索引擎的使用技巧：

（1）使用搜索词的"或搜索"，其表达公式如下："搜索词1"+"|"+"搜索词2"。在本案例中，需要搜索包含"钢琴"或者包含"培训"的内容，那么就在搜索框中输入"钢琴|培训"，这样搜索出来的结果或者包含"钢琴"或者包含"培训"，如图4-8所示。

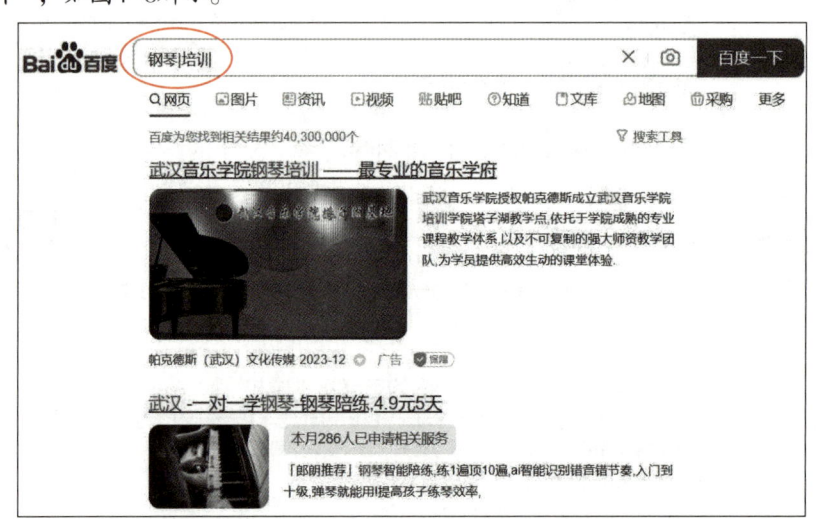

图4-8　搜索词为"钢琴|培训"显示的结果

（2）使用搜索词的"和搜索"，其表达公式如下："搜索词1"+"空格"+"搜索词2"。比如要搜索既包含"钢琴"又包含"培训"的内容，那么就在搜索框中输入"钢琴　培训"，这样搜索出来的结果既包含"钢琴"又包含"培训"，如图4-9所示。

（3）不含某个词搜索，其表达公式如下："搜索词1"+"空格"+"-不想包含的搜索词2"。比如要搜索包含"钢琴"而不包含"培训"的结果，那么就在搜索框中输入"钢琴 -培训"，如图4-10所示。

（4）搜索词不拆分搜索，其表达方式如下：在搜索词外加双引号。比如要搜索包含"钢琴培训"这个完整搜索词的结果，那么就在搜索框中输入""钢琴培训""，如图4-11所示。

（5）指定搜索某种格式的材料，其表达方式如下："搜索词"+"filetype:"（英文半角:）+"文件格式"（pdf/doc/xls/ppt）。比如要搜索包含"钢琴"的PPT文档，那么就在搜索框中输入"钢琴filetype:ppt"，如图4-12所示。

图4-9　搜索词为"钢琴 培训"显示的结果

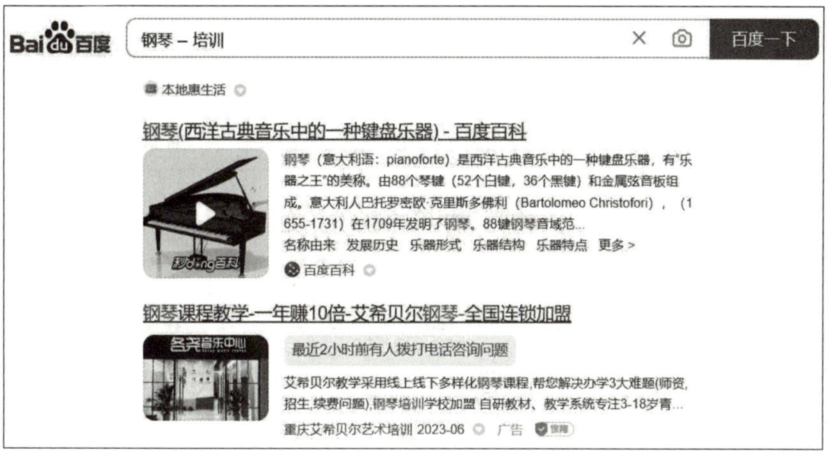

图4-10　搜索词为"钢琴－培训"显示的结果

图4-11　搜索词为"'钢琴 培训'"显示的结果

图4-12 搜索词为"钢琴filetype:ppt"显示的结果

（6）标题包含搜索词搜索，其表达公式如下："intitle:"+"搜索词"。比如要求所有搜索结果的标题都包含"钢琴"这个搜索词，那么就在搜索框中输入"intitle:钢琴"。如果有两个及以上搜索词，那么就输入"allintitle:"+"搜索词1"+"空格"+"搜索词2"。

（7）在指定网站搜索，其表达公式如下："搜索词"+"空格"+"site:"（英文半角:）+"网址"。比如要在百度经验网站里搜索包含"钢琴"的结果，那么就在搜索框中输入"钢琴 site:jingyan.baidu.com"。

试一试

李成响团队可以使用哪些搜索词来搜索竞争对手的信息呢？请同学们将这些搜索词填入表 4-2 中。

表4-2 李成响团队可使用的搜索词

例：武汉钢琴高考培训		

第三步： 认知搜索引擎营销，知道搜索引擎营销的方法。

李成响团队运用学到的搜索方法，顺利找到了钢琴艺术培训机构竞争对手的信息。大家发现用百度搜索引擎搜索出的信息，有的下面显示"广告"，有的却没有显示，如图4-13所示。这是怎么回事呢？

谢经理告诉李成响团队，百度搜索引擎上的信息性质有所不同，有的是付费广告，信息后面会显示"广告"的字样；有的是自然排名的信息，后面就不会显示"广告"的字样。有些商家考虑到用户在搜索引擎上搜索信息时会产生交易，因此会在搜索引擎上投放付费广告做推广；还有一些商家即使不投放广告，搜索引擎也会显示其信息，这属于免费信息，也会产生营销效果。这些都可以称为搜索引擎营销。

图4-13 搜索词为"武汉钢琴培训"显示的结果

知识链接

1. 搜索引擎营销

搜索引擎营销的英文名为Search Engine Marketing，我们通常简称其为SEM，是指根据用户使用搜索引擎的方式，利用用户检索信息的机会，尽可能地将营销信息传递给目标用户。简单来说，搜索引擎营销是基于搜索引擎平台的网络营销，它利用人们对搜索引擎的依赖和使用习惯，在人们检索信息的时候，将信息传递给目标用户。搜索引擎营销的基本思想是让用户发现信息，并通过点击进入网页，进一步了解需要的信息。企业通过搜索引擎的付费推广，可以让用户直接与公司客服进行交流、了解，实现交易。

2. 搜索引擎营销的常见方法

（1）搜索引擎优化（SEO）。使用搜索引擎的用户往往只留意搜索结果排在前面的几个条目，所以不少网站都希望通过各种方式来影响搜索引擎的排序。优化搜索引擎的目的是让网站更容易被搜索引擎收录，以提升其在搜索结果中的排名。此内容将在任务二中进行详细学习。

（2）登录分类目录。登录分类目录是网站最传统的推广手段，包括免费登录目录及付费登录目录。目前大多数重要的搜索引擎都使用免费登录目录，并将付费登录目录业务以搜索引擎广告业务的形式代替。

（3）关键词广告。关键词广告是收费搜索引擎营销的主要模式之一，也是目前搜索引擎营销中发展最快的模式。不同搜索引擎的关键词广告有不同显示位置，有的将付费关键词的检索结果排列在搜索结果列表最前面，也有的排列在搜索结果页面的专用位置。

（4）关键词竞价排名。关键词竞价排名是搜索引擎营销中关键词广告的一种形式，是指按照付费最高者排名靠前的原则，对购买了同一关键词的网站进行排名的一种方式。关键词竞价排名一般采取按点击量收费的方式。

微课5 搜索引擎营销

想一想

请同学们想一想，搜索引擎营销对企业来说是主动行为还是被动行为呢？

议一议

请同学们议一议，在58同城发布广告、在百度文库上传产品资料、设定百度地图、加入百度网盟这些搜索引擎营销方法中，哪些是免费的方法？

活动二　设置搜索引擎营销的关键词

活动描述

李成响团队在充分了解搜索引擎的搜索方法和搜索引擎营销的概念后，开始为钢琴艺术培训机构准备搜索引擎营销需要的材料。李成响团队知道在搜索引擎营销中，用户是通过搜索词搜索精准信息的，因此，精准设置搜索词（即关键词），是搜索引擎营销的关键。

活动实施

第一步：设置关键词。

谢经理告诉李成响团队，用户使用的搜索词是搜索引擎营销关注的重点，也是商家投放广告的关键词。

知识链接

关键词是用户在使用搜索引擎时输入的、能够最大程度概括用户所要查找的信息内容的字或者词，是信息的概括化和集中化，也是搜索引擎用来选择所要显示的查询结果的一些词。搜索引擎用关键词来匹配文章，哪个文章的匹配度较高，哪个文章就是所要查询的较优结果。

关键词在网站中一般显示在网站导航、栏目名称和文章标题等重要位置。网站导航一般位于页面的最上方，而且在整个网站的所有页面中都会出现，所以应当有意地在导航的文字中布局关键词。页面通常会被划分为不同的栏目，栏目名称代表了网站所表达的内容。文章标题在主页和频道页上是网站内容的索引，在内容页上又是网页内容的概括，所以关键词与搜索引擎判断相关。

想一想

请同学们想一想，该钢琴艺术培训机构可以设置哪些可用的关键词呢？请大家将这些关键词填在表4-3中。

表4-3　钢琴艺术培训机构可用的关键词

例：武汉钢琴高考培训	例：武汉艺术培训	

第二步：在案例分析的基础上，确定网站的核心关键词。

案例 4-1

武汉某企业网络服务有限公司在百度竞价排名状况不佳，于是请来了百度百捷湖北公司的王经理。王经理提出看一看推广的计划内容。营销部门的李经理拿出了一个先前的推广内容，推广的关键词包括该网络服务有限公司、网页设计、网站推广、微信代运营、微信吸粉等。

王经理认为该公司的问题主要是由于核心关键词设置得太多，关键词太多反而定位不精准，他建议将业务精准定位，突出企业网络服务这一关键词。

李经理接受了改进意见，并将核心关键词调整为企业网络服务、企业建站服务、企业微信服务。

通过精准设置核心关键词，该公司的业务量有了明显上升。

谢经理告诉李成响团队，对于一个进行搜索引擎营销推广的企业来说，可以投放的关键词有很多。但是必须找到一个或几个特别的核心关键词，围绕着核心关键词来进行广告投放与网站优化，会更有针对性，也显得更加专业。

知识链接 ▶▶▶

1. 关键词的分类

关键词可以从不同的角度来分类：

1）从概念角度，分为核心关键词、长尾关键词、相关关键词。
2）从页面布局角度，分为首页关键词、栏目页关键词、内容页关键词。
3）从目的性角度，分为直接性关键词、营销性关键词。

一个关键词可以同时拥有多重含义。只有理解关键词的概念，才能更深入地进行网站优化。

2. 核心关键词

核心关键词即目标关键词，也称为主关键词。它是整个网站中最具代表性的核心词语。一般来讲，核心关键词在首页进行推广。网站中的全部内容都是围绕核心关键词展开的，它代表了整个网站的主题思想。一个网站可拥有一个或者多个核心关键词。

核心关键词是搜索量最大、最能代表用户需求、最能代表企业产品或业务的相关词。

3. 网站确定核心关键词的方法

（1）分析与自身产品、业务服务相关的词。公司通过内部头脑风暴，讨论公司的产品与业务的定位是什么，这些产品或业务是为哪些人服务的。然后分析哪些词与这些内容有关系，用户搜索习惯是什么，最后定出基本的关键词。

（2）分析公司产品的竞争对手。公司进行网站SEO分析要分析竞争对手，即通过分析竞争对手的网站，找出其网站设置的关键词。公司可以选择竞争对手靠前的词，作为自己网站的关键词。

议一议

请同学们结合案例议一议，该钢琴艺术培训机构应该设置哪些核心关键词？并请说出理由。

核心关键词及理由：_____

想一想

请同学们想一想，案例中的李经理按照什么方法重新确定了公司的核心关键词？

方法：_____

随堂记

(3)使用百度搜索框或百度进行相关搜索。公司可以通过百度自身来选择一些热门关键词。

网站通过上面分析的3个方法，即相关性、竞争性、搜索量，可确定最好的且最代表用户需求的关键词。

第三步：扩展关键词序列。

李成响团队确定了核心关键词，谢经理要求大家围绕核心关键词，扩展出需要推广的长尾关键词，组合成一个关键词序列。团队成员们表示很疑惑，已经有了核心关键词，为什么还需要有关键词序列呢？谢经理告诉大家，这是因为用户的搜索习惯不一样，所以同样的核心关键词会有不同的词语表现方式，比如用户想搜索关于"武昌的钢琴培训机构"的信息，但是搜索词的表现方式不一样，有的用户搜索"武昌钢琴培训机构"，有的用户搜索"武昌钢琴培训班"。所以我们需要考虑更多用户的搜索词，把搜索结果相同的词进行归类，以此来构成一个关键词序列表。

知识链接

1. 长尾关键词

长尾关键词（Long Tail Keyword）是指网站中的非目标关键词，但其也可以带来搜索流量。长尾关键词的特征是比较长，往往由2~3个词甚至是短语组成。长尾关键词存在于内容页，除了存在于内容页的标题中，还存在于内容中。长尾关键词的搜索量非常少，并且不稳定。长尾关键词带来的客户，转化为网站产品客户的概率比目标关键词的高很多，因为长尾关键词的目的性更强。存在大量长尾关键词的大中型网站，其带来的总流量非常大。

长尾关键词基本属性是：可延伸性、针对性强、覆盖范围广。

长尾关键词的特点是：细和长。细，说明长尾关键词所在的市场份额很小，这在以前是不被重视的市场；长，说明这些市场虽小，但数量众多。

2. 选择长尾关键词的方法

（1）通过了解网站，构思与网站业务相关的关键词。

（2）通过分析竞争对手来寻找关键词。

（3）通过搜索引擎来确定长尾关键词。

3. 选择及扩展关键词的方法

（1）选择关键词。选择关键词需要从用户的需求入手，关键词需要与企业所提供的产品和服务高度相关。一般而言，选择及拓展关键词的类型如图4-14所示。

（2）扩展关键词。由于竞价广告中的搜索引擎竞价单元需要将相近或类似的词语放在同一个单元，因此企业应当按照意义相近、结构相同的原则，对关键词进行扩展，使之成为一个便于使用的关键词组。

通俗表达词或句子

产品词　地域词

品牌词　服务词　人群相关词

图4-14　选择及拓展关键词的类型

试一试

李成响团队决定以"钢琴培训"为核心关键词。请大家根据关键词扩展方法,帮助他们扩展关键词序列,并完成表4-4。

表4-4 扩展关键词序列

核心关键词:钢琴培训(例)

序列	核心关键词及变形	核心关键词+地域	核心关键词+疑问	核心关键词+价格	核心关键词+目标人群
1	钢琴培训	武昌钢琴培训	武昌钢琴培训哪家好	钢琴培训多少钱	成人钢琴培训、少儿钢琴培训
2	钢琴培训班				
3	钢琴高考				
4	钢琴一对一				

第四步:通过与百度方联系,开设推广账号,进行关键词竞价。(特别说明:百度竞价是专门针对关键词的竞价方法,不属于此活动内容,此处不展开讲解。)

任务评价

认知搜索引擎营销任务评价见表4-5。

表4-5 认知搜索引擎营销任务评价表

序号	评价项目	自我评价			
		能准确阐述(优)	能阐述(良)	能大概阐述(合格)	不能阐述(不合格)
1	搜索引擎的概念和使用方法				
2	搜索引擎营销的概念				
3	搜索引擎营销的常见方法				
4	设置及确定核心关键词的方法				

教师评价:

任务二
实施搜索引擎优化

任务介绍

网站在搜索引擎内的排名直接影响其被展示的机会，搜索结果排名靠前将为网站获取更多流量。SEO利用搜索引擎的规则能有效提高网站在有关搜索引擎内的自然排名，为网站提供生态式的自我营销解决方案，使其获得更多流量收益。在本次任务中，我们将提高对搜索引擎优化的认知，进一步学习搜索引擎的优化方法，掌握搜索引擎优化的相关操作，知道SEO在SEM中的重要地位，理解建立优质并且符合搜索引擎优化特点的网站平台，是实施搜索引擎营销的关键。

活动一　网站页面基础优化

活动描述

在上一个任务中，李成响团队知道了搜索引擎营销的方法，并设计了搜索的关键词序列。但是如何将关键词加入搜索引擎营销中呢？他们再一次感到困惑。为了解答疑问，他们请教了谢经理。谢经理告诉大家，关键词的提炼，一方面是在搜索引擎中投放广告的需要，另一方面是对网站结构和内容进行优化的依据。于是谢经理带着大家一起进行探究。

活动实施

第一步：了解搜索引擎优化，知道搜索引擎优化内容。

李成响团队没有接触过搜索引擎优化，他们希望了解搜索引擎优化的概念和内容。

知识链接

1. 搜索引擎优化（SEO）的概念

搜索引擎优化（SEO）指在了解搜索引擎自然排名机制的基础上，对网站进行内部及外部的调整优化，改进网站关键词在搜索引擎中的自然排名，以获得更多流量，吸引更多目标客户，从而达到网络营销及品牌建设的目标。简单地说，搜索引擎优化就是利用搜索引擎的搜索规则来提高目的网站在有关搜索引擎内的排名的方式。

2. 搜索引擎优化的内容

搜索引擎优化包括内部优化与外部优化两个部分。

内部优化包括网站结构的优化、内部链接的优化、页面优化和内容优化四个方面。

外部优化主要指对外部链接的优化。

对于SEO而言，外部优化可以理解为反向链接，即需要较多的高质量的站点来链接网站，从而增加搜索引擎对网站的权重。内部优化则是SEO的核心，它的影响因素如图4-15所示。

图4-15　SEO内部优化的影响因素

知识加油站

搜索引擎营销（SEM）与搜索引擎优化（SEO）的关系见表4-6。

表4-6　SEM与SEO的关系表

内容		SEM	SEO
关联		围绕搜索引擎开展的一切营销活动都是SEM；SEO是围绕搜索引擎优化开展的营销活动，也属于SEM	
不同	基本思想	SEM是让用户发现信息，并通过搜索引擎搜索并点击进入网站/网页，进一步了解所需要的信息	SEO主要目标有两个：尽可能被搜索引擎收录、在搜索结果中的自然排名靠前
	目的	SEM是根据用户使用搜索引擎的方式，利用用户检索信息的机会，尽可能将营销信息传递给目标用户。简单来说，搜索引擎营销是基于搜索引擎平台的网络营销，利用人们对搜索引擎的依赖和使用习惯，在人们检索信息的时候将信息传递给目标用户	SEO主要关注关键词的排名、网站的流量、网站的结构、搜索引擎中页面收录的数据

想一想

1. 进行SEO内部优化的目的是什么？
2. 为什么要进行SEO外部优化？外部优化能带来哪些好处呢？

第二步：进行网站标题优化。

案例 4-2

××买花网是武汉一家鲜花速递公司，经营范围覆盖武汉三镇。但是经营者一直苦恼于搜索引擎带来的流量太少,想要引入更大的流量来争取更多的交易机会。于是公司找到一家专门做SEO的公司,希望能找到解决办法。

这家公司对整个网站进行了分析,查看了原来的网页标题,发现网页描述中有堆砌关键词的问题,如图4-16所示。

图4-16 堆砌关键词问题

公司对××买花网的网站进行了全面改动,首先确定网站的关键词是"武汉鲜花速递",根据关键词优化标题为"武汉鲜花速递就找××买花网 | 武汉鲜花速递免费送货",如图4-17所示。

公司重新评估描述与关键词标签,分别将description(描述)标签、keywords(关键词)标签改动如下:

description(描述)标签:××买花网是武汉专业的鲜花速递服务商,提供优质的鲜花订购服务,武汉全区域送货上门,鲜花速递电话为027-××××××××。

keywords(关键词)标签:××买花网、武汉鲜花速递网、武汉鲜花购买。

对页面进行基础优化之后,××买花网的流量增长幅度很大。

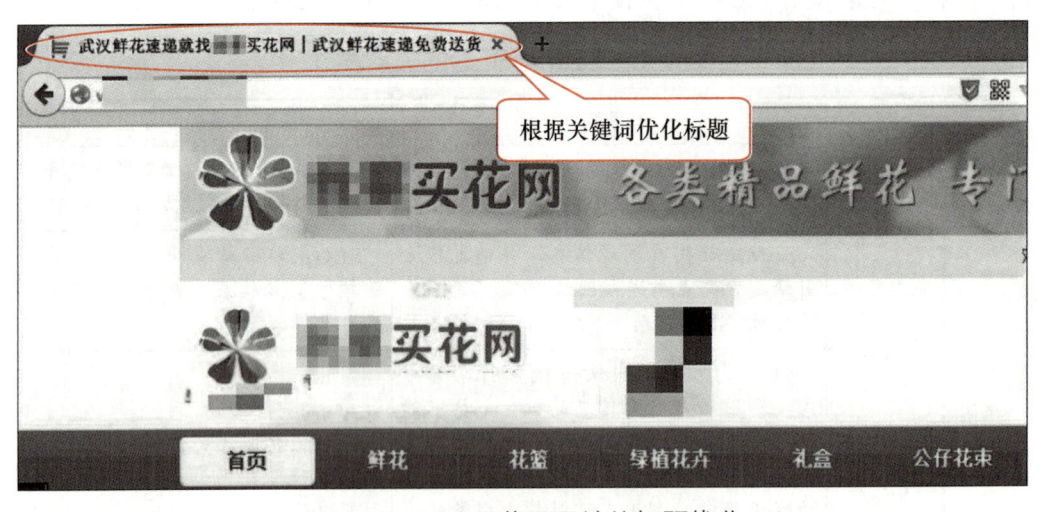

图4-17 ××买花网网站的标题优化

谢经理告诉李成响团队,网站的基础优化包括网站重构、代码与标签的优化。由于网站优化包括代码和标签优化等要素,这些专业技术需要掌握网页设计和HTML(超文本标记语言)的知识才能进行,因此对于初学者而言,网站优化的重点应放在标题优化上。

> **想一想**
> 请同学们想一想,案例中原来的网页标题存在什么问题?修改后的网页标题包含哪些内容呢?

知识链接

1. 页面基础优化

页面基础优化，即对网页中的基础元素（代码、内容版块、布局等）进行优化调整，使其符合搜索引擎的检索条件，满足搜索排名指标，从而使网站更容易被搜索引擎收录、获得更好的排名提升、改善用户体验、提高转化率，进而创造更高的价值。页面基础优化包括网站重构，代码、标签、内链优化等多个方面。

2. 页面基础优化的内容

（1）网站重构。网站重构是指遵循HTML结构化标准的设计，使内容与样式分离的页面表现形式。具体表现形式为HTML页面中只有结构和内容；通过<link>和<script>标签，在网页源代码中调用外部CSS（Cascading Style Sheet，层叠样式表）样式表文件和JavaScript脚本文件。简而言之，凡是可以通过外部文件调用的，就不要在每个网页文件中添加CSS样式代码和JavaScript脚本程序。

网站重构使整个网站的结构更简单、可读性更强。当网站或页面被搜索引擎检索时，能够更好地识别网站信息，准确抓取正文内容，让网站更容易被搜索引擎收录，提升网站的排名，改善用户体验和提高转化率，让网站更具价值。

（2）title标签优化。title标签也称标题标签。title标签告诉搜索引擎用户该网页的主题是什么。title标签应该准确描述网页内容、简短并具有描述性，其可以由一些单词或短语组成，尽量不要堆砌太多关键词。理想情况下，应该为每一个网页建一个唯一的title标签。

（3）meta标签优化。meta标签是HTML标记HEAD区的一个关键标签，它位于HTML文档的<head>和<title>之间。它主要包括description和keywords两个标签。

description标签也称描述标签。它提供关于网页的总括性描述，通常由一、两个语句或段落组成。如果该标签中的某个词语恰好出现在用户的搜索词中，那么这个词语将会被高亮显示，这有利于提升页面的点击率。该标签与title标签一样，都应尽可能多地创建与其他网页不同的描述，避免千篇一律。

keywords标签也称关键词标签。这是以前SEO大量放置关键词的位置，对于优化后的页面来说，它的重要性已经大不如前。但是在此处放置几个页面的核心关键词，还是会有一些作用的。

（4）heading标签优化。heading标签也称h标签。在HTML语言中，它一共有六种，从<h1>至<h6>权重依次降低。最常用的是h1和h2标签。因此，应当根据关键词的重要性，从h1至h6依次放入重要性递减的关键词。

由于h标签有CSS格式，通常比普通的文字大，因此，页面优化内容中应适当使用h标签。从一般的页面写作来讲，文章标题应出现在h1中，小标题出现在h2中。

试一试

1. 请结合案例4-2，尝试为钢琴艺术培训机构网站进行网页标题和网页描述优化，将对比结果填入表4-7中。

表4-7 钢琴艺术培训机构网页标题和网页描述优化对比

优化项	优化前	优化后
网页标题	少儿钢琴培训、成人钢琴培训、钢琴培训班招生	
网页描述	少儿、成人钢琴培训班火热招生中，招生热线：400-800-××××	

2. 如果同学们学习过网页和HTML相关知识，请帮助钢琴艺术培训机构网站优化title标签、description标签、keywords标签，将优化后的结果填入表4-8。

表4-8 页面基础标签优化表

优化标签	优化内容
title	
description	
keywords	

活动二　网站页面内容优化

活动描述

完成上一个活动之后，谢经理告诉李成响团队，要想做好网站的整体优化，首先要做的就是站内优化，而站内优化是指使网站内容及质量能够满足用户的需求。高质量的原创文章不但适合用户浏览阅读，也适合搜索引擎检索，能够提升网站的搜索引擎排名。要想做到这一点，就需要学习页面内容的提升与优化。所以，在这一活动中，我们将学习页面内容优化及页面关键词优化。谢经理与李成响团队一起研究钢琴艺术培训机构的特点后，将网站内容优化策略确定为，对"钢琴培训"相关的文章开展内容优化。

活动实施

第一步：策划网站宣传主题，创作网站文章内容。

谢经理要求李成响团队确定网站宣传主题，以及文章中应该设置的关键词。李成响团队制定了网站宣传内容的策划表，见表4-9。

表4-9 网站宣传内容策划表

文 章 标 题	宣 传 目 的	主要关键词
武汉钢琴高考成功在××	××钢琴成功案例，品牌宣传	艺术高考、钢琴高考、钢琴培训
武昌钢琴培训前十强	品牌关键词植入	成人钢琴、钢琴培训班、钢琴一对一
儿童几岁学钢琴好	引导家长认知	少儿钢琴、幼儿钢琴、钢琴考级
钢琴"暖男"高考成为"最牛艺考生"	热点实事与成功案例宣传	少儿钢琴、琴童、钢琴特长生

李成响团队的成员根据确定好的主题，开始进行文章的编写与伪原创的信息收集工作。但很快遇到了问题，李成响团队对钢琴培训行业不是很了解，该如何写出一篇好的文章呢？谢经理给他们支招：在网站上进行信息的采集，可以通过查找关键词、使用网站采集工具等方法，收集相同或相似的文章，并进行整合。只要搜索引擎认为文章重复的内容不多，就会认为是原创文章，从而大大提高文章在搜索引擎中的权重。这是初入行者可以使用的一种学习方法。

知识链接

1. 原创文章的定义

原创文章是作者首创，非抄袭、模仿的，内容和形式都具有独特个性的物质或者精神成果。广义上来说，原创文章是发文者撰写的，且没有在其他网站发表或者其他任何地方发布的文章。原创文章的作者与其他人有不同的见地、思想和感悟。从SEO角度来说，原创文章并不一定是发布者创作的。只要是搜索引擎没有收录的文章，发布者把它发布了，这对于搜索引擎来说，就是原创文章。

2. 伪原创的定义

伪原创是指对一篇文章进行再加工，使搜索引擎认为其是一篇原创文章，从而提高网站权重。搜索引擎不认可纯抄袭、纯复制的文章，因此发布者就得对复制的文章进行修改。这种修改不是指生搬硬套，而是对文章内容进行重新布局、吸取精华并再次创作。

知识加油站

网站采集是指打开一个网站，将其他网站上对自己有用信息转到自己网站上的过程。对于一个网站来说，最重要的就是尽量使网站内容吸引更多的访客带来访问量，不管原创文章还是伪原创文章都是为了这个而存在的。然而文章原创比较难，尤其对于个人网站。于是在这样的情况下，网站采集工具出现了，例如，火车头采集、狂人采集器等。

> **试一试**
>
> 请根据知识链接中的介绍，从表4-9中任选一个文章标题，完成一篇原创或伪原创的文章。

第二步：优化网站文章内容。

李成响团队根据先前设计好的内容和在网络上采集的相关信息，完成了标题为"武汉钢琴高考成功在××钢琴艺术培训班"的文章写作，内容如下：

武汉钢琴高考成功在××钢琴艺术培训班

自古以来，通往高等学府的路都是"千军万马勇过独木桥"的壮观场景的再现。在这"宏伟"的无声战场上，如何找到一席之地？有很多人注意到，除去数理化文这样的基础学科以外，国家还设置了专业学科，艺术类学科就是近些年大家关注的焦点。

就艺术类考试而言，由于专业课成绩占据了一定的比例，并且文化课成绩的要求比普通高考的要低一些，这就给艺术考生们创造了一定的有利条件，高考钢琴集训、高考钢琴培训等机构便应运而生。为了弥补学校经费不够、教师专业能力有限等问题，很多学子选择了高考艺术专业培训班。而全国的艺考培训机构数不胜数，找到一家符合自身实际要求、教学水平较高的培训机构不是一件容易的事。这时，湖北省的很多家长和学生便选择了聚集优质教学资源的武汉。然而，武汉的钢琴艺术培训机构有很多，哪个培训机构对学生成绩有帮助呢？为此，笔者走访了一些求学的考生，他们的回答都是：××钢琴艺术培训。考生们说该机构是钢琴高考培训这一艺考教育行业中顶尖的优质品牌，能全心全意地帮助学生实现艺术梦想。那么，××钢琴艺术培训为何能让考生们赞叹不已，其中到底有何缘由？

经过笔者详细了解，答案其实很简单：这是因为钢琴艺术培训需要配备专业水平较高的教师队伍与合理的课程设置、标准化教学等，全方位地保证教学质量。××钢琴艺术培训起步于2006年，经过多年的不断奋斗，如今来受训的学子遍布湖北各市区，且取得了非常突出的成绩，升学率达到了90%以上。××钢琴艺术培训的课程管理体系经过市场检验，并由核心教师根据多年的教学经验以及对高考政策的研究而创建。这套科学的管理体系大大提高了教学效率，并且成了该机构在历年高考中制胜的关键要素。也许有人会说，响亮的口号谁都会喊，只有切实的执行与优异的教学成绩才是硬道理。广大的家长和学子们大可放心，××钢琴艺术培训的教育标准和教学体系是在实践的严格贯彻落实下构建的，主要体现在教师培训、教学计划、教材选定3个方面，只有将完美的蓝图变为现实，才是××钢琴艺术培训助力学子圆梦的有效途径。

虽说××钢琴艺术培训在艺术教学方面有独到之处，仍然需要家长与学子们去亲身感受、领悟，希望大家在进取的道路上能够选对助手！

××钢琴艺术培训助你梦想起航！

> **议一议**
>
> 请同学们议一议,这篇文章是否容易被搜索引擎搜索到呢?请说出你们的理由。

> **试一试**
>
> 请同学们在对文章进行分析的基础上,帮助李成响团队修改文章,增加软文被用户搜索到的机会,并使其在搜索引擎中的排名尽量靠前。

知识链接

1. 网页内容优化要素

(1) 标题优化。对于文章内容,要总结出合适的标题,标题不求高雅,但也不能太庸俗,要新颖、有吸引力。好的标题是对文章核心的概括,可以起到画龙点睛作用。有吸引力的标题,还能勾起用户的阅读欲望。标题要含有文章核心关键词,这样更有利于搜索引擎的推广。

(2) 关键词优化。关键词优化也称为页面内容优化。搜索引擎的内容索引要尽量围绕关键词开展。在页面内容的优化中,关键词布局与密度是两个重要的优化因素。

关键词布局是指设计关键词在内容中的位置。内容中最重要的几个位置分别是文章开头、中间和结尾。其中,文章开头的50~150字需要出现一次关键词;文章中间,出现2~3次关键词或者该词的近义词;文章结尾出现一次关键词。

关键词密度(Keywords Density)也称为关键词频率(Keywords Frequency),是指关键词在网页上出现的总字符数与网页总字符数的比例,一般用百分比表示。关键词占比越高,则密度越大。例如,某个网页共有200个字符,而某关键词为4个字符,且出现过5次,则该关键词密度为10%。关键词密度不是越大越好,根据搜索引擎的特点,密度值保持在2%至8%之间最佳。

在关键词优化中,需要注意不要生搬硬套,相同的词可以使用一些近义词与同义词,以提升用户的阅读体验,同时在搜索引擎中也能取得较好的索引效果。

提示:由于搜索引擎读取图片较为困难,所以在一般的网页中,不能用图片代替全部的文字,而应尽量做到图文混排,增加阅读的吸收力。

2. 网页内容优化的四大原则

(1) 内容原创。优化的内容应当保证一定的原创度,吸引搜索引擎来抓取。

(2) 内容的相关性。优化的内容应当与网站的主题相关,把握好相关度。

(3) 用户体验度。优化的内容应当具有实用性,能够给用户带来很大的帮助。

(4) 内容定期更新。网站站点的内容要保持定期更新,这是内容优化的基础。

通常,只有遵循以上四大原则,才能体现出内容优化的价值。对于搜索引擎优化来说,内容优化是很重要的一个方面。

内容优化要注意三点:①内容开头要承前启后,能够吸引用户更好地看下去,然后加一个强有力的结尾;②文章叙述要简洁,不能为了篇幅而增加文字数量,使内容过长,让用户没有心思看下去;③如果文章超过800字,要尽量采用分页形式,让用户视觉感到舒服。

随堂记

知识加油站

既然关键词能被用户搜索到，那么在文章中设置大量的关键词，是否文章被用户搜索到的概率就会更大呢？答案是否定的，试问如果一篇文章中有大量的广告，用户会喜欢看吗？因此，文章中的关键词并不需要设置太多。这可以通过一些方法和手段进行测试：在百度搜索引擎中搜索"搜收录批量查询网"，如图4-18所示。

图4-18　在百度搜索引擎中搜索"搜收录批量查询网"

点击"收录批量查询"链接，进入主页后，单击左侧"关键词密度分析"，如图4-19所示。

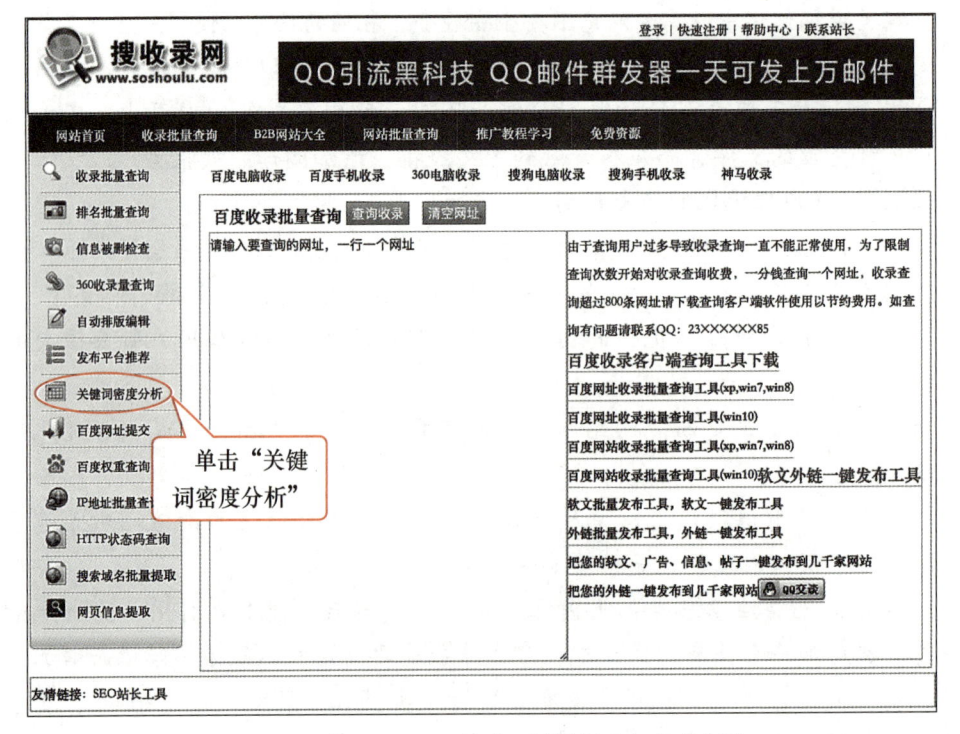

图4-19　进入页面，单击"关键词密度分析"

完成内容优化后，将关键词放入主框进行关键词密度测试，测试完成之后结果如图4-20所示。如果测试结果不超过密度建议值，最好以密度建议值为标准。

图4-20 文章关键词密度测试结果

任务评价

实施搜索引擎优化任务评价见表4-10。

表4-10 实施搜索引擎优化任务评价表

序 号	评价项目	自我评价			
		能准确阐述（优）	能阐述（良）	能大概阐述（合格）	不能阐述（不合格）
1	搜索引擎优化的概念				
2	搜索引擎优化的内容				
3	网站标题优化方法				
4	网页内容优化要素				

教师评价：

试一试

请同学们将自己修改后的文章再次进行内容优化，并用关键词密度测试工具进行测试，看其是否符合优化要求。

项目总结

- 本项目内容包括认知搜索引擎营销和实施搜索引擎优化两个学习任务。
- 认知搜索引擎营销主要通过让学生们掌握正确的搜索方法，认识在搜索引擎营销中使用关键词进行搜索的原理，了解关键词的重要性，并学习关键词的设计方法。
- 实施搜索引擎优化通过介绍网站页面基础优化及页面内容优化，让学生们学会搜索引擎优化的基础步骤，掌握搜索引擎优化的一般方法。
- 本项目是教材的实践项目，旨在帮助同学们理解并掌握搜索引擎营销、搜索引擎优化的内容和方法。

项目练习

一、不定项选择题

1. 优化文章内容可以从（　　）入手。
   A. 修改标题　　　　　　　　　B. 在文中插入链接
   C. 修改结尾段落　　　　　　　D. 修改关键词密度

2. meta标签一般包含（　　）。
   A. heading标签　　　　　　　B. javascript标签
   C. title标签　　　　　　　　　D. description标签

3. 网站关键词可以选择（　　）。
   A. 热门关键词　　　　　　　　B. 品牌关键词
   C. 目标关键词　　　　　　　　D. 长尾关键词

4. 搜索引擎的工作原理包括（　　）。
   A. 抓取存储　　　　　　　　　B. 爬行
   C. 预处理　　　　　　　　　　D. 排名

5. 在百度搜索引擎中使用"或搜索"的搜索词，其表达公式不正确的是（　　）。
   A. "搜索词1" + "|" + "搜索词2"
   B. "搜索词1" + "空格" + "搜索词2"
   C. "搜索词1" + "空格" + "-不想包含的搜索词2"
   D. 在搜索词外加双引号""

6. SEO网站页面优化包含（　　）。
   A. 网站重构　　　　　　　　　B. 内容优化
   C. heading标签优化　　　　　 D. meta标签优化

7. 文章优化的技巧有(　　)。
   A. 关键词拆分
   B. 文章头、尾出现关键词
   C. 关键词密度合理布局
   D. 关键词形式变换

二、判断题

1. SEM是搜索引擎营销，SEO是搜索引擎优化，它们是两个独立的概念。
(　　)
2. 原创文章有利于增强用户在网站的体验，从而提升网站在搜索引擎中的排名。
(　　)
3. 企业在推广过程中，只有开展SEM，才能尽快看到推广效果。(　　)
4. 搜索引擎营销可以看成是关键词的竞价方式。(　　)
5. 进行搜索引擎营销，可以先进行用户细分，以提取合适的推广关键词。
(　　)

三、简答题

1. 简述搜索引擎营销的含义。
2. 简述网站内容优化的要素及原则。
3. 简述如何优化title标签、description标签与keywords标签。

项目五 微博营销

项目简介

"随时随地发现新鲜事！"同学们对微博的这句广告语想必一点也不陌生。拥有5亿多用户的微博为何这样让人着迷？公司通过微博营销又会有怎样的效果？本项目中，我们将了解微博营销的概念及其优势；能根据营销目的注册账号，正确选择账号认证类型；构建多账号营销矩阵；根据产品定位撰写原创微博；灵活运用转发、评论等微博营销技巧与粉丝互动，达到增粉和维护粉丝的目的。

项目目标

- 了解微博营销的概念及其优势。
- 认识微博账号的类型。
- 知道账号认证的作用，正确选择账号认证类型。
- 理解微博多账号营销矩阵策略。
- 知道原创微博的类型，掌握微博撰写技巧。
- 能够转发和评论微博。
- 在使用微博时要有社会责任感，传递正能量，践行社会主义核心价值观。
- 树立遵规守纪意识，不做违背法律法规的事情。

任务一 认知微博营销

任务介绍

目前微博平台（如无特别说明，以下均指新浪微博）已经成为企业开展营销活动必备的渠道之一，企业利用微博向粉丝传播品牌和产品信息，树立良好的企业形象，提高品牌影响力。在本次任务中，我们将与微博营销来个"亲密接触"。我们将通过分析近几年成功的微博营销案例，了解微博营销的概念及优势，认识微博营销的目的，正确选择微博账号类型。

活动一　微博营销案例解析

活动描述

工贸家电在国庆节期间开展大型产品促销活动，该企业委托谢经理所在的公司为其做微博推广，谢经理要求李成响团队参与此项目。可同学们犯难了，虽然大家平时也刷微博，但是对微博营销却是一知半解。谢经理知道大家的顾虑后，决定从案例学习入手，帮助大家深入了解微博营销的知识。

活动实施

通过案例解析，了解微博营销的概念，知道微博营销的优势。

案例 5-1

OPPO Find N2折叠手机新品发布会

微博是一个可供网友们自由选择和交流信息的平台。基于这一特性，如果广告主们试图通过发布品牌硬性广告进行微博营销，这不仅对品牌内涵的深化和宣传毫无作用，还会给用户带来不好的浏览体验，从而加速品牌粉丝的流失。显然，这与微博营销的最终目标，即聚集大多数的品牌用户，是一种背离。

那么，应该如何创新发布产品的品牌信息呢？OPPO的经验值得借鉴。

在手机品牌、手机功能越来越多样化的新媒体时代，如何让用户认可并信任自己的产品，是手机商家开展营销的关键。OPPO在发布新品时，依靠微博强大的明星资源与聚合热点的高曝光率，将产品的核心功能深深植入用户心中。

OPPO选择某知名演员为其代言品牌、宣传新品。OPPO官微以光影为主题，采访了演员对新品OPPO Reno11的使用感受，通过明星效应宣传新品，突出产品特点。该微博一经发布就收获了1万多的转发量，4千多评论量和2万多的点赞量，如图5-1所示。

2022年12月15日16时，OPPO官微发布了一条关于OPPO Find N2系列折叠旗舰新品发布会的微博，该微博直播获得了2595万多的热度，转发次数达1.1万次，如图5-2所示。

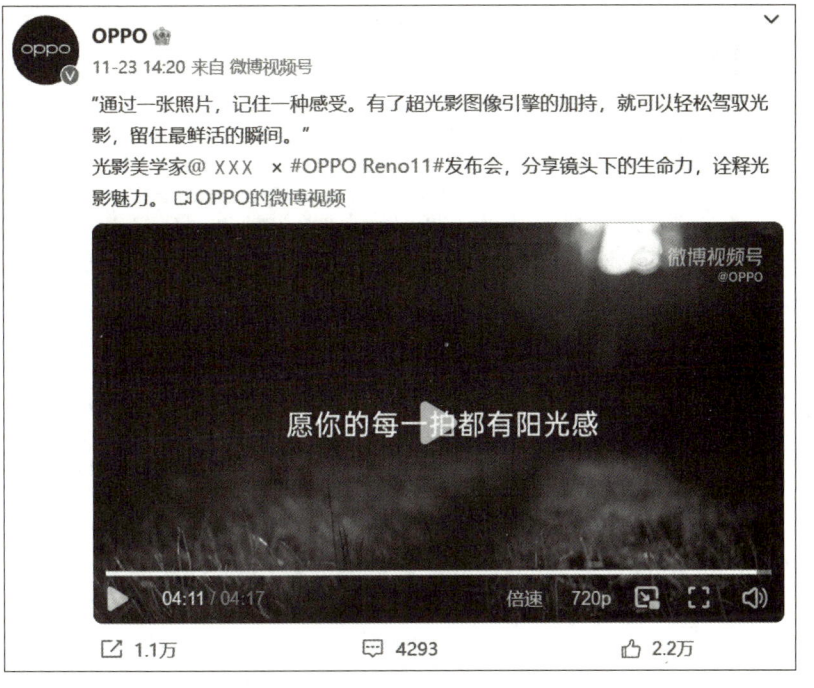

图5-1　OPPO Reno11发布会微博

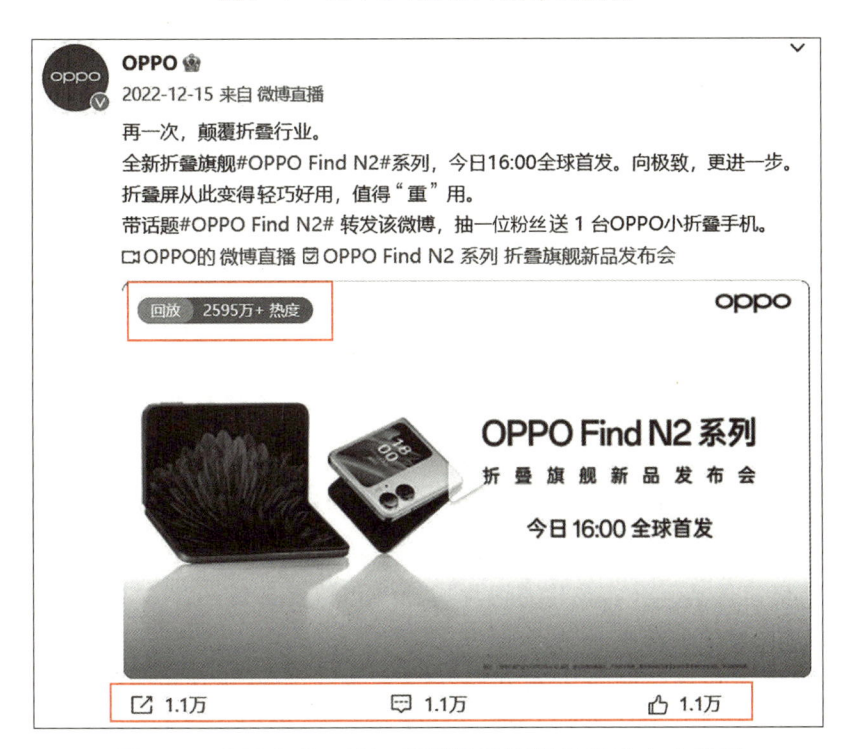

图5-2　OPPO Find N2系列折叠旗舰新品发布会微博

图5-2中的微博围绕品牌营销、产品卖点、带话题转发送手机活动进行优质内容创作，最终话题阅读量超2.6亿、直播播放量超618万、登上自然热搜榜2次。

"六一"儿童节当天，OPPO发布了以#长焦拍你所爱#为话题，转发+评论抽手机的微博。微博中的视频收获了341万次的观看。该微博在表达对儿童节怀念的同时也宣传了产品的长焦功能，如图5-3所示。

图5-3 OPPO Reno10系列手机儿童节宣传微博

案例分析：微博的粉丝群体多为年轻人，OPPO新品发布微博充分利用明星效应，借助热点话题，不断强化产品的功能卖点，在用户心中成功植入产品形象，完成产品良好口碑的建立。OPPO通过在微博上参与趣味话题，设计转发、评论、抢沙发的有奖互动活动，找到潜在粉丝并主动与其沟通。OPPO充分利用微博的各个功能，在引爆产品话题和口碑方面，取得了良好的营销效果。

知识链接

1. 微博的含义

微博是一个基于用户关系的，分享、传播以及获取信息的平台。用户可以通过PC（个人计算机）、手机等多种移动终端，以文字、图片、视频等多媒体形式发布信息，并实现信息的即时分享与传播互动。

2. 微博营销的概念

微博营销是指企业借助微博平台进行的一系列营销活动，包括活动策划、产品宣传、品牌推广和个人形象包装等。它是一种营销方式，注重信息的实时性、内容的互动性、定位的准确性和布局的系统性。

3. 微博营销的优势

（1）门槛低、成本低。以前企业登播广告需要经过繁复的审批程序，而微博允许企业、个人在平台上直接发布广告。这种开放式和低门槛吸引了大批用户，激发了用户的参与热情。用户投放广告是自助式的，突破了传统的广告投放方式，投入资金少、投放时间短。

（2）操作简单、传播速度快。微博发布门槛低，无论是谁，只要有微博账号，就拥有了话语权。用户只需简单编辑，便可以在微博上一键发布营销信息。

（3）实时沟通、互动性强。微博最大的优势就是互动方便，政府可以在微博上回复群众问题，明星可以在微博上和粉丝互动。微博营销通过手机等设备进行信息浏览和发布，商家随时随地都可以与粉丝及时沟通，又可以及时获得用户反馈。

（4）形式多样、立体化表现。微博营销借助多媒体技术手段，不仅能做到图文并茂，还使用视频、声效等展现形式来进行企业营销活动。

议一议

请同学们议一议，为什么OPPO的新品发布会选择了微博平台？OPPO的新品发布会采用了什么形式与粉丝进行互动？

知识加油站

体育品牌安踏始终支持中国体育事业发展，其近年来一直是中国最大的体育用品集团，位列全球体育用品行业第三位。安踏知名度如此高，除了因为其有好的产品，还因为其重视品牌营销。2022年，安踏作为中国奥委会和北京2022年冬奥会官方合作伙伴，在微博平台进行了一系列的营销活动。

2022年1月20日，安踏官微发布了以#爱运动中国有安踏##冬奥会#为话题的微博，从中国国家队、中国健儿、中国奥委会三种角色出发，彰显安踏支持中国体育事业发展的决心，进行赛前预热期品牌宣传。该微博视频有4257万次播放量，2万转发量，1.1万评论量及23.7万的点赞量，如图5-4所示。

图5-4 安踏北京2022年冬奥会赛前预热期微博

2月19日，北京2022年冬奥会创造了冬奥会历史最佳战绩。安踏官微紧跟赛事热点，发起以#安踏装备助中国队创历史##爱运动中国有安踏#为话题的品牌宣传微博。我国健儿身穿安踏专业比赛服饰，借助运动员明星团队效应，引发网友进行话题讨论，使品牌推广持续升温，如图5-5所示。

图5-5　安踏北京2022年冬奥会赛事热点期微博

2022年2月20日，安踏官微抓住北京2022年冬奥会热度的尾声，借助中国体育代表团身穿安踏羽绒服的名人效应，发起#中国羽绒服##爱运动中国有安踏#话题，同时利用抽奖活动吸引网友讨论并转发。安踏北京2022年冬奥会赛后复盘期微博如图5-6所示。

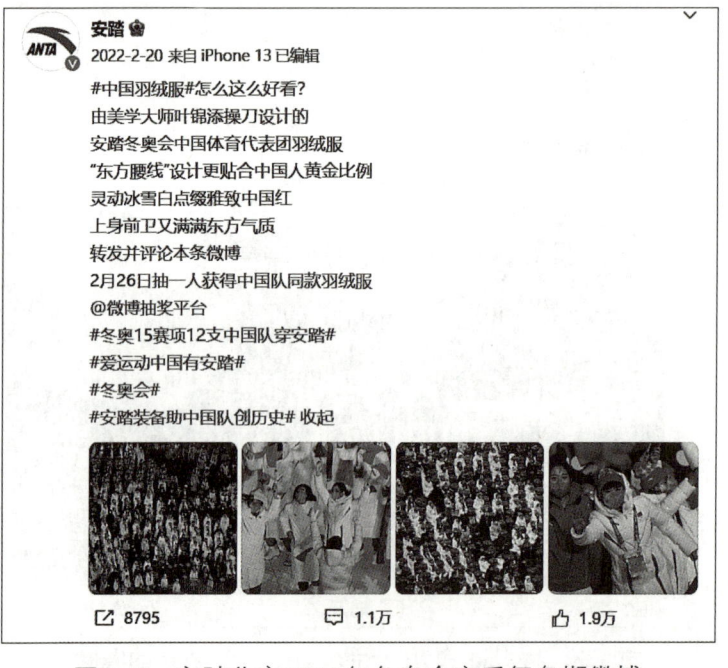

图5-6　安踏北京2022年冬奥会赛后复盘期微博

安踏此次微博营销，使其获得了以#冬奥会#为核心的新浪独家话题，该话题阅读量超过150亿，讨论次数接近300万，以#爱运动 中国有安踏#为核心的话题阅读量超过23亿，讨论次数超过350万。开赛前，安踏以【听TA们说】冬奥特别专栏、冬奥倒计时海报等进行赛前预热；比赛期间，借开幕式惊艳亮相热点开拓流量，同时绑定热门赛事，用产品承接流量；赛后发布安踏冬奥精神海报、收官长图等，对比赛进行复盘。这些操作让安踏品牌日均声量一度提升4.66倍，在运动品牌价值排行榜占领先地位，将网友对冬奥会的关注热情引导至品牌上。安踏在微博平台上发起各种话题进行互动，赢得了大批粉丝的频繁转发。

议一议

1. 请同学们议一议，安踏如何借助微博激发粉丝的参与热情？这体现了微博营销的哪些优势？
2. 安踏在赛前、赛中、赛尾三个阶段都紧跟北京2022年冬奥会赛事的进程，发起各类话题，持续更新微博。若安踏只在赛事中的某个节点发布微博，你认为效果会好吗？

活动二 确定微博账号类型

活动描述

李成响团队知道了微博营销的概念，对微博营销的优势也有了一定的了解。但是团队成员提出了这样一个问题：在新浪微博中搜索小米手机，可以搜出好几个账号，那么注册微博账号时，该注册什么类型的账号呢？工贸家电目前只有一个账号，要不要像小米手机一样，增加创始人的微博账号，用来与用户互动从而提高知名度？谢经理让李成响团队了解并确定微博账号类型。

活动实施

第一步：注册微博账号，了解微博账号类型。（温馨提示：由于微博平台时常更新，请以平台实时信息为准。下同）

（1）登录新浪官网https://www.sina.com.cn/，在首页导航中单击"微博"按钮，进入微博平台，如图5-7所示。

（2）在微博首页右侧单击"立即注册"按钮，进入微博账号注册页面，如图5-8所示。

（3）在微博账号注册页面单击"个人注册"按钮，并按照要求填写信息，单击"立即注册"按钮，完成注册，如图5-9所示。

随堂记

图5-7　新浪官网首页

图5-8　微博账号注册页面

图5-9　完成微博账号注册

> **知识加油站**

微博账号有两种类型，一种是个人微博账号，一种是官方微博账号。个人微博账号和官方微博账号承载的功能和属性各不相同。微博账号类型及说明见表5-1。

表5-1 微博账号类型及说明

账号类型		说 明
个人微博		个人微博是微博账号中占比最大的类型，是个人或团队营销的主要阵地。个人微博用户注重打造个人品牌，通过发布有价值的信息吸引粉丝关注，扩大个人影响，从而达到营销效果
官方微博	企业微博	企业微博是企业的官方微博，用于宣传企业形象、开展品牌推广、进行公关、发布产品、制造与企业有关的话题、策划各类营销宣传活动、对企业进行宣传、提高品牌曝光率
	政务微博	政务微博是政务机关发布信息、服务大众的有效渠道，主要用于收集民意、监督政务工作、回应社会热点等，是权威发声与正能量担当
	媒体微博	媒体微博是电视、电台、报纸杂志、媒体网站等创建的微博，以微博为代表构建自媒体传播体系，注重用户的交互作用
	机构微博	机构微博是机构和组织创建的官方微博，用于发布重要决定、与用户进行沟通等
	校园微博	校园是社会的重要部分，各大高校纷纷开设官方微博，用于传播信息、增进沟通，成为学校和学生之间沟通的纽带与桥梁
	公益微博	公益微博是为扶贫、支教、扶孤助残等而创建的微博，该类微博不仅推动了公益事业的发展，而且传递了一种"回报社会、实现自我价值"的公益理念

> **想一想**
>
> 请同学们想一想，李成响团队应该帮工贸家电注册哪种类型的微博账号呢？

> **随堂记**

第二步：申请账号认证，知道账号认证的作用。

（1）用注册账号登录微博，在个人微博首页右上角单击"设置"按钮，在下拉菜单中单击"V认证"，可进入微博账号认证页面，如图5-10所示。

图5-10 申请"V认证"

（2）进入微博账号认证页面。经过认证的微博账号能够提升用户信用度，增强用户对账号的信心，提升账号在用户心中的好感。微博认证体系分为个人申请认证和机构认证两大类，这两类又分为很多种类型，如图5-11和图5-12所示。

图5-11 个人申请认证

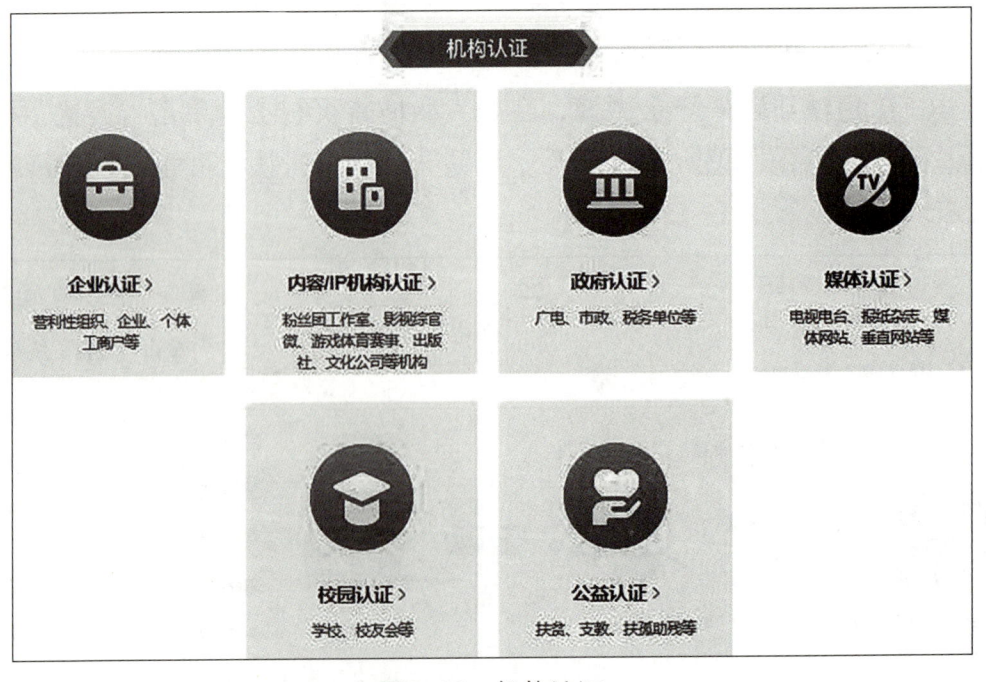

图5-12 机构认证

想一想

请同学们对微博账号认证类型进行深入探究，完成表5-2的填写。

表5-2　微博账号认证类型及说明

认证类型		认证对象	认证条件	认证作用	认证图标
个人申请认证	身份认证				
	兴趣认证				
	超话认证				
	金V认证				
	视频认证				
	文章/问答认证				
机构认证	企业认证				
	内容/IP机构认证				
	政府认证				
	媒体认证				
	校园认证				
	公益认证				

（3）根据使用目的和用途，选择一种类型的微博账号进行认证。

第三步：通过案例分析，对不同微博账号进行功能定位，领会不同功能的微博账号在企业营销中的作用，初步认识并理解微博多账号营销矩阵策略。

议一议

请同学们议一议，工贸家电的微博账号需要认证吗？如果需要，应该选择哪一种认证类型？并说明理由。

案例 5-2

小米微博多账号营销矩阵

"小米"作为本土品牌，其产品广受消费者的喜欢。在品牌推广、产品营销上，小米微博起了很大的作用，小米构建的微博矩阵让企业官微"小米公司"吸粉1300多万。企业官微"小米公司"的主要任务是分享企业文化和价值观，打造品牌IP，如图5-13所示。

小米产品微博账号有"小米手机""Redmi红米手机""小米电视"等，如图5-14所示，其主要任务是进行产品推广、销售转化和提供客户服务。

小米管理团队微博账号有"雷军""林斌_Bin""小米洪锋"等，如图5-15所示，其主要任务为跨界引流、直接进行用户调研。董事长雷军更是收获了2000

试一试

请同学们登录新浪微博，浏览自己喜欢的微博账号，分别关注1个蓝V账号、1个黄V账号、1个金V账号，在全班进行分享。

多万的粉丝，他在微博上与网友频繁互动，塑造亲民形象，直接打造个人IP，用自身的力量宣传品牌。

图5-13　小米企业官微　　图5-14　小米产品微博账号　　图5-15　小米管理团队微博账号

小米粉丝微博"小米之家"（如图5-16所示）主要任务为引导粉丝参与线上、线下活动。"小米之家"微博还衍生出许多粉丝群，这些粉丝群更好地维系了用户，增强了粉丝黏性。

图5-16　小米粉丝微博

案例分析：小米公司的微博矩阵既有品牌微博，也有产品微博；既有高管微博，也有员工微博；既有粉丝微博，也有活动微博。总体上构成了公司品牌与个人品牌的互补，矩阵中的每个微博账号都相互关注，形成多维度结构。

知识链接

微博矩阵是指在一个大的企业品牌之下，开设多个不同功能的微博，满足不同的客户需求，达到全方位塑造企业品牌的目的。微博矩阵具有多平台布点、多账号协作、一体化管理的特点，遵循对症下药、内部利用最大化、一个核心的原则。

微博矩阵是"4+2"模式下的矩阵分布，"4"是指4个选择项：员工微博、产品微博、粉丝微博和活动微博；"2"是指两个必需项：品牌微博和客户微博。企业建立微博矩阵，可以将不同的内容发布在不同定位的账号上，使多个微博账号各司其职，避免信息混乱、定位不清。

议一议

请同学们议一议，工贸家电是否适用微博多账号营销矩阵策略？并请说出理由。

试一试

请同学们根据工贸家电的营销目的，帮助李成响团队策划工贸家电的微博多账号营销矩阵策略，并在全班进行分享。

任务评价

认知微博营销任务评价见表5-3。

表5-3　认知微博营销任务评价表

序号	评价项目	自 我 评 价			
		能准确阐述（优）	能阐述（良）	能大概阐述（合格）	不能阐述（不合格）
1	微博营销的概念及优势				
2	微博账号类型				
3	微博账号认证类型及作用				
4	微博多账号营销矩阵策略				

教师评价：

任务二　微博推广

任务介绍

微博平台的每一个粉丝都是潜在的营销对象。微博要想吸引粉丝关注，高质量的内容是必不可少的。由于企业用户是微博营销的主体，因此在本次任务中，我们将了解企业原创微博的类型和撰写技巧，学会撰写高质量的原创微博；了解企业转发和评论微博的作用，学会转发及评论微博并与粉丝互动。

活动一　撰写并发布原创微博

活动描述

谢经理要求李成响团队为工贸家电撰写营销微博，并要求内容是原创的。这让李成响团队感到苦恼，他们平时大多转发他人的微博，自己没有写过微博，更别提为企业撰写营销微博。为了帮助李成响团队，谢经理找来了微博案例供他们学习和参考。

活动实施

第一步：通过案例分析，了解微博内容的表现形式，知道不同表现形式的内容组成与呈现方式的不同。

案例 5-3

小米手机原创微博

为了满足网友需求，伴随着技术革新，微博内容的表现形式呈现多样化的特点。小米手机原创微博内容、形式多样，质量高，对品牌宣传、产品推广起了很大作用。

由于疫情影响，2020年小米改变了原有的线下产品发布方式，利用微博平台对小米10产品的发布进行预热。如图5-17所示，小米手机微博以#小米10来了#为话题，用简短的文案宣布了发布会的时间，设计"转发+评论，抽送一台#小米10#"的活动，提高网友参与的积极性，并配上简约的产品图片。这是一种最常见的短微博。短微博应当将字数控制在140个字以内，短小精练的内容有利于吸引用户的关注。配图最好是高清无水印图片，数量为1、3、4、6、9，这样的数量配置会让微博中的图片在视觉上显得更统一、和谐。

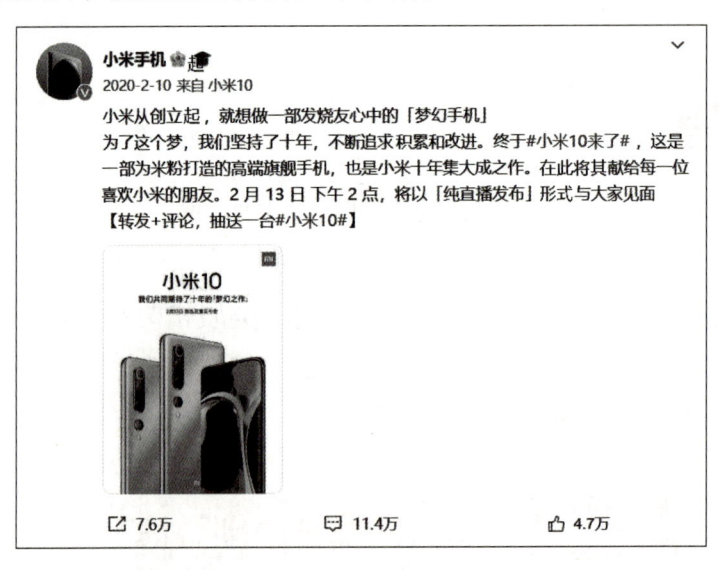

图5-17　#小米10来了#话题短微博

小米10发布会结束之后，小米手机以#小米10#为话题，回顾发布会的精彩内容。这时除了文案，微博还配上了视频，视频有408万次的观看量，如图5-18所示。在微博平台，文字宣传效果不如图片，图片宣传效果不如视频，一个好的微博视频能够获得几百万，甚至几千万的观看量。

图5-18　#小米10#话题短微博配套视频

小米手机发布了一条关于小米10内存的微博，由于微博短短两句话无法凸显小米10内存大的特点，因此在微博下方附上了文章。这种有文章标识的微博就是头条文章，如图5-19所示。质量好的头条文章起到的推广宣传的作用很大，图5-20中的这篇文章有高达36万+的阅读量。头条文章是微博平台鼓励的产品，通过与新浪看点进行整合，发布者只要进入头条文章并写好长文，点击发布，就能获得微博端"推荐""发现""热门""关系"等场景的推广，以及新浪新闻端、垂直频道等场景的推广，从而迅速提升粉丝活跃度。

图5-19　小米10微博头条文章标识 　　　　图5-20　小米10微博头条文章内容

案例分析：小米微博内容的表现形式多种多样，呈现方式更是丰富多彩，有利于不断打造营销热点，吸引粉丝的眼球。小米10的发布会从线下转到线上，不仅没有因为疫情而减少热度，反而借助微博平台，发布会受到更多关注。以#小米10#为话题的微博阅读次数达34.1亿，讨论次数达1010.3万，网上观看发布会的人数达300多万。2月14日小米10首售仅用一分钟，全平台销售额破2亿。2月18日小米10 Pro首售，仅用50秒全平台销售额破2亿。

知识链接

微博内容的表现形式可以分为短微博、头条文章（长微博）和话题。文字、图片、音频、视频和链接等都是微博内容的呈现方式。

（1）短微博。短微博是指可以直接在微博首页文字输入框中发布的内容。虽然目前短微博没有字数的限制，但一般以140字以内的微博内容为佳，配以图片或短视频，增加吸引力。

（2）头条文章。头条文章也可称为长微博或长文章，它是微博的一个长文产品，包含了封面图、标题、导语、正文内容等诸多要素。当微博需要表达的内容无法以简短的语言、精练的图片表述清楚时，微博就需要使用头条文章。相较于短微博，头条文章需要由更为擅长写作的运营者进行更系统、更全面、更有深度的表达。

（3）话题。以"#关键词#"的形式发布微博时，"#"号内的关键词即为话题。个人、企业用户都可以通过发布有吸引力的话题，引发粉丝进行更大范围的讨论和转发。如果讨论人数很多，话题还可能升级为超级话题，进一步提升热度，产生更广泛的传播效果，最终实现品牌曝光和营销效果。

每种表现形式的微博内容运营重点和呈现方式都各不相同。个人和企业用户在进行微博内容策划和运营的过程中，要选择合适的方式，或结合多种方式打造营销热点，吸引粉丝的眼球。微博内容要想得到关注和传播，还需要有针对性地进行设计。那些有价值的、有趣味的、有创意的、内容真实的原创微博，更容易受到粉丝的欢迎，也更容易获得评论和转发。

知识加油站

原创微博在内容的撰写中带有"#""@"符号，这些符号的存在是有实际意义的。

"#"符号用新浪官方的说法就是"话题"，简单来说就是搜索微博时用的关键词，也可以说是给某条微博贴的一个标签，方便将它与其他提到该关键词的内容相互关联。选好话题能够引发用户的共鸣，使他们积极参与讨论。若话题能与企业紧密联系，又有热度，能够很好地提高企业品牌曝光率。

"@××（某人的昵称）"的意思是"对某人说"或者"需要引起某人的注意"。想在自己的微博向某人"喊话"，或者微博与某人有关，在发表的同时也想给"TA"一个消息提醒，让"TA"可以查看到，那就可以使用@。对方能看到你说的话，并能够回复，实现一对一的沟通，拥有了@功能之后，用户之间的交流会更加紧密。如果@的是"大V"、名人等有影响力的微博账号，并且他们转发了该微博，还能带来他们的粉丝与流量，达到扩大宣传的效果。

说一说

请同学们登录新浪微博并进行浏览，找一找你喜欢的微博，说一说，该微博内容采用了何种表现形式？你为何喜欢该微博？

试一试

请同学们对下面这条微博内容的表现形式和呈现方式进行分析，如图5-21所示，将分析结果填入下面的横线中。

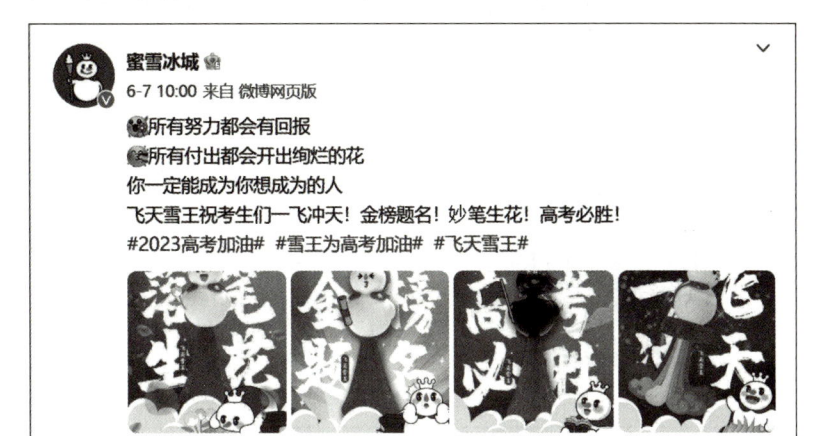

图5-21 蜜雪冰城微博

微博内容的表现形式：＿＿＿＿＿＿＿＿＿＿＿＿＿＿＿＿＿＿＿＿＿

微博内容的呈现方式：＿＿＿＿＿＿＿＿＿＿＿＿＿＿＿＿＿＿＿＿＿

你喜欢这条微博吗？说说你的理由＿＿＿＿＿＿＿＿＿＿＿＿＿＿＿＿

第二步：通过线上、线下学习，了解原创微博的含义及类型，掌握原创微博的撰写技巧。

知识链接

原创微博是微博用户直接在发布框里编辑并发布的内容，是相对于转发的微博而言的。原创微博用户以简短的文字、图片、音频或视频等形式，将所见所闻、评论、观点和思想领悟等进行即时分享。原创微博的内容有价值、有趣，就能吸引用户，达到获取粉丝的目的。

知识加油站

原创微博的类型如下：

1. 借势营销微博

借势营销是微博营销中非常重要的一个技巧，是指结合当下的热点新闻、社会事件、文化习俗和节日来撰写微博，以吸引媒体、社会团体和消费者的兴趣与关注，达到广告宣传的目的，最终促成产品或服务的销售。例如，鸿星尔克官方微博在2021年7月发布了"守望相助，风'豫'同'州'，我们在一起"的捐款微博（如图5-22所示），这一举动得到了网友的疯狂点赞。鸿星尔克借当时社会热点事件为势，捐物资并驰援河南灾区，后续持续更新该主题微博，提高了企业的知名度、美誉度，树立了良好的品牌形象，最终促成了产品的销售。

图5-22 鸿星尔克借势营销微博

2. 活动宣传微博

在撰写活动宣传微博时，要突出活动的吸引力，让粉丝有分享和转发的兴趣，自愿、主动地参与活动。活动宣传微博应当植入产品和服务，通过粉丝转发进行传播。例如，洽洽食品的这条微博（如图5-23所示）以#春天居然过去一半了#为话题，以"关注+带话题转发，分享一个你最想记住的春天瞬间或照片，抽3位幸运粉丝送洽洽小黄袋碳中和新品一份"吸引用户的参与。再加上"春天""环保"等话题本身能引起大家的共鸣，因此该活动得到了粉丝的踊跃参与，极大提高了产品的知名度。

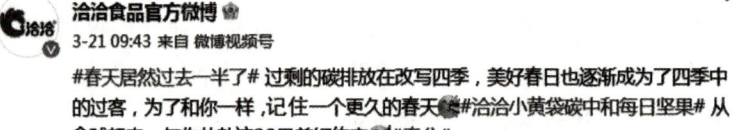

图5-23 洽洽食品活动宣传微博

3. 产品推广微博

在撰写产品推广微博时，最重要的就是以最少、最精练的文字，将产品各方面（例如颜色、工艺、材质、设计等）的特色描述出来，将最想让粉丝接收的信息清楚、明白地表达出来。例如，小米手机迪士尼100周年限定系列有多种新产品，如果只用一条微博来介绍该系列的所有产品，不仅文字太多，重点也不突出。因此小米通过多条微博来介绍，并在不同的时间点分别发布，这样每条微博都精准地介绍了不同产品的特点，让粉丝印象深刻。小米迪士尼100周年限定系列产品微博如图5-24所示。

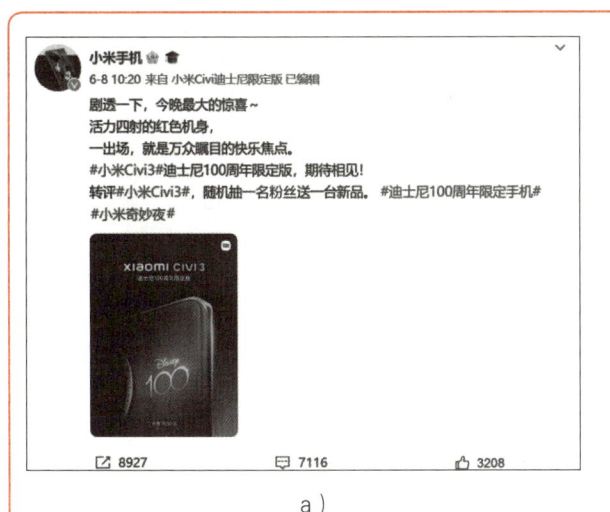

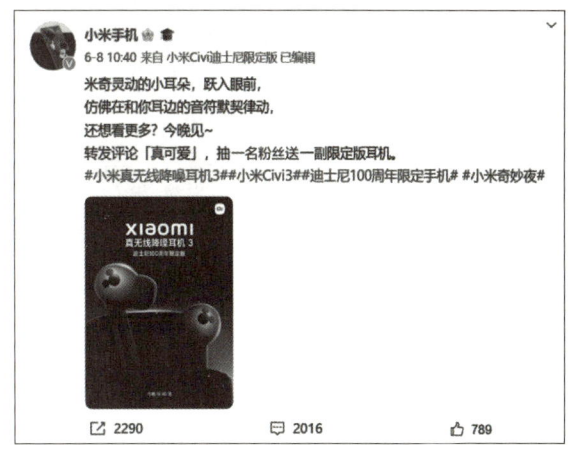

图5-24 小米迪士尼100周年限定系列产品微博

4. 话题微博

话题微博的撰写最重要的一点在于，选择话题要紧紧吸引用户的注意力。因此，撰写时要选择有讨论度的话题，或者是热门话题，这样的话题互动性强，能引起大家的共鸣。例如，在2022年世界杯期间，蒙牛的这条微博（如图5-25所示）以#营养世界的每一份要强##世界杯#为话题，引起球迷朋友的共鸣和关注，后期紧跟品牌代言人的比赛，不断带话题并更新微博，持续引发球迷的关注、评论及转发，增加了微博账号的曝光度和营销内容的热度。

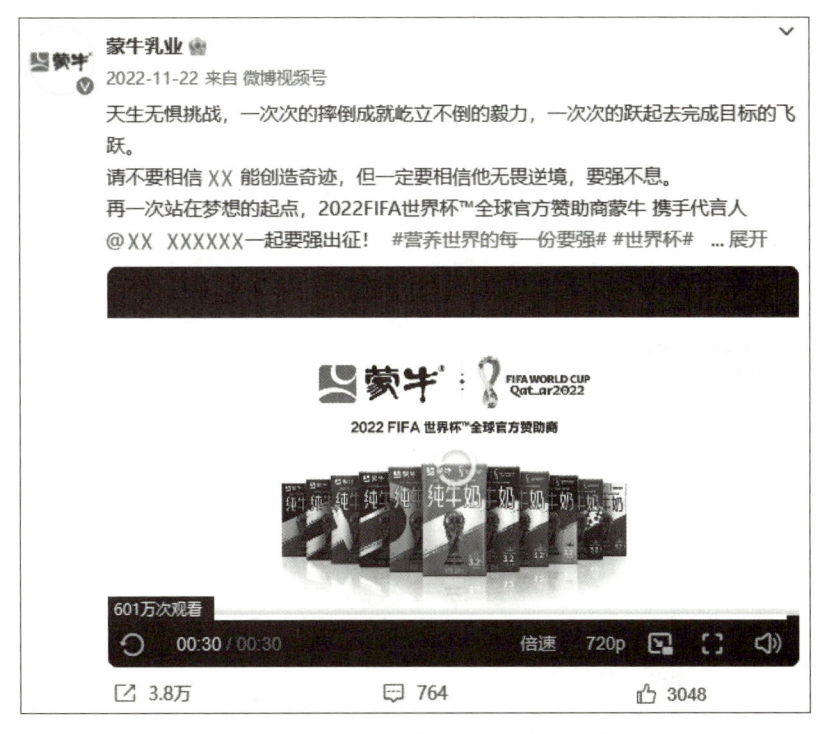

图5-25 蒙牛#世界杯#话题微博

试一试

1. 请同学们试试通过网络搜索，查找今年的热门话题、新闻热点和网络热词。

2. 请同学们关注工贸家电的微博，结合当下热点，为工贸家电撰写一条活动宣传的短微博，要求带话题。

选一选

请同学们对知识加油站中的案例进行分析，议一议这些案例中有哪些撰写技巧？并从下面的选项中将这些技巧挑选出来，写在横线上。

微博撰写技巧_____。

①文字简练；②语言风趣；③情感真挚；④有娱乐精神；⑤善于讲故事；⑥活动有吸引力；⑦结合热点；⑧善于制造话题；⑨夸张。

请同学们开动脑筋想一想，撰写原创微博还有哪些技巧？

第三步：发布原创微博。

（1）在微博内容输入框中撰写你想发布的微博内容，可根据需求添加表情、图片、视频、话题等元素，如图5-26所示。

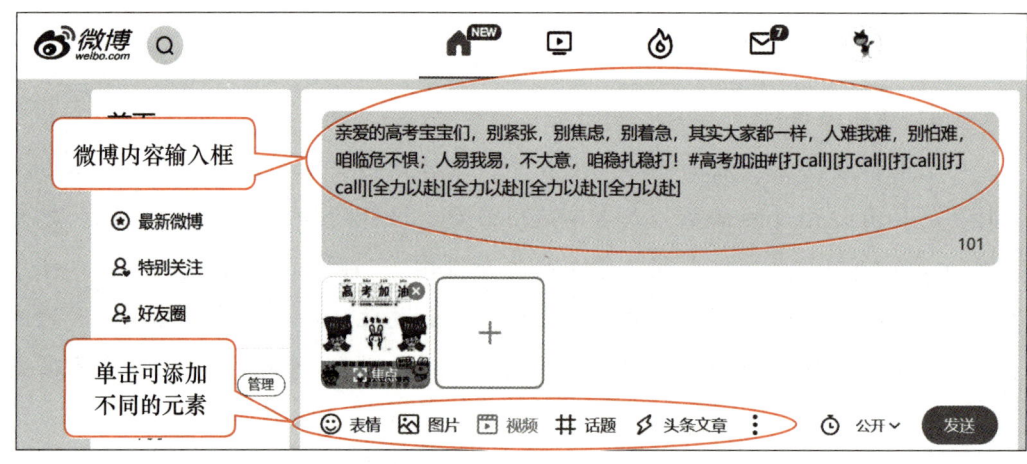

图5-26 编辑原创微博内容

（2）编辑好内容之后单击"公开"按钮，在弹出的选项框中选择公开对象。单击"发送"按钮即可发布，如图5-27所示。

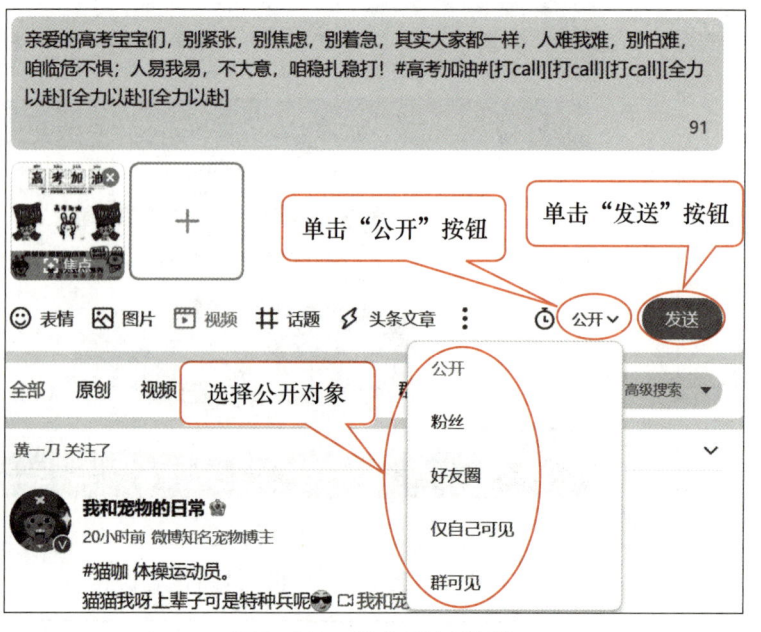

图5-27 发布原创微博

项目五 微博营销 | 111

（3）发布原创微博之后，我们就可以在首页看见已经发布的微博，如图5-28所示。

图5-28 已经发布的微博

活动二　转发及评论微博

活动描述

谢经理告诉李成响团队，撰写、发布微博只是微博营销的第一步，还要借助微博平台的功能转发和评论微博，最终实现微博营销的目的。微博平台有许多功能，对营销来说最重要的就是评论和转发功能。那么，评论和转发对微博营销到底起什么样的作用呢？又该如何进行操作呢？李成响团队接下来要继续学习相关内容。

活动实施

第一步：通过案例学习，了解转发和评论微博的作用。

案例5-4

企业转发一条微博后，所有关注该企业的用户都能看见这条微博，也可以对这条微博进行评论和转发，如此循环往复，就实现了信息的传播。微博的传播速度有多快，我们可以从以下案例来得到答案。2024年4月29日安踏官方微博发布了一条话题为#每一步都闪耀#、#安踏骛杰闪耀版#的微博进行营销，发布当天转发量就达到了7万余次，点赞13万多个，评论近1万条，如图5-29所示。

试一试

请同学们撰写一条关于学校招生宣传的原创微博，要求添加表情、话题、图片元素，并@3位好友，然后在微博平台进行发布。

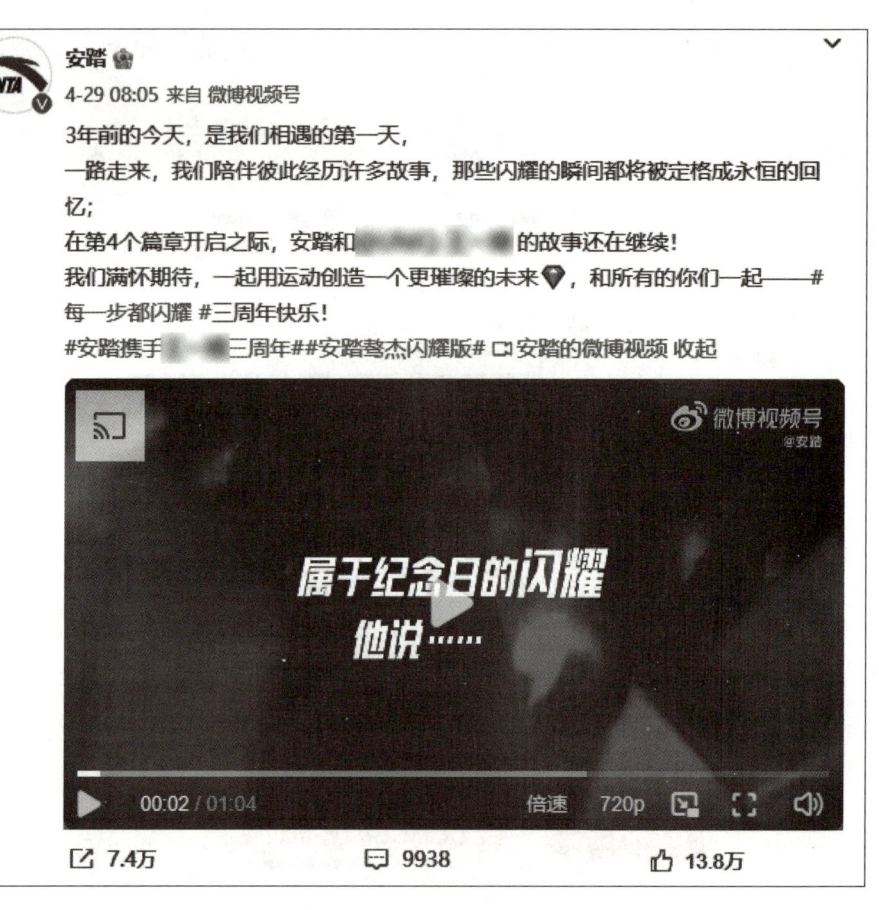

图5-29　安踏鲨杰闪耀版官微

> 📖 **知识链接** ▶▶▶▶
>
> 　　由于微博的注册用户来自全国各地，甚至来自海外，因此微博传播的范围很广。在这个网络高速发展的时代，一条微博可以因为转发而到达世界各地。转发和评论微博的作用如下：
>
> 　　**1．提高增加粉丝的概率**
>
> 　　微博的转发功能使得信息得以传播。通过转发，可以提高微博在公众面前的曝光率，从而增加阅读量。这也就意味着会有更多的人知道微博的信息，达到推广微博内容的目的。若传播的内容是某些用户所需的，那么这个微博账号就很有可能被用户关注，这样就提高了增加粉丝的概率。转发数据量大的微博，用户对其信任度更高，用户越信任某个微博，就越信任该微博推广的产品和服务，也更愿意关注该微博。
>
> 　　**2．加强与用户的互动交流**
>
> 　　评论是微博互动的主要方式之一。用户转发微博并对其进行评论，说明用户对其产生了兴趣或共鸣。评论的过程实则是信息沟通和观点交锋的过程，是用户和企业之间一种直接的沟通方式。企业通过让用户评论微博可以加强与用户之间的交流，弄清楚用户的需求，从而达到更好的营销效果。

> **议一议**
>
> 1. 如果短时间内转发微博过于频繁，就会造成"刷屏"的现象，这样做会引起什么后果？
> 2. 如果企业总是转发别人的内容或者转发的原创微博内容质量低，会给企业带来什么不好的影响？
> 3. 如果企业只是发布微博就了事，不关注用户的评论和回复评论，时间长了会导致什么后果？

第二步：知道转发和评论微博的操作步骤，能独立转发和评论微博。

（1）登录新浪微博平台https://weibo.com/，输入微博的账号和密码，登录微博，如图5-30所示。（如果没有微博账号需要先进行注册，注册方法见任务一活动二）

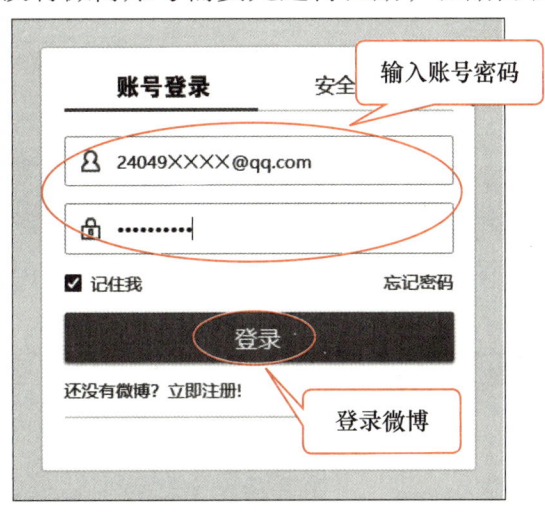

图5-30　新浪微博登录页面

（2）选择想要转发的微博，单击底部的转发图标，在弹出的菜单中单击"转发"选项，如图5-31所示。

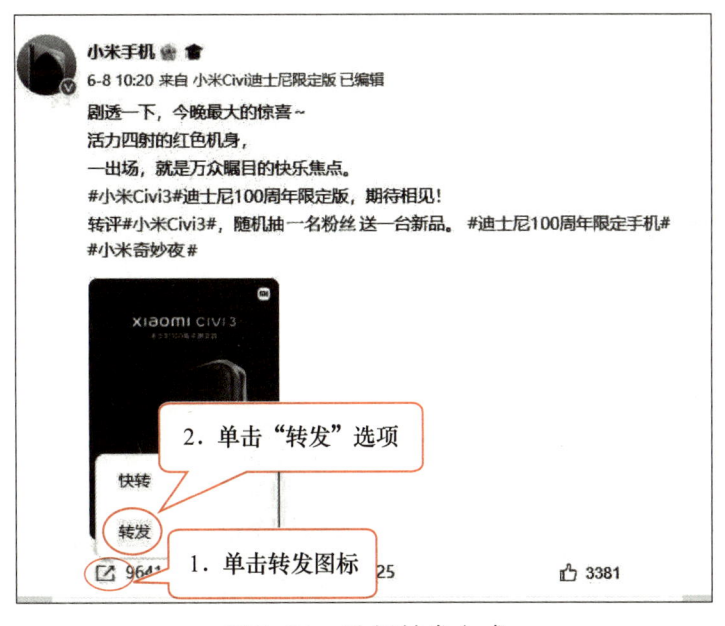

图5-31　选择转发方式

（3）在选择转发的微博下方会出现输入框，在输入框中撰写文案，单击"公开"按钮，选择转发对象，如图5-32所示。

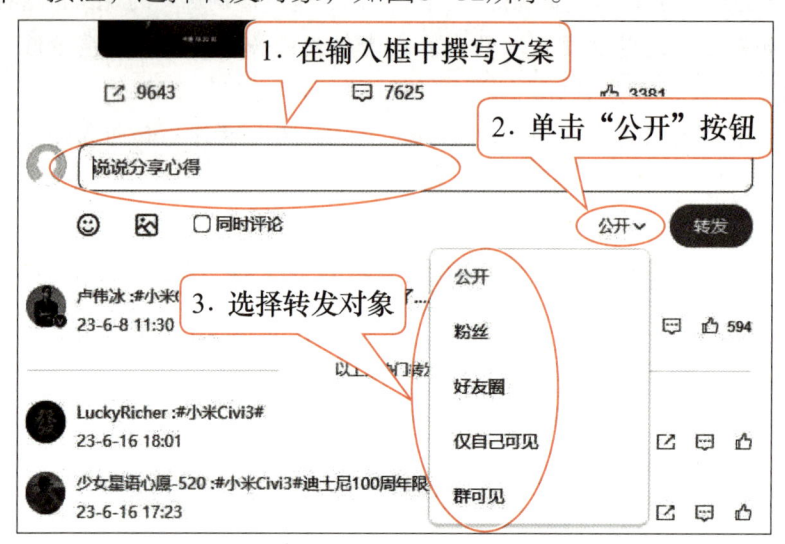

图5-32　撰写文案，选择转发对象

（4）单击"转发"按钮，微博转发成功，关注该账号的用户就可以看见转发的微博。被转发的微博会显示在转发用户的微博个人主页，如图5-33所示。

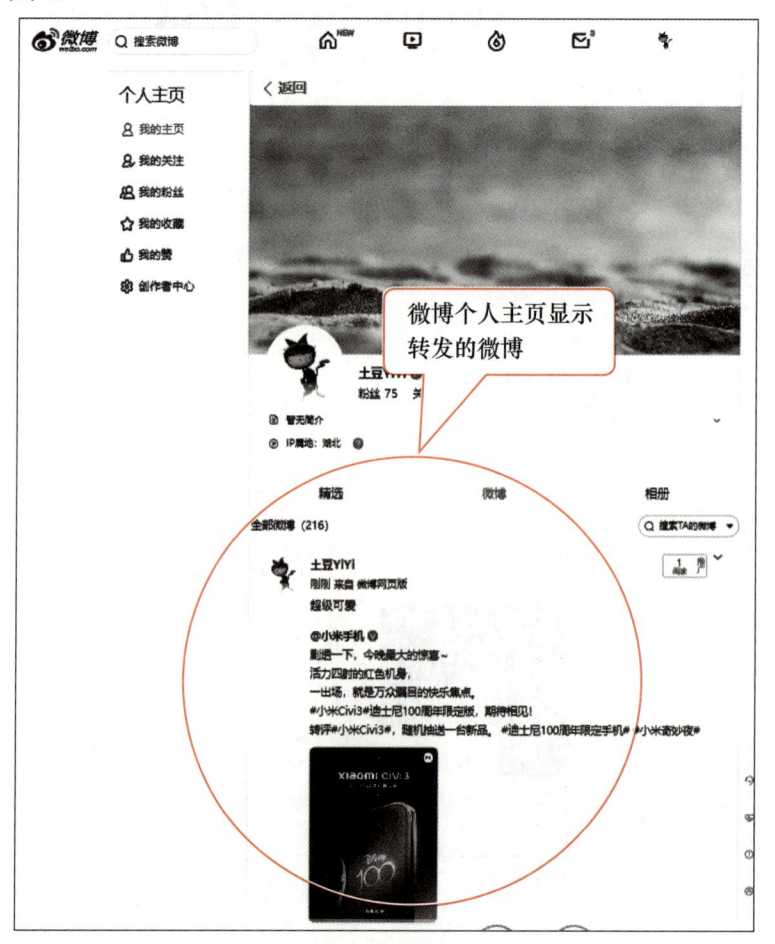

图5-33　微博个人主页显示转发的微博

（5）转发微博的同时，可以连同评论一起转发。转发用户在输入框中输入评论文案，勾选"同时评论"按钮，然后单击"转发"按钮，就可以在评论区看见评论内容，如图5-34所示。

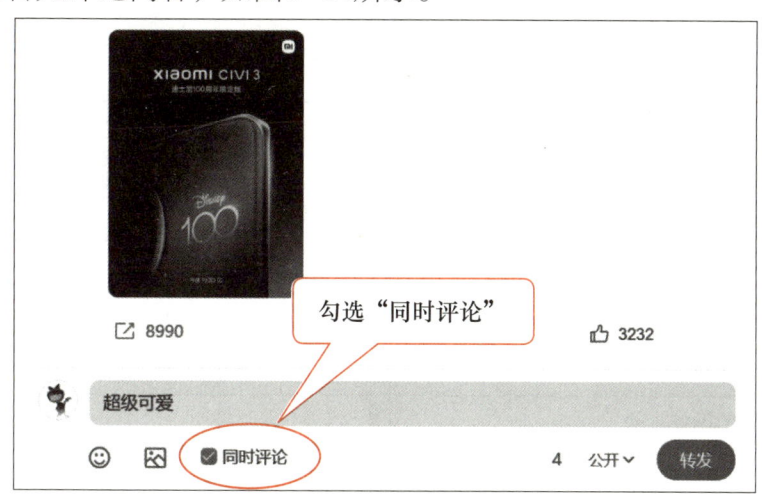

图5-34　连同评论一起转发

（6）如果不转发微博而是直接评论，可以单击微博下方的评论图标，下方会显示评论区，在评论区输入评论内容，最后单击"评论"按钮，就可以成功评论。此处也可以勾选"同时转发"按钮，连同评论一起转发微博，如图5-35所示。

图5-35　微博直接评论

随堂记

试一试

请同学们登录新浪微博相互关注微博账号，浏览自己喜欢的微博，评论、转发该微博并@三位好友。

任务评价

微博推广任务评价见表5-4。

表5-4 微博推广任务评价表

序 号	评 价 项 目	自 我 评 价			
		能准确阐述（优）	能阐述（良）	能大概阐述（合格）	不能阐述（不合格）
1	微博内容的表现形式				
2	原创微博的类型和撰写技巧				
3	转发和评论微博的作用				
4	转发和评论微博的操作步骤				

教师评价：

项目总结

- 本项目主要内容包括认知微博营销和微博推广两个学习任务。
- 认知微博营销主要通过对案例进行分析，了解微博营销的概念和优势，对微博营销形成基本认识；了解微博账号类型和认证类型，可以对不同账号进行功能定位，初步认识并理解微博多账号营销矩阵策略。
- 微博推广主要学习微博内容的表现形式，了解微博内容的呈现方式；知道原创微博的类型和撰写技巧；领会转发和评论微博的营销作用，能够转发和评论微博。

项目练习

一、不定项选择题

1. 以下属于微博营销优势的是（　　）。
   A. 成本低　　B. 传播速度快　　C. 互动性强　　D. 形式多样
2. 微博用户的类型有（　　）。
   A. 个人用户　　B. 企业用户　　C. 社会组织　　D. 政务机构
3. 原创微博的类型有（　　）。
   A. 借势营销微博　　B. 活动宣传微博
   C. 产品推广微博　　D. 话题微博
4. 微博矩阵是"4+2"模式下的矩阵分布，下面不是"4"中内容的是（　　）。
   A. 员工微博　　B. 产品微博　　C. 粉丝微博　　D. 品牌微博

5. 微博内容的表现形式可以分为（　　）。
   A. 短微博　　　　　　　　　　　B. 头条文章（长微博）
   C. 话题　　　　　　　　　　　　D. 视频
6. 在撰写短微博的时候，文案应满足（　　）。
   A. 文字简练　　B. 结合热点　　C. 话题有趣　　D. 活动有吸引力
7. "蒙牛乳业"是品牌微博账号，那么"蒙牛微客服"是（　　）账号。
   A. 品牌微博　　B. 产品微博　　C. 粉丝微博　　D. 客户微博

二、判断题

1. 撰写原创微博时，如果想带话题，就在话题前加上"@"符号。（　　）
2. 企业微博认证图标是"橙V"认证图标。（　　）
3. "金V"是个人微博账号中最具影响力的账号，要求个人认证用户粉丝数不少于1万人，月阅读量不低于1000万次。（　　）
4. 微博用户可以申请多个账号，随便怎么用都可以。（　　）
5. 微博内容可以采用文字、图片、视频等形式。（　　）
6. 微博不能进行直播。（　　）
7. 微博发布有价值、有趣的内容，可以增加粉丝数量。（　　）

三、简答题

1. 企业微博营销的目标有哪些？
2. 微博个人账号的认证类型有哪些？
3. 什么是原创微博？
4. 转发和评论微博的作用是什么？

项目六 微信营销

项目简介

本项目中,我们将从同学们所熟知的微信营销案例入手,了解微信营销的概念及其优点,知道注册微信公众号的条件和流程,学习撰写有吸引力的微信软文,掌握推送信息并与粉丝互动的方法。

项目目标

- 了解微信营销的概念及优点。
- 了解微信公众平台。
- 掌握微信订阅号注册及认证的流程。
- 撰写有吸引力的微信标题和文案。
- 能够推送信息并与粉丝互动。
- 加强对国有企业和国有品牌的正确认知,树立民族自豪感。

任务一 认知微信营销

任务介绍

微信是当下非常热门的互联网通信工具,它有超过11亿的庞大用户群。许多企业注册微信公众号或开通微商城进行自媒体营销,从中获益匪浅。在本次任务中,我们将走进微信营销,通过案例解析,了解和认识微信营销,知道其优点,认识微信公众平台的商业价值,掌握注册及认证微信订阅号的流程和方法。

活动一　微信营销案例解析

活动描述

李成响团队所在的实习公司有几个项目需要进行微信营销，谢经理让同学们参与进来。由于同学们对微信营销所知不多，因此谢经理让大家上网搜索微信营销案例，并带着大家一起解析，学习微信营销的相关知识，了解其方向和思路，提高对微信及其商业价值的认知。

活动实施

上网搜索微信营销成功案例，并对案例进行解析，认识微信平台的功能，初步了解微信营销的概念。

案例 6-1

1931年，第一代百雀羚产品诞生于上海，其独特的芳香引领了一个时代的芳华。2020年，百雀羚集团捐赠2亿抗疫物资驰援武汉，守护白衣天使。作为大众耳熟能详的经典国货品牌，百雀羚围绕着品牌的"科技新草本"战略进行升级，通过微信公众号不断传递品牌主张。

百雀羚微信公众号菜单中的"品牌相关"栏目下设有子栏目"焕肤之旅"。在毕业季，百雀羚通过推出海报"高考毕业季，成为护肤优等生是一种怎样的体验"，关注毕业生的护肤需求，通过有奖互动，让用户通过评论区留言赢取相应奖品，如图6-1所示。在母亲节期间，百雀羚推出软文"美丽的谎言，在母亲节延续……"，利用母亲节推出品牌相关产品，通过献礼母亲节打动用户，并与用户在评论区进行互动，如图6-2所示。

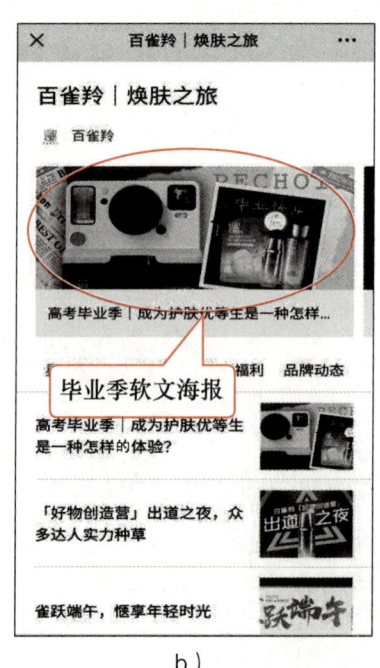

图6-1　"焕肤之旅"有奖互动

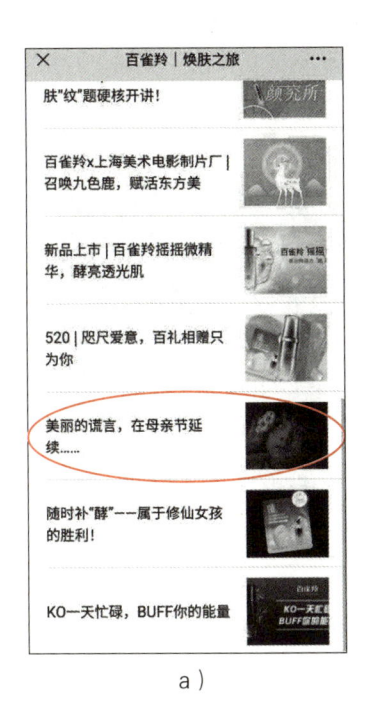

图6-2 利用母亲节推出产品

百雀羚微信公众号菜单中的"视频号"栏目、"宠粉福利"栏目下分别设有子栏目"人民的国货"和"微博赢好礼"，通过子栏目让微信公众号与视频号、小红书及官方微博相关联，并发起"参与微博话题的幸运粉丝可获赠试用装"活动，如图6-3所示。

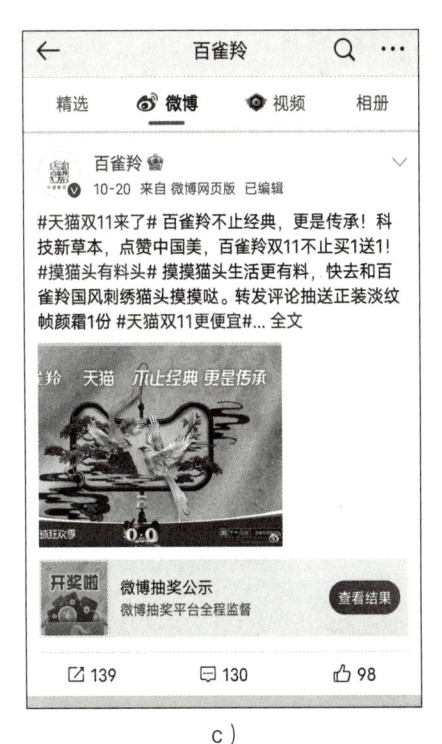

图6-3 微信公众号与视频号、小红书及官方微博相关联

百雀羚在微信视频号平台发布了一系列短视频。其中短片"央视报道国货之光"讲述了科技助力百雀羚焕新颜，绽放国货品牌荣光的故事，告诉国人应为国货骄傲，激发民族自豪感的同

时，树立民族自信，让百雀羚品牌更加深入人心。短视频带有文字和公众号文章链接，还能进行点赞、评论。品牌通过短视频与观看者进行互动交流，也可以由观看者将其转发到朋友圈并与好友分享，提高品牌关注度和影响力，如图6-4所示。

a)

b)

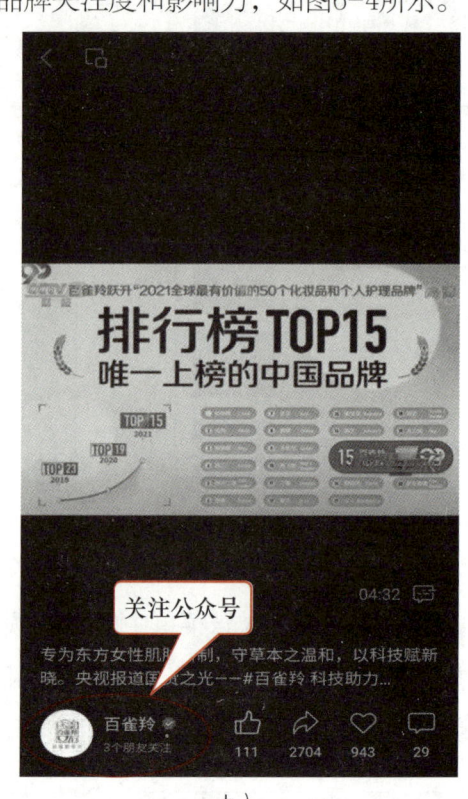

图6-4 视频号短片"央视报道国货之光"

案例分析：作为一个国货品牌，百雀羚在微信公众平台上通过微信系列软文讲述品牌故事并巧妙植入产品，同时关联视频号、小红书和微博平台，扩大品牌影响力，加强用户的参与性与互动性，传递品牌关爱长辈、关爱女性、为国争光的情感，打造了有温度、有深度的品牌形象。

知识链接

1. 微信

微信是一个由腾讯公司于2011年1月21日推出的，为智能终端提供即时通讯服务的免费应用程序。微信可以跨通信运营商、跨操作系统平台，通过网络快速发送免费（需消耗少量网络流量）语音短信、视频、图片和文字，同时，也可以使用流媒体共享内容，或使用"朋友圈""公众平台""视频号""小程序"等服务插件。

2. 微信营销的定义

微信营销是企业和个人利用微信平台，对微信用户进行营销的活动。微信向用户提供了如朋友圈、订阅号、服务号等丰富的功能和服务。企业和个人可以通过微信提供的这些功能及服务，轻松地进行点对点的精准营销。

微课7 微信营销

想一想

请同学们想一想，百雀羚为什么选择通过微信平台进行营销推广呢？

> **知识加油站**

1. 微信的基本功能

（1）聊天。微信是一种聊天软件，支持用户发送语音短信、视频、图片（包括表情）和文字，支持多人群聊。如图6-5所示。

（2）支付。微信用户可通过手机快速完成支付流程，以绑定银行卡的快捷支付为基础。如图6-6所示。

图6-5　微信聊天功能

　　　a）　　　　　　　　b）

图6-6　微信支付功能

2. 微信的其他功能

（1）朋友圈。用户可通过朋友圈发表文字、照片和视频，也可以通过其他软件将文章或音乐分享到朋友圈，如图6-7所示。

（2）扫一扫。用户单击"扫一扫"，可通过扫描对方二维码方式添加好友，也可以通过"扫一扫"关注一些微信公众号，还可以利用"扫一扫"进行付款或下载、安装各类APP，如图6-8所示。

图6-7　微信朋友圈功能

　　　a）　　　　　　　　b）

图6-8　微信扫一扫功能

（3）微信公众平台。通过这一平台，个人或企业用户可以创建一个微信公众号，在公众号内群发文字、图片、语音等内容，如图6-9所示。

（4）微信视频号。微信视频号是一个全新的内容记录和创作平台，用户可以在该平台上发布时长不超过1分钟的视频，或者不超过9张的图片，并可附上文字和公众号文章链接。微信视频号可由用户直接在手机上发布，支持点赞、评论等互动方式，还可以被用户转发到朋友圈或各种聊天场景。如图6-10所示。

（5）微信小程序。微信小程序是一种不需要下载安装即可使用的应用，它使应用变得"触手可及"。用户"扫一扫"或搜索一下，即可打开应用，如图6-11所示。

图6-9　微信公众平台

图6-10　微信视频号

图6-11　微信小程序

议一议

请同学们关注百雀羚公众号并进行体验，议一议百雀羚的微信营销理念是什么？它与粉丝的互动用到了微信平台上的哪些功能？

试一试

请同学们结合案例对微信营销的定义进行分析，将表6-1中体现微信营销优势的词挑选出来，并在后面的空格内打上"√"。

表6-1　体现微信营销优势的词

庞大的用户群		一对多沟通		一对一沟通	
功能单一		功能多样化		精准营销	
用户小众		互动性强		互动性弱	
用户信息不真实		用户信息真实		营销成本低	

活动二　注册微信订阅号

活动描述

李成响团队通过对案例进行解析，知道了微信营销的定义及优点。他们热情高涨，渴望自己能够小试身手。但谢经理让大家先别急，他告诉大家企业首先要在微信公众平台上注册微信公众号，然后才能进行微信营销。但微信公众号有几种？他们应该注册哪一种呢？谢经理让大家上网了解微信公众平台及其类型，注册微信订阅号，为营销活动的开展奠定基础。

活动实施

第一步：认识微信公众平台类型，知道微信公众平台的商业价值。

李成响召集团队成员一起讨论，大家决定通过百度搜索引擎了解微信公众平台的相关知识。

知识链接 ▶▶▶

1. 微信公众平台的定义

微信公众平台是腾讯公司在微信原有功能的基础上新增的功能模块。通过这一平台，个人和企业可以注册微信公众号，和特定群体通过文字、图片、语音、视频进行全方位的沟通和互动。2013年，微信公众平台进行了升级，将微信公众号分成订阅号和服务号两种类型。商家申请微信公众号后，就能通过微信公众平台进行自媒体营销活动。

2. 订阅号与服务号的区别

微信公众号分为订阅号和服务号，这两种账号的区别见表6-2。

表6-2 订阅号与服务号的区别

比较项目	账号类型	
	订阅号	服务号
账号功能	为用户提供信息和资讯	为用户提供服务
消息显示方式	发给用户的信息会显示在对方的"订阅号"文件夹中，用户不会收到即时的消息提醒	发给用户的信息会显示在对方的聊天列表中，用户会收到即时的消息提醒
消息次数限制	每天可群发1条消息	每月可群发4条消息
适用人群	个人、媒体、企业、政府或其他组织	媒体、企业、政府或其他组织
高级接口权限	认证后部分支持	支持，可自定义菜单

案例6-2

中国南方航空公司（以下简称"南航"）前总信息师胡臣杰曾表示："对今天的南航而言，微信的重要程度等同于15年前南航的网站！"正是由于对微信的重视，如今微信已经和网站、短信、手机APP、呼叫中心一并成为南航五大服务平台。

2013年1月30日，南航发布的第一个微信版本在国内首创了微信值机服务。随着功能的不断开发、完善，如今的南航微信公众平台分为"快速预订""服务大厅""粉丝专享"三个自定义菜单栏（如图6-12所示）：在"快速预订"栏中提供了机票预订、南航旅记、南航商城等服务；在"南航旅记"子栏目中提供了许多旅行方案优惠活动，供用户进行探索，如图6-13所示；在"服务大厅"栏中提供了选座、办登机牌、机票退改等服务；在"粉丝专享"栏中提供了入会/绑定、领活动福利等服务，用户可获知各种最新的优惠活动和线路推荐，如图6-14所示。

图6-12 微信服务　　图6-13 优惠活动　　图6-14 线路推荐

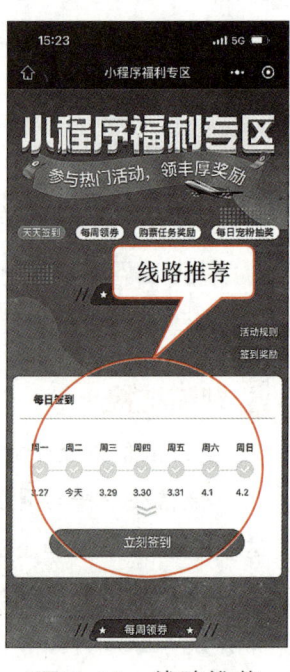

议一议

请同学们议一议，南航为什么如此重视微信公众平台？南航是否充分利用了微信公众平台来开展营销活动？

试一试

请同学们在案例分析的基础上进一步探索南航公众号，并完成南航微信平台功能与微信平台商业价值的连线，如图6-15所示。

微信平台功能	微信平台商业价值
出行服务	快速推送产品或服务，促成交易
机票预订	方便用户参与企业发起的互动活动
选座和办理登机牌	实现线上与线下销售的结合
航班动态	实现促销活动的最大曝光，降低营销成本
活动福利	方便用户与企业的沟通
机票延误退改	移动电商平台，实现下单和支付交易
小程序直播	信息查询
直接预订旅行线路	客服服务
智能客服	客户关系管理
线路的推荐	宣传品牌形象

图6-15 微信平台功能与微信平台商业价值对应连线

第二步：注册微信订阅号。

李成响团队认识了微信公众平台的商业价值，也了解了微信公众平台账号的注册条件，大家商量后决定注册微信订阅号，并熟悉微信公众平台的使用方法。大家通过上网搜索，了解到注册微信订阅号的年龄条件为满18周岁，但中职生普遍达不到这个年龄。谢经理告诉同学们，虽然大家现在达不到年龄要求，但应先了解订阅号的注册流程，为将来的工作做好准备。（温馨提示：由于企业平台时常更新，请以微信公众平台最新的流程及界面为准。下同）

（1）在搜索引擎中输入关键字"微信公众平台"，进入微信公众平台官网首页，单击"立即注册"按钮，如图6-16所示。

图6-16 微信公众平台首页

（2）选择注册的账号类型，如图6-17所示。

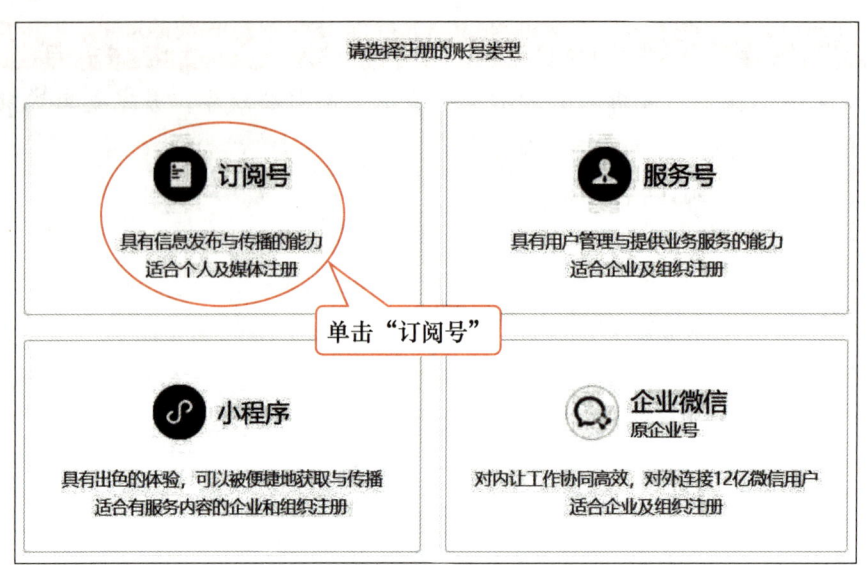

图6-17 选择注册的账号类型

（3）按要求填写基本信息，单击"注册"按钮，如图6-18所示。

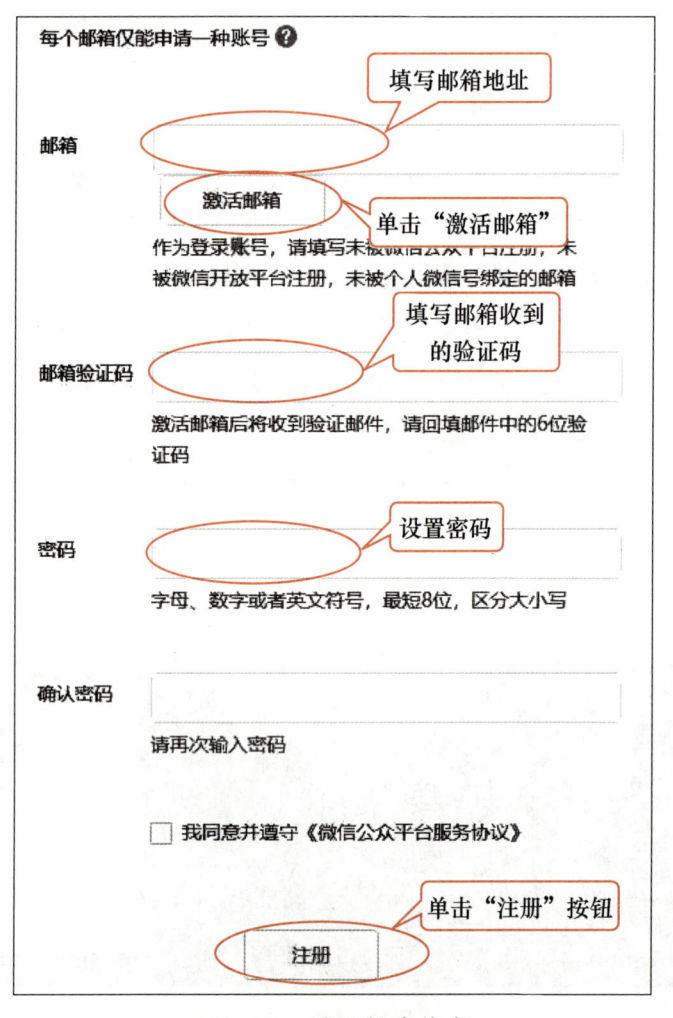

图6-18 填写基本信息

（4）了解订阅号、服务号和企业微信的区别，并选择账号类型（个人用户仅支持注册订阅号）。在"账号类型"页面选择"订阅号"，如图6-19所示。

图6-19　选择账号类型

（5）在"信息登记"页面选择公众号主体类型为"个人"，如图6-20所示。

图6-20　选择公众号主体类型

（6）填写运营者个人信息，如图6-21所示。

（7）填写账号信息，包括公众号账号名称、功能介绍及运营地区，如图6-22所示。

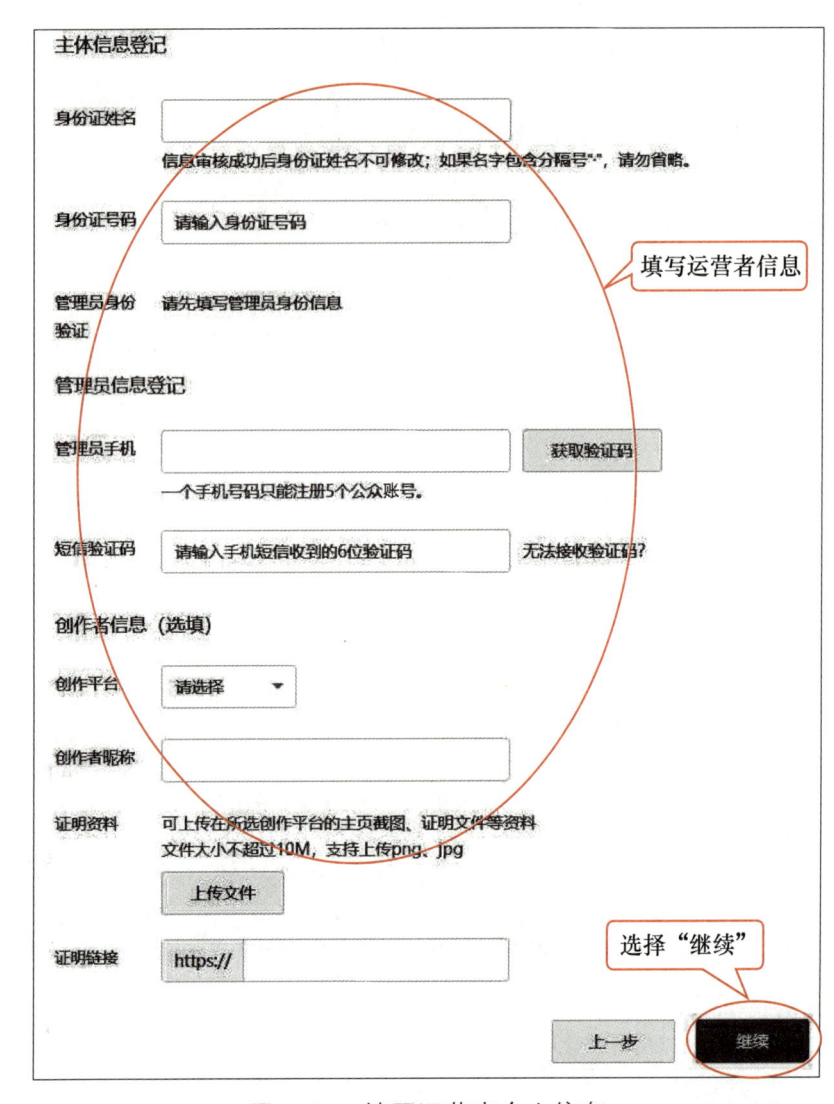

图6-21　填写运营者个人信息

图6-22　填写账号名称、功能介绍及运营地区

（8）注册成功，如图6-23所示。

图6-23　微信公众账号注册成功

（9）成功创建微信订阅号后，可在后台首页查看账号功能和账号整体情况，如图6-24所示。

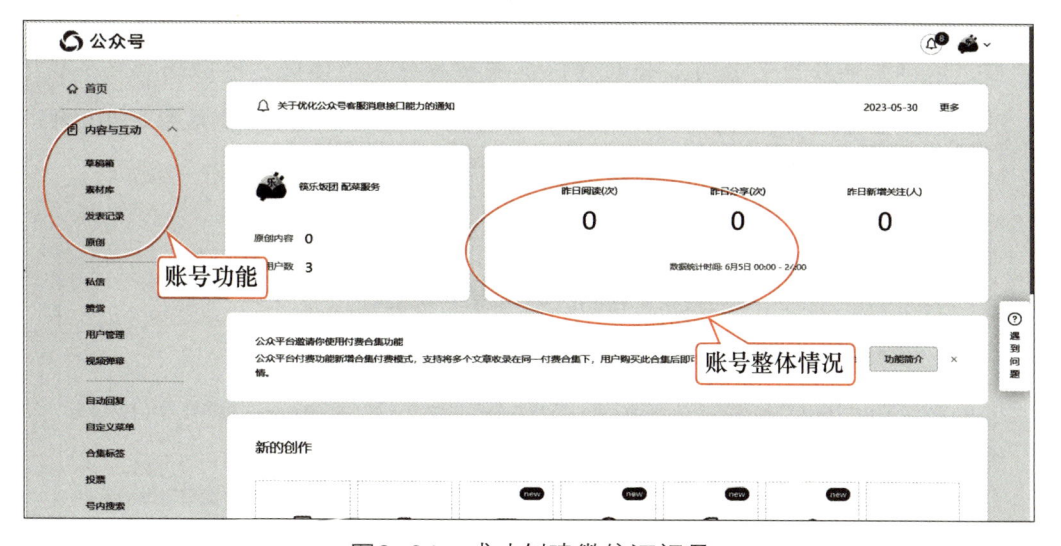

图6-24　成功创建微信订阅号

> **试一试**
>
> 请同学们参考微信个人订阅号的注册步骤，为自己注册一个个人微信订阅号，如图6-25所示。（提示：未满18岁不能注册微信个人订阅号。如果有兴趣，可用家长的身份证号注册。）

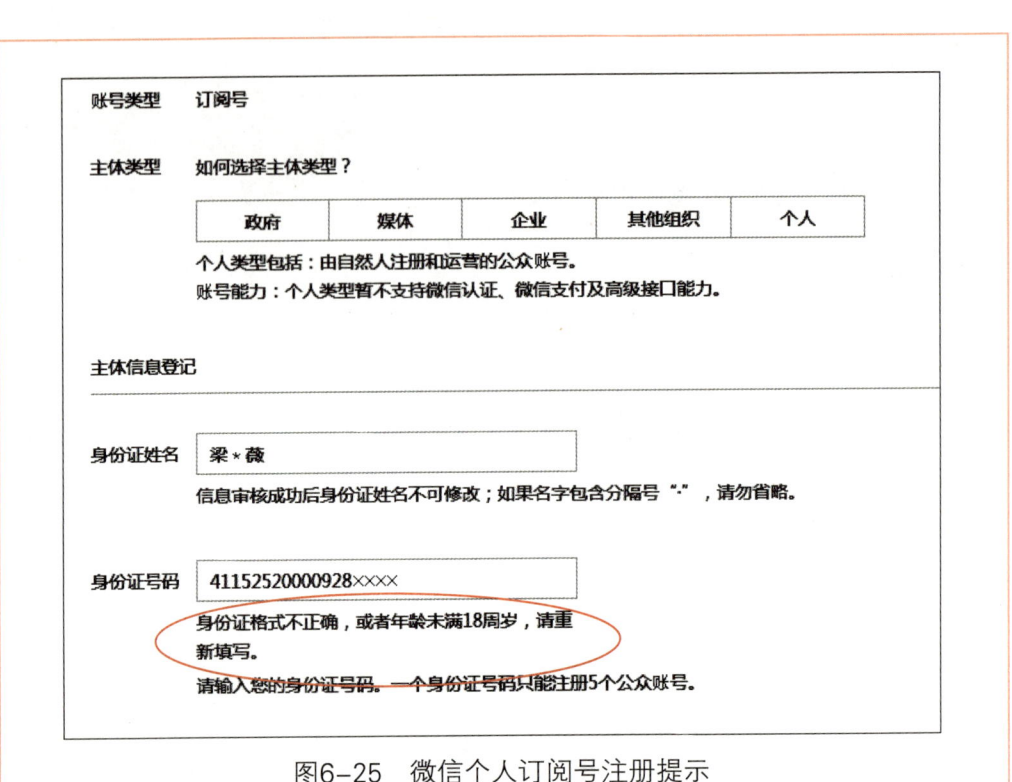

图6-25 微信个人订阅号注册提示

知识加油站

1. 公众平台微信认证

公众平台微信认证是微信公众平台为了确保公众号信息的真实性、安全性，提供给微信公众服务号的微信认证服务。完成微信认证需支付300元费用，认证主体应当是公司。公众号认证成功后会点亮标识，可以获得更多权限。认证过的公众号相当于微信公众号会员，可以增强公众号的公信力。2014年1月24号，微信团队发布了"公众平台微信认证更新通知"，如图6-26所示。

> **公众平台微信认证更新通知**
>
> 微信公众号运营者：
>
> 微信公众平台已开放订阅号的企业类型认证，流程与服务号完全一致。所有认证成功的账号（包括微信认证和已获得关联微博认证的账号）都可以自动获得自定义菜单。
>
> 企业组织类型的微博认证入口已关闭，同时由于微信认证不支持个人认证，个人的订阅号可申请关联个人微博认证。
>
> 微信团队
> 2014年01月24日

图6-26 公众平台微信认证更新通知

2. 公众平台微信认证的作用

（1）用户会在微信中看到特有的微信认证标识，增加用户对公众号的信任度和体验感。

（2）当用户通过关键词搜索微信公众号时，认证过的微信公众号排名更靠前，更容易被用户搜索到并关注。

（3）微信公众号经认证后会获得更丰富的高级接口。微信服务号会自动开启高级接口中的所有接口权限，这些二次开发功能将会大大增加用户的体验度。微信订阅号会开启自定义接口权限。这些接口权限有利于企业展现有别于其他的服务号或者订阅号的特色。

试一试

请同学们通过上网搜索进行深入了解，说出微信公众平台经认证后可获得的权限。

任务评价

认知微信营销任务评价见表6-3。

表6-3　认知微信营销任务评价表

序号	评价项目	自我评价			
		能准确阐述（优）	能阐述（良）	能大概阐述（合格）	不能阐述（不合格）
1	微信营销的概念				
2	微信营销的优点				
3	微信公众平台的商业价值				
4	微信公众平台账号类型和区别				
5	公众平台微信认证的作用				

教师评价：

任务二　微信推广

任务介绍

如今，微信公众号推广的文章越来越丰富，各种活动也层出不穷，集赞送礼、抢红包、砍价等吸引了许多人的目光。如何让微信公众号获得更多粉丝的关注？在本次任务中，我们将了解如何写出有吸引力的微信推广文章，了解微信公众号推送产品信息并与粉丝互动的方法。

活动一　撰写微信公众号标题和文案

活动描述

注册微信公众号以后，李成响团队准备向用户推送文章。谢经理向大家推荐了一些微信公众号，上面有很多有吸引力的标题和有创意的文案，大家很是佩服，那如何才能成为高手呢？他们讨论后决定先上网学习如何撰写微信公众号标题和文案。

活动实施

第一步：通过百度搜索引擎进行搜索，了解并学习微信公众号标题的写法。

知识链接

微信公众号标题的类型如下：

1. 悬念式标题

悬念式标题主要是为了引起别人好奇心，最终文章解开标题谜团时，就是引出产品的时候。例如，"坐拥4000万粉丝，她是怎么做到的？"

2. 反问句式标题

反问句式标题的好处是可以引发读者的思考。例如，"万万没想到，中国最潮的大叔竟然是他？"

3. 借用热门新闻的标题

借用热门新闻的标题结合了最新的热点事件、节日、季节等内容，不仅具有时效性，还能利用大众对于热点的关注，提高文章点击率和转发率。但要特别注意的是，这类标题要有自己的观点和态度。例如，借用《太子妃升职记》，某公众号文章标题为"《太子妃升职记》剧组太穷，但是却能让观众看得欲罢不能"。

4. 段子型标题

"今天你对我爱搭不理，明天我让你高攀不起"，这种标题是非常典型的

试一试

请同学们上网搜索有吸引力的微信公众号标题，说说它们的写作方法和独特之处，并相互交流分享。

段子型标题，表达了一种直接的态度，即每个人都有被他人冷落的时候。这是每个普通人都有过的感受，非常容易引起共鸣。

第二步： 设计有吸引力的微信活动并撰写微信文案。

谢经理告诉大家，写出好的标题只是微信营销的第一步，还需要配上能够引起用户共鸣的微信文案，同时将推广活动巧妙地植入到文案中，这样才能让用户积极参与并不断转发，扩大影响力，得到用户的持续关注。

案例6-3

中粮福临门是知名的粮油品牌。2023年3月8日，中粮福临门在微信公众号上策划了一次活动，本次活动意在加强与粉丝的情感联系，进一步提升产品销量。图6-27至图6-30是此次活动的主题和文案。

中粮福临门公众号以"新时代女神图鉴，致敬了不起的她！"为标题，采取漫画形式，在三八妇女节选取了"全能主妇""职场辣妈""新锐白领"三种标志性的女性形象，宣传了"活出有态度的精彩人生"的生活态度，同时设置了互动话题"分享你的妇女节宣言，留言点赞量前20的小伙伴，可获得福临门葵花仁油"。

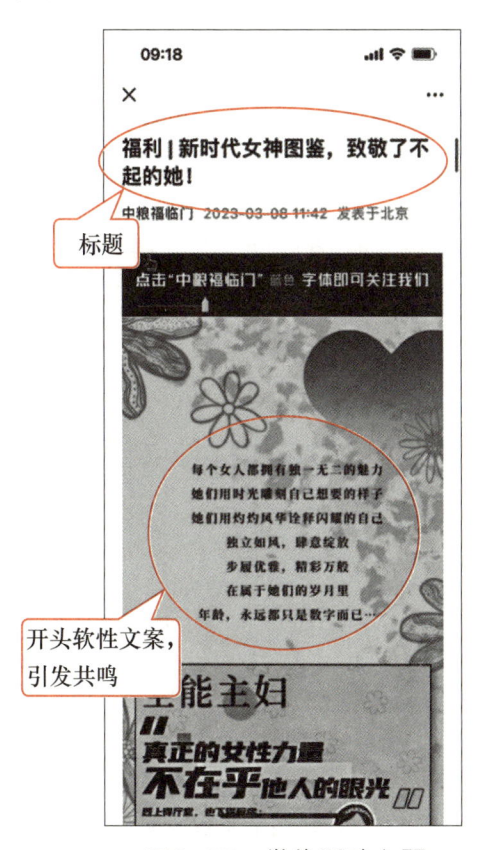

图6-27 微信活动主题　　图6-28 微信活动文案1

图6-29　微信活动文案2　　　　　　　　图6-30　微信活动文案3

活动型微信文案通常在开头由软性文字引入内容，并在结尾处介绍品牌或最近开展的活动，吸引用户的参与。

撰写活动型微信文案应注意，文案标题应当具有吸引力；文案应巧妙地植入产品，使产品与情境有机结合，配以软性的文字，以打动消费者；活动的设计应有吸引力，活动规则应尽量简洁。

试一试

"六一儿童节"前，工贸家电推出了主题为"未来梦想家"的儿童画作征集活动，计划在儿童节当天举行画展。请同学们阅读相关资料（如图6-31所示），为这次活动撰写一篇微信推广软文。

时间：6月1日

主题：未来梦想家

内容：6月1日当天，在工贸家电卖场开展画展活动

展场：工贸家电大型卖场

奖励：现场举办颁奖活动，为在画展中获得高分的小朋友颁发奖品

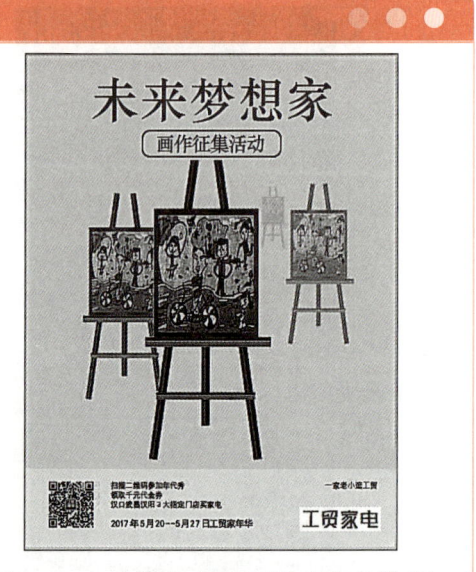

图6-31　工贸家电画展活动宣传海报

活动二　推送产品信息与粉丝互动

活动描述

李成响团队知道微信公众号标题和微信文案的写法后，在谢经理的指导下，为几个项目撰写了产品信息和推广文案，并且按要求在活动推广期间向用户进行推送。谢经理要求大家掌握推送微信文章的方法，并跟进活动，通过微信与粉丝进行互动。

活动实施

第一步：掌握推送微信文章的方法。

（1）登录注册的微信公众账号，进入首页，在"新的创作"版块中单击"图文消息"，如图6-32所示。

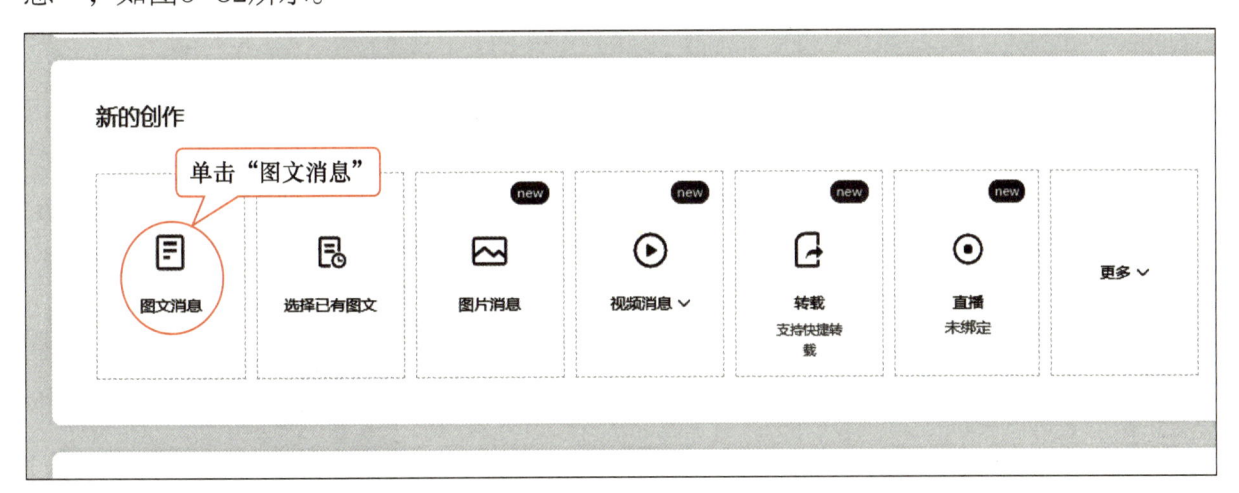

图6-32　新建图文消息

（2）在弹出的页面中单击"图片"，插入图片，并编辑文字内容，如图6-33所示。

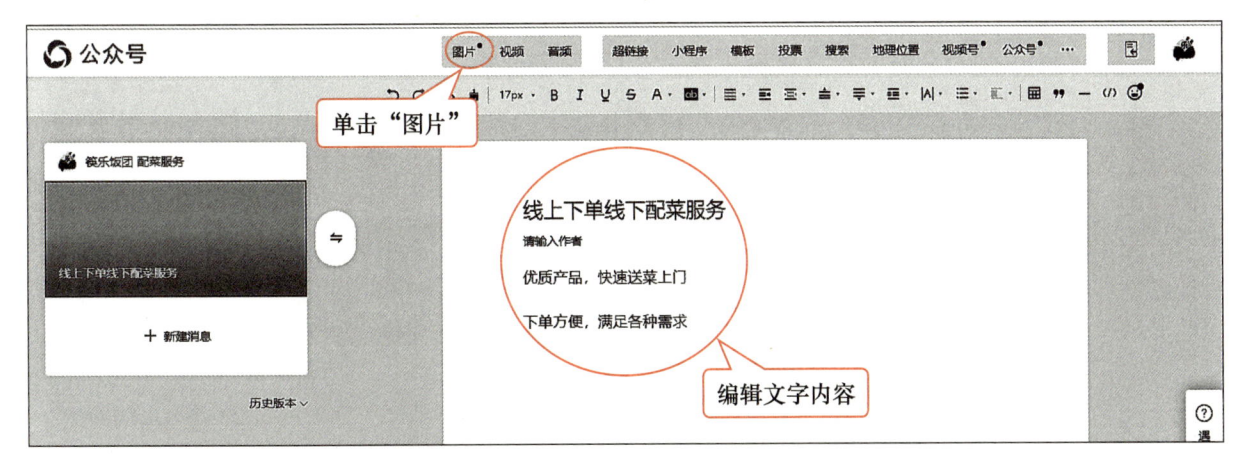

图6-33　编辑文字内容

（3）将插入的图片设为封面图；在摘要栏中编辑摘要，单击"保存为草稿"，单击

"预览",如图6-34所示。

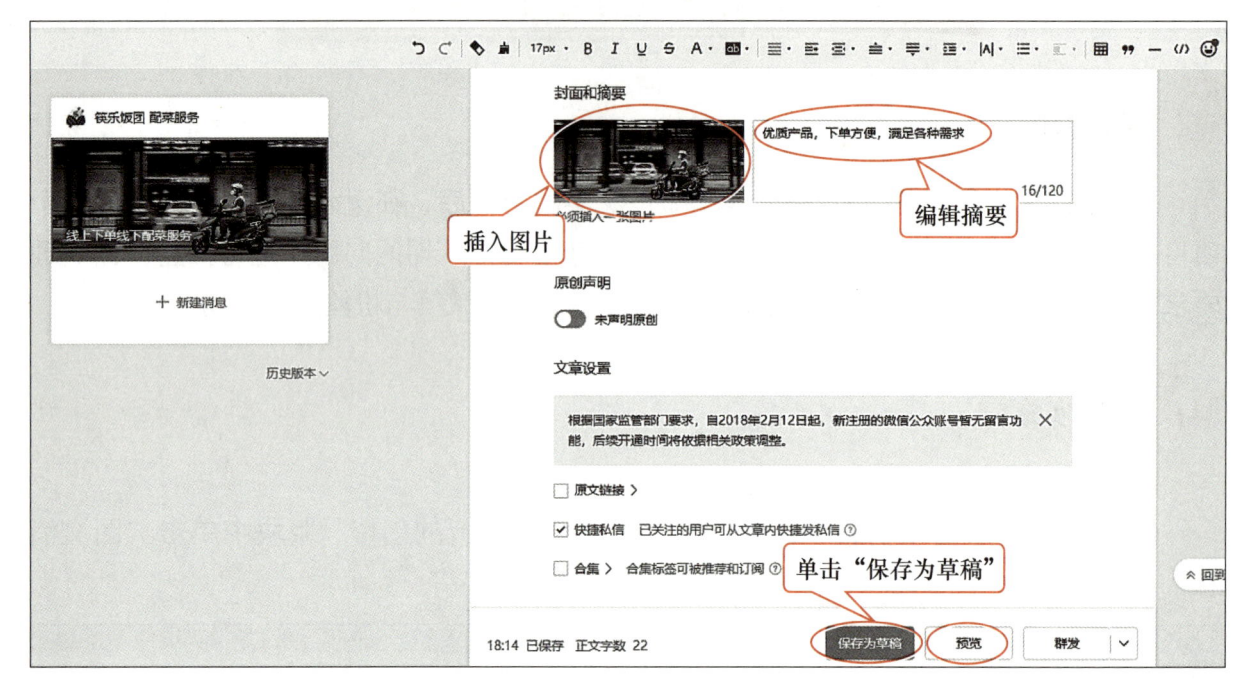

图6-34 设封面图和编辑摘要

(4)输入需要预览的微信号,单击"确定",如图6-35和图6-36所示。

图6-35 输入微信号进行预览

图6-36 手机预览

（5）回到图6-34页面，单击"群发"，如图6-37所示。

图6-37　单击"群发"

（6）运营者用手机扫描微信二维码进行验证，然后单击"继续群发"，确认并发送，如图6-38和图6-39所示。

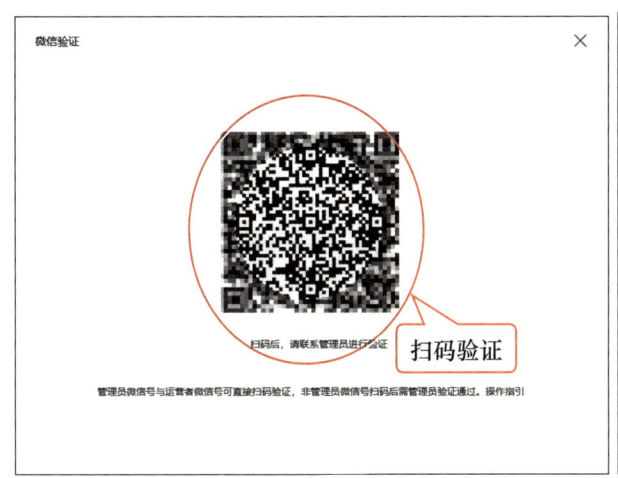

图6-38　扫码验证　　　　　　　　图6-39　群发消息

试一试

××健身器材企业想要通过微信公众号推送产品信息，该企业生产健身球、瑜伽垫、骑马机等健身产品。请同学们先上网了解这些产品，然后从中选择一件，撰写微信营销软文，并将其推送出去。请同学们将企业微信公众号推广文章信息填入表6-4。

表6-4　企业微信公众号推广文章信息

项　目	内　容
选择的产品	
软文标题	
软文创意	
软文内容梗概	
封面图片	
推送时间	
阅读量	
评论量	
留言	

第二步： 运用多种方式，与粉丝进行互动，实现引流。

[案例6-4]

疫情之下，微信营销引爆新商机

一场突如其来的疫情，牵动着每一个人的心。由于特殊情况，消费者对日常生活物资的需求更胜以往。但是因为疫情防控的要求，线下门店无法正常经营，于是消费者转为从线上渠道采购所需物资。传统线下商家的生存压力可想而知。

此时的餐饮业正在经历一次史无前例的大考。在此期间，餐饮集团西贝莜面村（以下简称"西贝"）在全国60多个城市中的400多家门店的堂食业务基本处于暂停状态。困境当前，他们迈出了寻求自救的步伐。

"通过企业微信，我们全国的门店客户经理在1月添加了30000多名客户的联系方式，现在全国200多家门店的客户经理与90000多名顾客紧密联系，并为顾客提供线上的送餐和食材订购服务。"据西贝相关负责人介绍，在门店堂食业务暂停的当时，西贝的经营活动却没有完全停摆。西贝门店的一线人员通过企业微信朋友圈和群发消息功能，把西贝的产品信息在第一时间传递给了消费者。同时，西贝还把微信外卖小程序（见图6-40）和微信会员商城小程序（见图6-41）挂接到门店人员资料页里，便于让顾客找到购买入口，完成线上预订的操作。

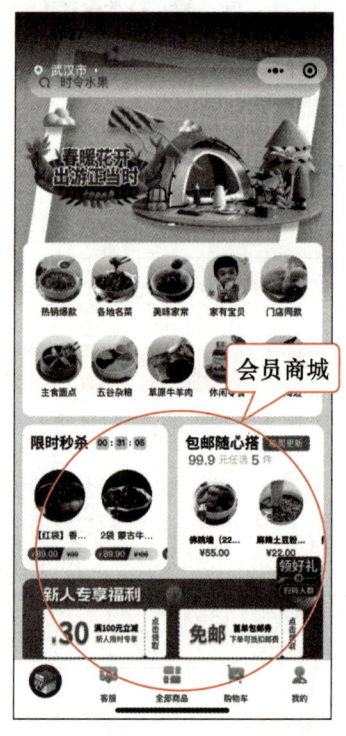

图6-40 微信外卖小程序入口　　图6-41 微信会员商城小程序

西贝通过公众号文章、菜单导航等多个途径，向用户展示会员群二维码，邀请用户加入企业微信会员群（见图6-42）并领取福利。在疫情期间，西贝的线上营收占总营收的80%以上。

疫情缓解后，西贝开展"亲子莜面体验营"微信营销宣传活动，通过线上报名（见图6-43），线下参与的方式，针对会员组织亲子活动，增强与会员之间的互动和情感链接，实现线上、线下有机融合。西贝在微信公众号"会员中心"下开展"积分兑招牌菜"（见图6-44），推荐优惠菜品组合，引导用户下单。

图6-42　企业微信会员群　　　图6-43　亲子筱面体验营　　　图6-44　积分兑招牌菜

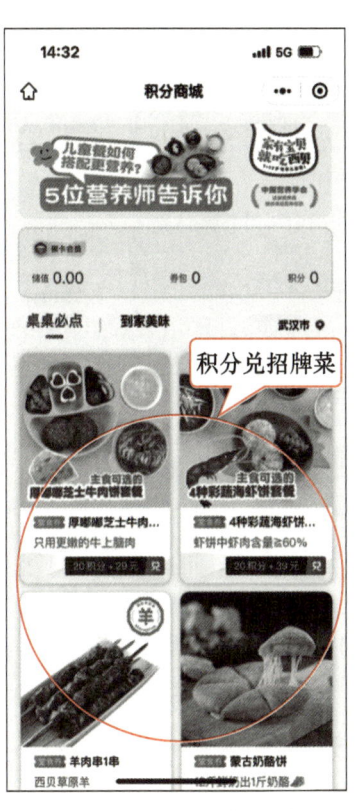

议一议

1. 西贝采取了哪些微信营销方式与用户互动？
2. 西贝在微信公众平台设置了哪些功能以实现与用户的互动？
3. 西贝的微信营销活动只限于线上进行吗？

知识加油站

商家在微信公众平台与粉丝互动的方式如下：

1. 自动回复

微信公众平台"自动回复"功能下可以设置"被关注回复""收到消息回复""关键词自动回复"三个子功能。商家可以设定文字/语言/图片/录音作为常用的回复消息，并制定自动回复的规则。

（1）被关注回复。被关注回复是指当用户第一次关注某个公众号时，收到的自动回复的消息。

设置方法：单击"自动回复"，再单击"被关注回复"，在编辑框中输入文字或图片，单击"保存"即可，如图6-45所示。

图6-45 被关注回复

（2）收到消息回复。收到消息回复是指当用户任意回复没有设置关键词的信息时，微信公众平台回复的信息。单击"收到消息回复"后，输入回复内容即可。

（3）关键词自动回复。关键词自动回复是指关注公众号的用户回复提前设置的关键词时，微信公众平台回复的信息。单击"添加规则"进行规则创建，当用户输入提前设置的关键词时，会弹出事先编辑好的回复内容，如图6-46所示。

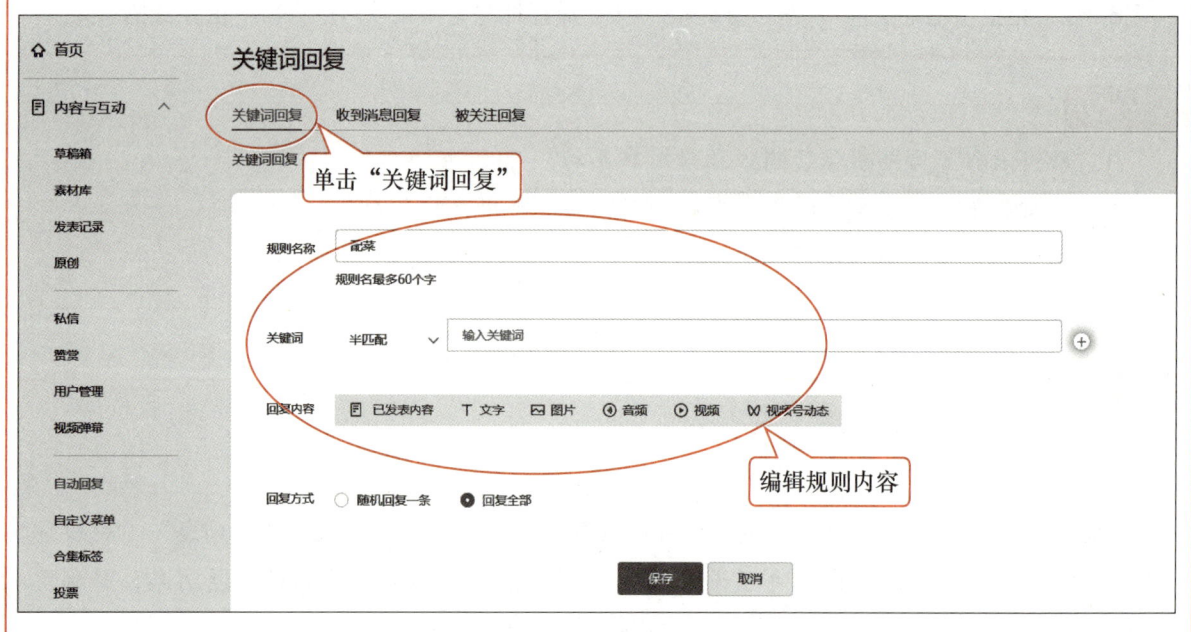

图6-46 关键词自动回复

2. 面对面建群

单击微信首页右上角"⊕"图标，在下拉菜单中单击"添加朋友"，选择"面对面建群"，和身边的朋友输入同样的四个数字，即可进入同一群聊，如图6-47和图6-48所示。

图6-47　面对面建群　　　　　图6-48　输入数字

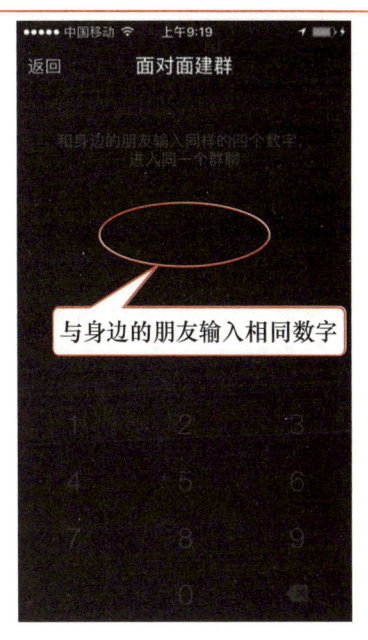

3. 摇一摇

微信"发现"页中"摇一摇"功能。用户通过摇动手机或单击按钮"摇一摇",可以匹配到同一时段触发该功能的其他微信用户,如图6-49和图6-50所示。如今,不少商家利用"摇一摇"功能开展各种互动。例如,雪碧推出"'摇一摇',送雪碧饮料一杯"的活动,如图6-51所示。

图6-49　"摇一摇"功能　　　图6-50　摇动手机　　　图6-51　雪碧"摇一摇"活动

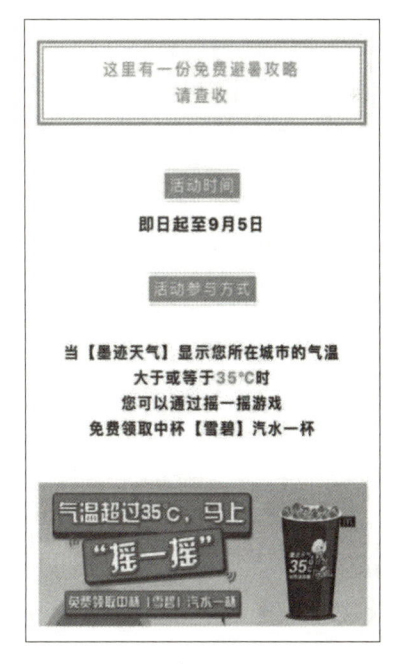

试一试

请同学们为自己的微信公众号设置一条自动回复,并设计一个让粉丝参与留言的互动活动,完成后可在全班进行分享。

想一想

请同学们想一想，西贝还能选择微信公众平台的哪些功能与粉丝进行互动？

随堂记

任务评价

微信推广任务评价见表6-5。

表6-5　微信推广任务评价表

序号	评价项目	自我评价			
		能准确阐述（优）	能阐述（良）	能大概阐述（合格）	不能阐述（不合格）
1	如何撰写微信公众号标题和文案				
2	设计有吸引力的微信活动				
3	推送微信文章的方法				
4	微信公众平台与粉丝互动的方式				

教师评价：

项目总结

● 本项目主要内容包括认知微信营销和微信推广两个学习任务。

● 认知微信营销主要通过介绍微信营销概念和优点，让同学们对微信营销形成基本认知，通过案例解析如何进行微信营销，了解微信订阅号的注册和认证流程。

● 微信推广主要介绍如何撰写有吸引力的微信公众号标题和文案，要求掌握微信公众平台推送文章的方法，知道微信公众平台功能，实现与粉丝互动。

● 本项目旨在帮助同学们理解微信营销的重要性，掌握注册并使用微信公众号推送文章及与用户进行互动的技巧。

项目练习

一、不定项选择题

1. 以下对微信营销概念的理解，正确的有（　　）。
   A. 客户数量庞大　　　　　　　　B. 营销成本低
   C. 营销方式多元化　　　　　　　D. 互动性强
2. 微信标题有（　　）。
   A. 悬念式标题　　　　　　　　　B. 反问句式标题
   C. 借用热门新闻的标题　　　　　D. 段子型标题

3. 微信公众平台自动回复功能有( )。
   A. 被关注回复   B. 收到消息回复
   C. 关键词自动回复   D. 自动回复
4. 下面有关公众平台微信认证的说法，正确的是( )。
   A. 认证过的微信公众号可以增加用户的信任度和体验度
   B. 认证过的微信公众号排名没有变化
   C. 认证过的微信公众号可打开高级接口权限
   D. 公众平台微信认证没有实质作用
5. 下面不属于订阅号的特征的是( )。
   A. 主要以推送资讯和消息为主
   B. 功能类似于报纸、杂志
   C. 适合于个人、媒体、企业、政府或其他组织
   D. 每月可推送4条消息

二、判断题

1. 微信营销的一个主要缺点是使用过程中用户的隐私性与账号安全性缺乏保证。
   （   ）
2. 微信营销是随着互联网的产生与发展而逐渐形成的新的营销方式。（   ）
3. 微信公众号的认证不需要缴纳认证费用。（   ）
4. 微信活动尽量设计得使用户容易参与，活动规则尽量简明易懂。（   ）

三、简答题

1. 微信营销的优、缺点各是什么？
2. 活动型微信文案的结构分成哪几个部分？
3. 微信与粉丝互动的方法有哪些？

项目七 社群营销

项目简介

社群是指利用移动互联网和社交工具,拥有相同兴趣或价值观的人突破时间、空间限制,聚合而成的、能实时互动的群体。社群伴随着移动互联网的产生而出现,其本质是连接人与信息、人与人、人与商品。社群通过让成员对其产生信任来降低广告成本、搜索成本和交换成本。通过本项目的学习,我们将了解社群与社群营销的概念,理解社群营销的必要性,掌握创建社群的方法和技巧,并学习策划线上、线下的社群活动,提高社群的活跃度。

项目目标

- 了解社群及社群营销,知道社群营销的必要条件。
- 掌握社群命名和社群规则制定的方法。
- 理解社群活动的重要性。
- 知道社群常用的线上、线下活动方式。
- 能策划有创意的线上、线下社群活动。
- 树立遵规守纪意识,培养积极向上、乐观健康的营销思维。

任务一 认知社群营销

任务介绍

在生活中,我们常常看到一些品牌店铺、连锁店铺、个人店铺等商家通过在收银处摆放社群二维码展示牌,邀请顾客加群,使其享受优惠。这些社群的成员规模、工作人员的能力、客户的忠诚度、社群活动等会影响其转化及运营成效。在本次任务中,我们将通过案例了解社群营销,知道社群营销的必要条件,能够进行简单的社群定位分析，掌握创建社群的方法和技巧，为开展社群营销和策划社群活动奠定基础。

活动一　社群营销案例解析

活动描述

李成响团队在公司运营部实习一段时间后，了解到该公司客户来源比较分散，客户维护成本较高。谢经理希望李成响能够集中客户资源，创建一个公司客户社群。李成响打算制作一些带有社群二维码的抽奖活动卡片，将其放入每个包裹中，从而吸引客户主动加入社群，开展社群营销。谢经理肯定了他的想法，并给李成响团队分享比较成功的社群营销案例。

活动实施

第一步：解析社群营销成功案例，了解社群营销的概念及特点。

案例7-1

"罗辑思维"的社群营销

随着移动互联网逐步发展成熟，利用自媒体平台进行营销的个人和企业数量与日俱增，"罗辑思维"是社群营销的典型代表之一。

"罗辑思维"是一家互联网时代知识的运营商和服务商，主要在微信公众号平台、知识类脱口秀视频节目《罗辑思维》和"得到"APP上进行内容营销，如图7-1所示。

图7-1　"得到"APP

"罗辑思维"的主打产品是脱口秀。2012年底，罗振宇主讲的知识类脱口秀节目《罗辑思维》开播。目前，"罗辑思维"脱口秀节目已有两百多集，在优酷、喜马拉雅等平台播放超过10亿次，在互联网经济、创业创新、社会历史等领域制造了大量现象级话题。

"罗辑思维"拥有影响力后，在微信公众平台创建了一个庞大的知识型社群，向用户推送有价值的内容，设置会员互动专区，充分利用资源制作图书、微刊等延伸产品，实现资源最大化利用。2014年，"罗辑思维"创下了在90分钟内售出8000套单价499元的图书礼包的销量。

案例分析：社群最核心的部分是一个拥有共同兴趣和爱好的集体。"罗辑思维"将目标用户准确定位为85后中的读书白领，这类人拥有共同的价值观，有知识、有追求，愿意为知识买单。同时，"罗辑思维"通过在社群内外发起深度互动，发掘每一名成员对知识的渴望和追求。成员在社群内部进行内容互动的同时，还能向外部进行扩散和输出。社群用户通过分级共同塑造"罗辑思维"品牌，并将品牌影响力持续传播出去。

知识链接

1. 社群营销的定义

社群营销是随着移动互联网的发展而出现的营销模式，是指基于某个群体相同或相似的兴趣爱好，通过某种载体聚集人气，用产品或服务满足群体需求的商业营销模式。

社群营销的载体不局限于微信，各种平台都可以进行社群营销。如抖音、论坛、微博、QQ群，甚至线下的社区。

2. 社群营销的特点

（1）弱中心化。社群是一种扁平化的网状结构群体。在社群中，人们可以一对多、多对多地互动，即并不是只有一个组织人或一个有话语权的人输出内容，而是每个人都能输出，这使得传播主体由单一走向多重、由集中走向分散。这是弱中心化的体现。

（2）互动性强。社群营销提倡社群成员之间进行沟通交流。群内如果有几个忠实的老客户，他们的话可以为产品进行第二次传播，从而提升产品在社群成员之间的口碑。对于第一次购买产品的社群成员，或者进了社群但还没有产生交易的社群成员，将会产生良性的影响。商家与社群成员之间的直接沟通，也能促进销售。

（3）情感营销。与其他营销模式不同，社群营销更看重情感联系。在营销过程中，商家需要与社群成员建立情感上的联系，通过与其沟通交流，逐渐成为朋友。商家若想让用户下单，需要用心服务用户、用心维护好新、老用户。

（4）自行运转。在社群营销中，商家持续做好基本的运营工作，就会取得好的效果。商家在服务社群成员的整个过程中，潜移默化地为产品建立良好的口碑，社群成员不知不觉被商家的产品和服务打动，因而产生新的订单。这也是社群营销的一大特点——自行运转。

知识加油站

寻找社群成员的方法：

（1）从熟人开始。经同意后，邀请身边的朋友、亲人或同事入群，并向他们询问产品的需求痛点，通常可以得到真实反馈。

（2）寻找意见领袖。意见领袖，即在某个小众领域内有独特的见解，对该领域内的产品或服务有所比较和体验，具有一定的影响力的人物。一旦被意见领袖推荐，产品的口碑可以得到快速传播。

（3）吸引陌生用户。对于陌生用户，需要有针对性地策划活动，才能吸引他们入群。例如，线下推销，在街边扫码加群，赠送礼品，为用户提供免费拍照、免费试吃、免费试用等活动。

第二步：在案例分析的基础上，通过学习知道社群营销的必要条件。

案例 7-2

"罗辑思维"最大的优势就是构建了一个优质的微信社群。"罗辑思维"是如何构建社群的呢？主要有三步：

一、选人

"罗辑思维"的用户主要是85后中爱读书的这群人，他们有共同的价值观、爱好，热爱知识类产品。加入会员要交会员费，会员费分为200元和1200元两个档次，这能确保会员真正付出行动。

二、培养习惯

培养共同的习惯，企业可以进一步固化会员的"自己人"效应。比如在前期运营"罗辑思维"时，罗振宇坚持每天早上6点20发送语音消息，提醒成员读书，以培养用户阅读习惯。

三、加强线上、线下互动

通过与不同商家合作，"罗辑思维"会为会员提供电影票、书籍、零食等礼物。收到礼物的会员，经常在社交媒体上分享照片、感悟，以此形成与社

想一想

请同学们想想在日常生活中，遇到或看到过哪些加群方法？并与其他同学分享。

议一议

1. 企业开展社群营销的前提是什么？
2. 一个运营得比较成功的社群对企业有什么商业价值？社群又能给社群成员带来什么价值？

随堂记

群的互动。"罗辑思维"设置了一个"会来事"版块，所有会员都可以对版块内的问题或项目进行讨论，以便借助社群的力量找到最佳的解决方案。除了线上互动之外，"罗辑思维"还积极组织与推动会员的线下互动，比如组织"爱与抱抱""霸王餐"等游戏，如图7-2所示。这些线下活动更容易激发会员的交流欲望，提高互动的频率和有效性，从而带给会员更强的融入感。

图7-2 "罗辑思维"的"霸王餐"游戏

结合以上三个方法，"罗辑思维"将社群核心会员紧密结合。如开展社群圈子内外的征婚、组织社群旅游等营销活动，多种多样的沟通交流活动提高了用户对社群价值的认同感和黏性。

除此之外，"罗辑思维"还催生了社群经济。"罗辑思维"积极创建可以变现的商业模式——以图书为突破口的流量变现。这种商业模式以图书为突破点进行内容营销，实现了高效的流量变现。2015年，"罗辑思维"图书销售额超过了1亿元，其独家发售的《丈量世界》10天内售出3万册，全球首发凯文·凯利的《必然》一书，发售当月销量达13万册。

知识链接 ▶▶▶

建立社群并不难，但想让社群成功运营，则必须具备以下几个必要条件：

（1）进行社群定位。建立社群之前必须先进行社群定位，明确社群想要吸引哪一类的人群。当社群有了精准定位之后，才能推出契合用户兴趣的活动和内容，不断强化社群的兴趣标签，让社群用户产生共鸣。

为了更好地进行社群定位，运营者在建群之前首先要明确建群目的。每个社群可能有不同的价值，但其目的大多类似，如销售产品、提供服务、拓展人脉、打造品牌、提升产品影响力等。确定了建群目的，运营者可以更方便地进行社群定位。

微课8 社群营销

（2）吸引精准用户。企业要想进行精准营销，必须拥有精准用户。企业进行营销推广需要对用户进行细致分析，从而确定精准用户，开展有针对性的营销。了解用户与社群定位相辅相成，了解用户可以更方便地对社群进行定位，而准确的社群定位更有利于吸引精准用户。

（3）维护用户活跃度。社群成员进行在线沟通大多通过微信、微博、QQ等社交软件，也可以通过微信公众号、自建APP或网站。社群活跃度是衡量社群价值的一个重要指标，直接影响社群的最终发展。现在大多数成功运营的社群，已经从共享线上信息资源、为社群成员提供优惠福利，到组织社群成员线下的聚会和活动，其目的都是增加社群的凝聚力，提高用户活跃度。

（4）打造社群口碑。口碑是社群最好的宣传工具。社群口碑与品牌口碑类似，都必须依靠好产品、好内容、好服务来支撑，并经过不断积累和沉淀，才能逐渐形成。社群要打造良好的口碑影响力，必须先从基础做起，抓好社群服务，为成员提供价值，逐渐形成口碑，带动会员自发传播并扩大社群，逐渐建立以社群为基础的圈子。这样，社群才能真正扩大和发展。

> **议一议**
>
> 请大家开展讨论，议一议"罗辑思维"的社群营销符合哪几个条件？并说明理由。

知识加油站

社群可以满足社群成员的商品需求和精神需求，其商业价值有很大潜力。我们可以将社群分为以下四个类型：

1. 产品型社群

在商业社会里，产品始终是第一位的。优秀的产品能直接带来数量可观的用户、粉丝群体。基于这个群体，企业往往还可以开展更多业务，实现利润的增加。例如，小米在搭建社群之前，把用户定位于"发烧友"的圈子，如图7-3所示。小米通过论坛、微博等寻找目标人群，将目标人群聚集在一起形成社群，并向忠实用户预售工程机。用户向客服反映使用工程机过程中的问题，工程师根据用户反馈进行调整。使用工程机的忠实用户会通过微信、微博、论坛等晒单，达到预先宣传的效果。

图7-3 小米"为发烧而生"

2. 兴趣型社群

兴趣型社群是基于成员兴趣而创建的社群。兴趣相似的人通过网络进行互动交流，成为彼此兴趣相投的伙伴，实现人与人之间的自由聚合。兴趣型社群种类繁多，各有优势，如科技创业类社群"36氪"、美食类社群"大众点评"、时尚消费类社群"美丽说"等。无论哪种兴趣型社群，都蕴含着巨大的商业价值，值得企业和商家挖掘。

3. 品牌型社群

品牌型社群是一种新的品牌营销模式，强调品牌与成员之间的联系。品牌型社群是产品型社群的一种延伸，其成员以品牌为纽带，围绕品牌形成组织。品牌型社群有其独特的作用和价值，其成员可以通过参与品牌社群来分享知识、获取情感和物质等方面的资源，甚至通过多种方式来构建和表达自我，如参与品牌社群活动、展示自己喜爱的品牌、发布与品牌相关的广告。品牌型社群成员对品牌有特殊感情和认知，他们认为某种品牌的价值观符合自己的人生观和价值观，从而产生心理上的共鸣。

4. 知识型社群

从狭义上讲，知识型社群是指成员通过互动机制共同创造知识、分享知识的社群。知识型社群是兴趣型社群的一种延伸，强调社群成员积极分享自己的知识经验和成果。社群成员相互交流和学习，并从中得到肯定和尊重。由于知识型社群成员在社群活动中可以自发地交换意见和观念，因此其成员经常会出现思想上的激烈碰撞。

试一试

请同学们结合以上相关知识，从以下角度分析一个你加入的社群，并填入表7-1。

表7-1 社群分析表

序 号	分 析 角 度	分 析 结 果
1	社群的名称	
2	加入的原因	
3	加入的方式	
4	社群成员的共同要素	
5	社群提供的价值输出	
6	社群存在的不足	

议一议

"罗辑思维"创建的是一个什么类型的社群？它建群的目的是什么？它靠什么方法提高社群凝聚力？

活动二　创建社群

活动描述

李成响团队通过活动一，了解了社群营销的概念和特点，知道了社群营销的必要条件。团队明确建群目的后，确定社群类型为产品服务型，并对用户进行了细致分析，他们决定用扫码抽奖的形式吸引目标用户加入微信群。得到谢经理认可后，团队开始着手创建社群，并计划制定社群规则。

活动实施

第一步：设置社群名称。

设置社群名称是创建社群的首要任务。社群名称是用户对社群的第一印象，也是用户了解社群的首要途径。社群运营者可以通过社群名称进行社群品牌传播和宣传，吸引有相同爱好和价值观的用户，使其成为社群新成员。

知识加油站

社群名称是社群最重要的标签，是用户对品牌的第一印象，所以运营者要特别重视社群名称。一个好的社群名称应当有较高辨识度，并且带有一定的价值定位，最好有可以参考的意见领袖。

设置社群名称的方法主要有以下两种：

1. 以社群的核心构建点来命名

社群的核心构建点是社群形成的主要因素，也是某个社群相对于其他社群的核心竞争力。如以社群灵魂人物来命名的社群——罗辑思维的"罗友会"；以产品来命名的社群——小米手机的"米粉群"等。这种命名方法不利于新用户识别，只适合于已经拥有大量粉丝的社群。

2. 以目标用户的需求来命名

根据目标用户的需求，在社群名称中加入能够吸引用户的关键词，方便用户识别，如"穷游沙龙""乐亲子""爱跑团"等。

以上两种命名方法各有优缺点，运营者可以结合这两种方法来命名，这样既方便用户辨认，又能够突出核心竞争力，如"阿门教你PS"等。

需要注意的是，设置社群名称应遵循定位精准、适宜传播、简单明了的原则，切忌出现生僻词汇和含义过于宽泛的词汇，或频繁改名。

第二步：制定社群规则。

要想保证社群的长期发展，就要制定与社群定位相符的规则以约束社群成员的行为，并在实际运行中对规则进行验证与完善。

试一试

李成响团队实习所在的企业是一家专业的网络营销服务提供商，主营业务包括网络品牌推广、网络平台建设、网络系统培训及数据营销等。请同学们帮李成响团队构思一个有价值的社群名称。

知识链接

1. 社群规则的类型及制定方法

社群规则一般分为引入规则、日常规则、激励规则和淘汰规则4种。

（1）引入规则。一个社群要想快速发展，就必须吸引新成员加入社群。为保证社群的顺利发展，社群在引入成员时必须设立一定的门槛，淘汰不符合规则的人员，避免运营后期出现大量不活跃成员。一般来说，引入规则主要有5种方式：

1）邀请式，是指群主或管理员邀请他人加入社群。

2）活动式，是指成员参加某种活动才能加入社群。如加入一些规模较大的社群可能要填写报名表、注册会员、转发集赞等。

3）付费式，是指成员支付一定的费用后才能加入社群。社群可根据其定位与资源来进行收费。一般来说，收费越高的社群，质量也越好。

4）审核式，是指成员加群时需要回答问题，审核通过后方可入群。

5）推荐式，是指成员通过群内成员的推荐方可入群。

（2）日常规则。日常规则是指社群对成员日常行为制定的一系列规范，一般展示在群公告中。日常规则一般包括入群规则、交流与分享规则和其他规则。

1）入群规则。入群规则能增加仪式感，让社群成员感受到社群组织的正式性与专业性。入群规则一般包括3点：社群成员命名格式、群欢迎语、成员自我介绍。社群成员命名格式能让新人建立归属感。一个好的群欢迎语能让新人感到热情与亲切，更容易打动人心。成员自我介绍相当于一个简化的破冰仪式，可以帮助新人快速降低陌生感，迅速建立社交关系。

2）交流与分享规则。交流与分享规则可以保证社群成员进行良好的沟通和交流，促进信息的传播，加强社群成员的互动，提高社群活跃度，促进社群发展。其中，交流规则必须包含交流时间、交流格式、交流礼仪、交流疑问解决、交流争议解决、交流处罚、投诉渠道7个方面。分享规则有3种模式，分别为管理分享型、大咖分享型、社群成员分享型。

3）其他规则。其他规则是指社群针对日常运营中可能存在的其他问题制定的行为规则，如针对通过社群添加个人好友、社群意见反馈等行为制定的规则。

（3）激励规则。设置恰当的激励规则，可以提高社群成员的活跃度、参与度，增加社群的凝聚力。社群激励规则一般包含考核规则和奖励规则。

1）考核规则指对社群成员可结合日常表现采用积分制进行定期考核。

2）奖励规则指对考核成绩优秀的社群成员进行奖励，其形式可以是现金奖励、购物优惠等。

（4）淘汰规则。随着社群的发展，为保证社群的质量，运营者应对社群成员进行选择，将活跃度不高、不利于社群发展的成员淘汰，留下对社群有贡献、积极参与社群活动的成员。社群淘汰规则有人员定额制、犯规剔除制、积分淘汰制3种方法。

1）人员定额制是指将社群成员人数限制在固定人数内。当人数达到定额时，剔除一些参与度、活跃度都比较低的成员，保证社群始终处于活跃状态。

想一想

1. 请同学们回想一下，在加入某些社群时，你是通过何种方式获得的入群资格？

2. 入群以后，群内都有哪些社群规则？

随堂记

2）犯规剔除制是指将违反社群规则的成员淘汰掉，如剔除发布煽动性言论、引战言论、垃圾广告的成员。为保证社群的正常秩序，可根据犯规次数及程度设置不同处罚。

3）积分淘汰制是指对社群成员的行为给予积分奖励或惩罚，设置积分标准线，定期统计成员积分，将积分不足的成员剔除，重新引入新成员。

2. 社群规则的制定要点

（1）根据社群的特点制定相应的基础规则。社群应从自身定位出发，制定符合社群特点的规则。例如，偏娱乐性质的社群，成员们讨论的话题只要有趣、能够调动社区活跃度即可，社群规则的设置可以相对宽松；而学习性质的社群，社群规则的设置就要相对严格，包括入群的门槛、话题的思想导向、话题内容的价值等都要符合规则，以此保证社群的高质量和活跃度。

群内禁止乱发广告、乱拉人入群是社群最基本的群规则，但也可适当进行灵活变通，例如对一些通过群主审核、对社群成员有价值的广告，也可适当推送。

（2）根据社群的运营机制来制定特别规则。社群制定特别规则是达成社群目的的必要手段。特别规则的制定与社群的定位有着直接关系。例如，某个英语学习社群，社群成员是为了练习英语口语而聚集在一起，可以制定社群成员每周需在群内打卡学习英语五天以上的特别规则，如果某成员一个月内有两次未打卡，就会被淘汰出群。

知识加油站

所谓"无规矩，不成方圆"，如果一个组织缺乏规则的约束，那么其秩序就会变得混乱。社群也是如此，没有规则的社群，群内广告泛滥、骗子猖獗，长此以往，势必会恶性循环，最终走向灭亡。因此，在建立社群时，就要制定社群规则，如图7-4所示。合理的社群规则有利于社群内容的生产，有利于社群保持活跃度，同时其也是社群健康、有序发展的基础，是维护社群稳定、繁荣的有效机制。

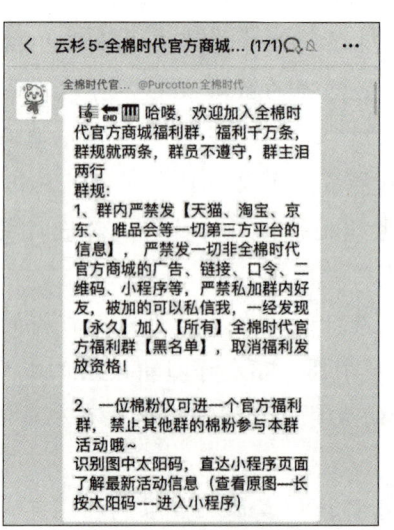

图7-4 社群规则示例

试一试

请同学们结合入群的经验和群规则，根据李成响团队实习企业的业务类型和经营特点，帮助李成响团队制定社群的日常规则。

任务评价

认知社群营销的任务评价见表7-2。

表7-2　认知社群营销任务评价表

序号	评价项目	自我评价			
		能准确阐述（优）	能阐述（良）	能大概阐述（合格）	不能阐述（不合格）
1	社群营销的概念及特点				
2	社群营销的必要条件				
3	社群的命名方法				
4	社群规则的类型				
5	社群规则的制定方法				

教师评价：

任务二　社群活动策划

任务介绍

社群建好以后，其要想健康、持续地发展下去，需要进行适当的运营。运营者只有策划并开展一系列的社群活动，才能保持社群的活力和生命力，增强社群成员的活跃度和凝聚力，培养社群成员的黏性和忠诚度，使成员有意识地宣传社群，从而扩大社群规模，增强社群影响力。在本次任务中，我们将通过策划线上、线下活动来维持社群的活跃度。

活动一　策划社群线上活动

活动描述

在上次的任务中，李成响团队对社群营销有了初步了解，并用微信创建了企业的第一个社群。但是创建社群后，团队对社群的运营仍然处于迷茫状态，于是他们向谢经理请教如何策划社群活动。谢经理引导李成响团队从社群分享、社群打卡、社群福利三个方面策划并开展活动。

活动实施

第一步：策划开展社群分享或社群讨论活动。

社群分享可以让社群成员输出知识、心得等有价值的内容。社群成员围绕某一有价值的话题进行讨论，可以输出高质量的内容。社群价值对于社群成员来说十分重要，其实现途径就是社群成员之间高效的沟通和互动，这也是提高社群活跃度的有效方式。

> **想一想**
>
> 请同学们想一想，如果让你组织一次社群分享活动，你会如何选择分享话题？

随堂记

知识加油站

为保证社群分享活动的顺利开展，运营者应在活动前做好相关策划。社群分享活动流程如下：

（1）确定分享模式。分享模式有文字分享、语音分享、视频分享、文件分享等。

（2）确定分享内容。成员在分享前要确定分享的话题和素材。特别是没有分享经验的新人，更应该确定分享内容，以保证社群分享活动的质量。

（3）活动通知。确定分享时间后，运营者应在活动前3～7天通过群公告、@全体成员的方式，对分享活动进行多次通知，确保更多成员了解并参与分享活动。对于一些重要的分享活动，除了在群内多次通知，运营者还可以把群聊名称改为"今晚20点，××老师分享××"等醒目的标题，并在活动开始前几分钟，通过发红包等方式活跃社群，确保信息传达到位。运营者也可以将活动提醒推送给个人，防止出现遗漏。

（4）暖场。分享活动正式开始前，主持人应当对分享内容、分享嘉宾等进行介绍，为分享活动暖场，营造合适氛围，引导成员提前做好准备。群管理员可以在分享前发一些小额红包，轻松引入话题，这也是做广告的关键时机，因为这段时间能够聚焦社群成员们的注意力。

（5）维护群内秩序。在社群分享活动开始前，往往会有许多新人加入，他们在不清楚社群规则的情况下，可能会不合时宜地随意插话，影响嘉宾分享。所以在每次分享活动前都要提示规则。例如，QQ群有"禁言"功能，可在分享前设置临时"全员禁言"，如图7-5所示，避免规则提示或分享被忽略。在分享过程中，管理员也应注意是否有社群成员干扰分享过程，如有，要及时制止，以维护分享秩序。

（6）场内互动。分享者或主持人需要提前设置互动点，并积极进行引导，也可以提前安排一些社群成员活跃气氛，避免冷场。

（7）总结宣传。分享活动结束后，运营者应鼓励社群成员对分享活动发表想法或意见，引导社群成员宣传分享活动。运营者也应该总结分享内容，在各种社交媒体平台进行宣传，打造社群口碑，扩大社群的整体影响力。

（8）赠送福利。在分享活动结束后，运营者应对用心参与、总结出彩的社群成员赠送福利或礼品，以吸引社群成员积极参与下一次的分享活动，形成良好的循环效应。

图7-5 QQ群"全员禁言"功能

第二步：设计社群打卡活动。

社群打卡是社群成员为了养成某种良好的行为习惯而采取的一种行为。运营者通过在群内发布打卡任务来保持群活跃度，同时激励社群成员不断取得进步。

知识链接

社群打卡活动的作用

（1）让社群成员形成习惯。社群打卡有助于社群成员养成良好的行为习惯，摆脱养成良好习惯时的慵懒与无人督促的状态。

（2）掌握活跃社群成员的数据。打卡对于运营者来说是很好的社群成员反馈，运营者通过社群成员的具体表现，能够了解社群的整体运营情况。

（3）帮助筛选用户。打卡机制可以帮助运营者筛选精准社群成员。普通社群成员通常难以坚持完成打卡任务，只有忠实社群成员才会每天打卡，这部分社群成员有很高的内驱力和较高的变现概率。

（4）形成一种竞争氛围。打卡机制与奖励机制相结合，能有效地打造竞争性的社群氛围，促使社群成员参与打卡。

知识加油站

运营者可以通过微信小程序或者辅助打卡软件来督促社群成员打卡。在此以微信小程序"小打卡"为例。（温馨提示：由于企业平台时常更新，请以平台实时信息为准。下同）

试一试

请同学们以小组为单位，帮李成响团队策划一次社群分享活动，并撰写简要的策划方案。

随堂记

想一想

请同学们想一想，你参加的社群是否有打卡活动？如有，是哪种类型的打卡？使用的打卡工具是什么？请与同学们分享。

1）在微信中搜索微信小程序"小打卡"，打开小程序首页，如图7-6所示。

2）编辑社群的打卡任务，包括任务标题、任务内容、打卡提交形式等，如图7-7所示。

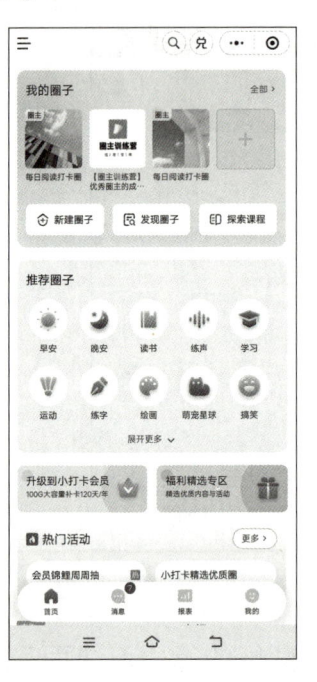

图7-6　微信小程序"小打卡" 　　图7-7　编辑打卡任务

3）进行任务设置，包括所属圈子、所属课程计划、任务类型、打卡起始日期、打卡次数等，如图7-8所示。

4）创建成功后，将打卡程序发布到社群内，提醒成员查看，如图7-9所示。

图7-8　任务设置 　　图7-9　创建成功

试一试

请同学们以小组为单位，帮李成响团队设计社群打卡活动，包括选择打卡工具、编辑任务标题和任务内容、设置打卡提交形式和进行任务设置等，并撰写简要的策划方案。

第三步：分发社群福利。

分发社群福利是提高社群活跃度的一种有效方式，既可以回馈老用户，又可以宣传社群，进而吸引老用户邀请新用户入群。

知识加油站

社群福利主要分为以下几种：

（1）红包福利。在社群中，成员经常看到群主或者管理员发红包。要想发红包有效果，管理员就必须清楚发红包的目的。常见的发红包目的有：活跃气氛、欢迎新人、激活社群成员、发布重要信息或广告。发红包的方法也包括许多种，主要有红包接龙、专项红包、抢红包、按人数平均分红包。

（2）实物福利。获得免费的实物礼品，无疑是每个社群成员都渴望的。运营者应结合公司的品牌，提供新品免费试用或者抽奖赠送的机会，这样既可以推广新品，又可以提高社群活跃度。

（3）知识福利。随着知识付费的普及，许多人都渴望得到有价值的信息、知识和技能，也愿意付费学习。面对这种类型的用户，运营者应开展打卡活动、邀请新人进群活动、用心分享等活动激发社群成员参与，并免费赠送相关的付费订阅知识产品或会员权限，以满足社群成员的需要。

（4）荣誉福利。运营者在群内设置一些独特、有辨识度、生动有趣的荣誉头衔，也是激发群活跃度的方法。将荣誉作为福利发放给社群成员，对社群发展有促进作用。

（5）虚拟福利。运营者构建完整的社群体系后，应当设置虚拟积分，鼓励成员通过完成任务获取积分奖励。

活动二 策划社群线下活动

活动描述

李成响团队通过一边学习一边摸索，策划了几次社群线上活动，取得了不错的效果。谢经理告诉他们，虽然线上交流便于开展，但是线下交流更利于强化社群成员间的感情联系，增强社群的凝聚力和黏性。在新媒体时代，线上、线下活动结合才是顺应潮流的运营方式。于是李成响团队决定策划社群线下活动，以促使社群成员进行更深层次的交流，建立多维联系，使彼此间的关系更牢固。

议一议

大家见过的社群福利有哪些？这些福利是如何发放的？有哪些发放规则？这些福利能吸引你吗？

试一试

请同学们以小组为单位，帮李成响团队设计社群福利和发放规则，并撰写简要的策划方案。

活动实施

第一步：策划社群线下活动。

社群应当让成员之间产生真实的连接，这个连接除了通过线上活动来完成，还要有线下的互动。线下活动有很多形式，社群可以根据自身属性组织不同的线下活动，还要注意保持线下活动的持续性，培养社群成员的黏性。

知识加油站

策划社群线下活动的基本流程：

（1）确定活动方案。社群在组织线下活动之前，需要确定活动大纲。活动大纲主要包括活动目的、活动主题、活动时间、活动地点、活动对象、活动描述、活动流程、活动预算等内容。活动方案要尽量考虑周到、详细具体。

（2）制作活动流程时间表。活动方案通过后，进入筹备阶段。社群需要召集参加活动的工作人员，举行一个准备会议。社群应当确定活动时间节点，分配好各项工作并确定负责人，责任人根据时间节点紧密跟踪活动的进展情况。

（3）制作活动执行推进表。活动执行推进表可以对团队每个成员具体的工作内容、工作时间段进行总结梳理。在推进表中清楚地罗列出活动场地、嘉宾名单、宣传海报制作、宣传推广渠道、物料准备情况等，有利于活动有条不紊地进行。

（4）制作现场活动流程表。在线下活动开展的前两天，社群应动员所有工作人员参加活动准备会议，明确活动环节，下发执行方案，分解活动现场任务，确保所有环节均有相关工作人员负责，如表7-3所示。大型的线下活动流程复杂，涉及面广，需要细致地准备。

表7-3 某公司的短视频培训活动流程表

活动时间	活动内容
13:00—13:30	活动签到
13:30—13:35	主持人开场
13:35—13:40	介绍嘉宾
13:40—13:45	培训项目介绍
13:45—14:00	短视频的机遇与前景
14:00—15:00	短视频案例演示及基本制作思路
15:00—16:00	短视频的拍摄方法与要点
16:00—16:40	短视频现场实拍与指导
16:40—17:00	互动交流

试一试

请同学们以小组为单位，帮李成响团队策划一次社群线下活动，并撰写简要的活动策划方案。

第二步：邀请线下活动嘉宾。

线下社群活动通常会邀请嘉宾助场，以活跃现场气氛。在选择嘉宾时，应选择声誉良好、有影响力的嘉宾，并且嘉宾所从事的行业与活动主题应当相关或相契合。

> **知识加油站**
>
> **1．活动嘉宾来源**
>
> （1）社群成员。根据活动主题，邀请社群里愿意公开表达、分享，且在某领域有成功经验的成员担任活动嘉宾。很多线下活动经常邀请社群负责人作为首批嘉宾，以增加跟成员间的熟悉度。
>
> （2）领域专家。社群负责人应经常参加一些线下活动，了解其他线下活动嘉宾都有哪些专家，并与其建立联系，方便直接邀请的，可以电话、微信沟通；不方便直接邀请的，可通过朋友介绍，或在他们公众号、知乎、微博上留言。
>
> （3）合作伙伴。社群业务合作伙伴中若有符合活动主题的，可以邀请成为活动嘉宾。这样不仅可以解决嘉宾来源问题，还可以交换一些活动资源。
>
> **2．邀请嘉宾注意事项**
>
> （1）确定好活动时间、地点以后才能邀请嘉宾，以便嘉宾确定相应的日程安排。
>
> （2）根据活动目的，创建活动主题，寻找与活动主题相符合的嘉宾。
>
> （3）分析参与者的参加目的。通过对目的进行细分，活动组织者可以更好地了解参与者的兴趣点，从而精确选择活动嘉宾。活动组织者最好在活动开始前两周调研参与者参加活动的目的。

第三步：实施现场活动。

实施现场活动是指把活动流程表中的项目逐一落实，主要环节是提前布置活动现场、现场活动签到、执行活动流程、维持现场秩序、处理突发事件。现场工作人员要随时关注活动现场的氛围以及是否有突发事件。除此之外，也可以邀请摄影师对活动当天现场情况进行直播，或摄像、拍照记录，宣传人员需要快速、准确地将活动现场的图文和视频信息推送到各大媒体平台，并积极在线上进行互动。

第四步：活动复盘与总结。

活动复盘是指对活动的整个过程，包括准备阶段、策划阶段以及执行阶段复盘，并逐步分析。分析主要参考如下角度：回顾策划初期的活动目标是什么；对照设定的目标，查看是否达标；详细分析活动成功或者失败的原因；总结经验，把好的方法梳理出来，积累经验，对不够完善的地方，吸取教训，并加以改正。活动复盘表见表7-4。

在举办活动时，有时会出现意想不到的问题。举办方只有通过一次次的活动进行锻炼，总结活动成功的经验或失败的教训，不断沉淀和积累，活动中存在的问题才会越来越少，用户体验感才会越来越好。

表7-4 活动复盘表

活动背景		时间	
地点		参与者	
活动概况描述			
1. 回顾目标	活动策划目标		
	最终完成目标		
2. 评估结果	优点		
	不足		
3. 分析原因	成功关键因素		
	失败根本原因		
4. 总结经验	经验复用		
	下一步行动计划		

任务评价

社群活动策划任务评价见表7-5。

表7-5 社群活动策划任务评价表

序号	评价项目	自我评价			
		能准确阐述（优）	能阐述（良）	能大概阐述（合格）	不能阐述（不合格）
1	社群分享活动的流程				
2	社群打卡活动的作用				
3	社群福利的类型				
4	策划社群线下活动的基本流程				

教师评价：

试一试

请各小组为班级策划一次线下活动，撰写简要的策划方案，并利用班会开展活动。活动结束后，对活动进行全面复盘，并完成活动复盘表。

项目总结

- 本项目主要内容包括认知社群营销和社群活动策划这两个学习任务。
- 认知社群营销主要通过社群营销案例入门，让同学们感受社群营销，了解社群营销的必要性，并能够对社群进行简单的定位分析，能设置与定位相符的社群名称和社群规则。
- 社群活动策划主要帮助同学们认识社群活动的重要性，了解社群的线上活动和线下活动是如何策划及开展的，理解有效地开展社群活动，才能提高社群的活跃度，使社群能持续性地运营下去。

项目练习

一、不定项选择题

1. 社群成员通常的相似之处有（　　）。
   A. 兴趣　　　　　　　　　　B. 价值观
   C. 性别　　　　　　　　　　D. 收入

2. 社群营销的特点有（　　）。
   A. 弱中心化　　　　　　　　B. 互动性强
   C. 情感营销　　　　　　　　D. 自行运转

3. 社群营销必须具备的条件有（　　）。
   A. 社群定位　　　　　　　　B. 吸引精准用户
   C. 维护用户活跃度　　　　　D. 打造社群口碑

4. 社群可以分为（　　）。
   A. 产品型社群　　　　　　　B. 兴趣型社群
   C. 品牌型社群　　　　　　　D. 知识型社群

5. 社群可以为社群成员提供的价值有（　　）。
   A. 提供交流某种兴趣爱好的机会
   B. 聚集某个圈子的精英，影响更多人
   C. 认同某一类价值观的人，共同探讨
   D. 让更多人更好地了解某个产品

6. 社群规则一般可分为（　　）。
   A. 引入规则　　　　　　　　B. 日常规则
   C. 激励规则　　　　　　　　D. 淘汰规则

7. 打卡活动的作用有（　　）。
   A. 让社群成员形成习惯　　　　B. 掌握活跃社群成员的数据
   C. 帮助筛选社群成员　　　　　D. 形成一种竞争氛围

二、判断题

1. 建群之前首先要明确建群的目的，才能更好地进行社群定位。（　）
2. 社群规则可以随意制定，只要好玩就行。（　）
3. 社群线下活动比线上活动更加兴师动众，因此要少做线下活动。（　）
4. 社群发放的虚拟积分用处不大，没有必要作为社群福利。（　）
5. 社群线下活动流程复杂，因此有必要制作活动流程表。（　）
6. 活动分享模式有文字分享、语音分享、视频分享、文件分享等。（　）
7. 社群打卡是社群中的成员为了养成某个习惯所采取的某种行为。（　）

三、简答题

1. 简述社群营销的定义。
2. 简述社群分享活动的流程。
3. 简述社群福利的类型。
4. 简述策划社群线下活动的步骤。

项目八

短视频营销

项目简介

2017年是"短视频元年",其后几年,短视频发展更加迅猛。截至2022年12月,我国视频用户规模达10.12亿,用户使用率高达94.8%。短视频以其场景化、创意性的视听感受满足用户的视听感官,增强了营销内容的真实性与震撼力。本项目通过对短视频营销案例进行解析,帮助大家了解短视频营销的概念及优势;认识短视频发布平台及特点;根据目标受众的需求选择合适的短视频发布平台;知道短视频制作流程;初步规划选题和内容并撰写脚本;根据平台特点和规则正确投放并推广短视频;掌握短视频的用户运营方法。

项目目标

- 了解短视频营销概念及优势。
- 认识短视频发布平台及特点。
- 理解目标受众与短视频发布平台的关联。
- 了解短视频的制作流程,掌握短视频选题的方法。
- 了解短视频的内容类型,掌握短视频内容策划方法。
- 掌握短视频发布与推广技巧。
- 掌握短视频的用户运营方法。
- 坚持社会主义核心价值观,自觉遵守国家法律法规和行业规范,树立可持续营销意识。
- 坚定文化自信,传播优秀商业文化与中国传统文化。

任务一

认知短视频营销

任务介绍

在地铁上通勤时、马路旁等车时、忙碌间隙、睡觉之前,随手刷一刷轻松有趣的短视频,已经成为许多人的生活日常。短视频与直播、电商、教育、旅游等行业叠加,逐步渗透至网民的生活全场景，成为全民的生活应用。抖音、快手、微信视频号等短视频发布平台，同学们一定不陌生，但是大家知道什么是短视频营销吗？它有哪些特点和优势？在本次任务中，我们将带着大家了解短视频营销的概念及特点，认识短视频发布平台及其营销功能，通过案例理解目标受众与短视频发布平台的关联，简要分析短视频营销目标受众的特点及需求，选择合适的短视频营销平台。

活动一　短视频营销案例解析

活动描述

李成响团队所在的学校有一个校企合作项目——玉雕工作室。在企业大师的指导下，教师、学生创作了大量优秀作品，但是由于该工作室位于校内，校外人员对其知之甚少。为了传承非物质文化遗产、宣传学校的宝玉石专业、扩大招生规模，工作室委托学校电子商务专业学生帮其拍摄短视频并进行营销推广。工作室负责人将此任务交给了李成响团队。谢经理很支持这个项目，带着李成响团队接下了这个任务。大家上网搜索了一些短视频营销的成功案例，边学边干，劲头十足。

活动实施

通过案例和知识的学习，了解短视频营销的概念及优势。

案例 8-1

创维电视创意短视频撬动社媒互动

2017年至2021年，中国短视频营销行业营收规模由60亿元增长至2580亿元，短视频营销行业营收规模大幅增长。由于短视频营销行业的蓬勃发展，各企业均尝试采用短视频营销方式，如国产品牌创维。

2021年元旦及春节期间，国产品牌创维电视通过一系列整合营销传播动作，向大众释放充满暖意的人文关怀，以新科技、新产品、新玩法、新伙伴重启"年味儿"。短视频作为创维电视此次旺季营销的核心创意形式之一，不仅仅是此次旺季主推产品卖点场景化、具象化的视觉表达，更是释放社交互动能量的创意窗口。

2020年12月底，创维电视陆续于微视（腾讯微视）分阶段发布了一系列30

秒的短视频，如图8-1所示，分别对此次旺季营销5大主推产品的6大核心卖点进行场景化演绎。创维电视通过游戏合家欢、沉浸式观影、视频云社交、客厅AI健身等一系列创维大屏科技赋能下的温馨节庆场景，成功以"新年大有可玩"的创意包装，传递以大屏科技重建家庭情感连接的品牌主张。

图8-1　创维电视微视系列短视频

除了官方创意短视频，创维电视还与各领域KOL（关键意见领袖）合作，其共创的短视频内容在各个主推产品传播阶段掀起了数波互动高潮。其中，风靡抖音、微博的特效玩咖@疯狂特效师，使用创维原彩8K电视Q71创作的短视频，使电视内容活灵活现"脱屏"而出，通过六路视频通话功能使麻将牌友"穿屏而过"，解决"三缺一"痛点。这些创意表达夸张而又具象化地表现了创维8K电视极尽真实的超高清晰度。同时，创维电视以此创意视频为引爆点，联动抖音和微博粉丝与其进行特效视频互动，触发UGC（用户生成内容）。官方和KOL短视频内容双管齐下，推动此次项目主话题"新年大有可玩"阅读量达到7324.9万，讨论量达到8.7万。

案例分析：创维电视结合消费者的需求痛点，推出令人感同身受的营销卖点，选择恰当的短视频营销形式，在向大众释放充满暖意的人文关怀的同时，将产品植入创意短视频中，更加直接、立体地满足用户交流、分享的需求，让产品及品牌获得极大的宣传推广效果。可以肯定，当人们渐渐厌倦了主流社交媒体单调的文字、图片时，视频信息在未来会成为主流，社交媒体也会从一次次静态的连接向一片动态、真实的场景过渡。

议一议

请大家先打开微视，观看创维电视系列短视频，然后议一议创维电视为什么会选择进行短视频营销？在短视频营销中他们有哪些值得借鉴的营销技巧？

微课9　短视频营销

试一试

请同学们对短视频营销的概念进行分析，并将其中的关键词写在下面的横线上。

关键词：＿＿＿

＿＿＿＿＿＿＿＿

＿＿＿＿＿＿＿＿

＿＿＿＿＿＿＿＿

随堂记

知识链接 ▶▶▶

1. 短视频的概念

短视频又叫短片、小视频，是指相对于长视频而言的，长度在5分钟以内的视频。短视频是一种基于PC端和移动端传播，并可以在社交平台进行实时共享的视频内容形式。

2. 短视频营销的概念

短视频营销是指企业在短视频平台上发布有关产品和服务的宣传视频，通过有趣、创新的内容和形式，吸引目标用户了解企业的产品和服务，从而达到挖掘潜在用户、提高品牌知名度、促成最终交易的商业目的。随着网络技术的提高、移动互联网的普及和短视频应用的兴起，短视频营销逐渐成为企业主要营销手段之一。

知识链接 ▶▶▶

短视频营销的优势如下：

1. 形式多样，短小精悍

短视频营销可以采用不同的表达形式，例如教程、小品、情景剧等，让消费者感受到多种营销创意，以吸引更多的关注。短视频的时长通常只有几十秒到两分钟，容易吸引消费者的注意力并快速传达信息。短视频可以使企业更好地展示自己的产品和服务，并让消费者迅速了解企业的特点和优势。

2. 互动性强，反馈及时

所有的短视频都可以进行单向、双向甚至多向的互动交流。对于企业而言，能够及时获得用户的反馈信息，从而更有针对性地对自身进行改进。对于用户而言，能够直接表达自己的意见和建议。

3. 易于分享和传播

短视频容易被用户分享和转发，且传播成本及维护成本都比较低。短视频一旦被用户转发，就会扩大宣传范围，可以让更多潜在用户了解企业产品和服务。

4. 推广形式多样

短视频可以与其他营销方式相结合，例如微信公众号、微博等，形成全渠道的营销推广。短视频还可与各电商平台结合，通过附带的链接直接实现盈利。

5. 营销目标精准

短视频营销与其他营销方式相比，其指向性更强。企业基于短视频发布平台的数据进行分析，可以准确找到目标受众，从而达到精准营销的目的。

6. 营销效果直观

短视频营销的传播和营销效果都可以通过数据来体现。企业根据浏览量、转发数、评论数、互动效果及转化率等方面的数据，可以直观地看到营销效果，还可以为下一次的短视频营销提供决策依据。

找一找

请同学们对案例8-1进行认真阅读，找出体现短视频营销优势的具体内容，并填写表8-1。

表8-1　体现短视频营销优势的具体内容

短视频营销优势	案例具体内容
形式多样，短小精悍	
互动性强，反馈及时	
易于分享和传播	
推广形式多样	
营销目标精准	
营销效果直观	

议一议

请同学们议一议，玉雕工作室是否适合采用短视频形式进行营销和推广？并请说明理由。

活动二　选择短视频发布平台

活动描述

李成响团队学习了短视频营销的概念及优势后，了解到随着智能手机、平板等移动设备的普及，短视频发布平台开始成为越来越多企业的营销阵地。于是他们开始思考，目前市场上各种短视频发布平台层出不穷，它们有什么不同呢？企业该怎么选择呢？谢经理带领大家重点了解行业主流的短视频发布平台，探究其营销功能、用户特点的异同，为选择平台做准备。

活动实施

第一步：上网搜索国内知名的短视频发布平台，了解2023年短视频发布平台排名，完成表8-2的填写。

表8-2　短视频发布平台排名表

排名	品牌榜		口碑投票榜		人气品牌榜		分享榜	
	品牌	品牌指数	品牌	票数占比	品牌	人气指数	品牌	分享指数
1								
2								
3								
4								
5								
6								

随堂记

知识链接

根据承载内容的不同性质,目前短视频发布平台可分为独立短视频平台和综合类短视频平台两种类型。

1. 独立短视频平台

独立短视频平台大多是在移动互联网时代出现的,并且多以移动端APP的形式呈现。短视频为其核心业务,其衍生功能则是围绕短视频展开的,典型代表如抖音、快手、微视等。在独立短视频平台中,平台往往会通过寻找一些有发展潜力的UGC(普通用户独立创作的内容)或者PGC(专业机构生产的内容)创作者,然后由平台进行扶持和引导,将其打造成具有坚实粉丝基础的明星账号,以此成为平台吸引用户的宣传要点。

2. 综合类短视频平台

综合类短视频平台指本身定位不是短视频发布平台,但在平台内部嵌入短视频内容、功能和服务的一类平台。借助短视频的特性,综合类短视频平台能够更好地实现自身的核心功能。例如,新闻资讯平台、社交平台以及传统视频平台,通过嵌入短视频等服务功能,为目标用户提供更优质的使用体验,增强用户黏性。这类平台往往不会刻意打造明星账号。新浪微博属于综合类短视频平台。

知识加油站

从内容生产者角度进行划分,短视频的内容主要分为普通用户独立创作的内容、专业用户制作的内容和专业机构生产的内容三种类型。

(1)普通用户独立创作的内容,主要指由普通用户自主创作并上传的内容。它可以提升用户活跃度和黏性,其内容主要以娱乐或日常生活为主,类型比较单一,内容质量无法得到保证。

(2)专业用户制作的内容,主要指由某一领域具有专业知识的"关键意见领袖"(KOL),或者具有一定粉丝基础的网络红人所创作的内容。它多是由专业用户自主编排设计的,由于专业用户有人气基础,因此其商业价值较高。

(3)专业机构生产的内容,主要指由垂直领域的专家、传统媒体从业者、自媒体团队和专业的娱乐影视团队制作的内容。专业机构的水平保证了短视频的质量,其以优质内容来提高品牌效应,所以吸引了越来越多的流量。

短视频内容生产方式的特征见表8-3。

表8-3 短视频内容生产方式特征

内容生产方式	简称	内容专业度	制作难度/成本	商业价值	社交属性	媒体属性
普通用户独立创作的内容	UGC	低	低	低	高	低
专业用户制作的内容	PUGC	较低	低	较高	高	较高
专业机构生产的内容	PGC	高	高	高	低	高

> **小提示**
>
> 2017年5月，《互联网新闻信息服务管理规定》出台，要求从事互联网新闻信息服务的短视频发布平台首先需要获得互联网信息服务许可，才能继续从事"短视频+新闻资讯"的业务。
>
> 2018年3月，国家广播电视总局发布了《关于进一步规范网络视听节目传播秩序的通知》，要求加强对网络视听节目的管理。
>
> 2019年1月，中国网络视听节目服务协会发布了《网络短视频平台管理规范》和《网络短视频内容审核标准细则》，要求短视频平台加强监管审核，提供健康优质的内容，并提供了100个具体的操作审核标准。
>
> 除了出台相关规范，政府部门还通过对相关违规短视频发布平台实施行政处罚、约谈整改，甚至强制下架等措施，加强对短视频行业的监管。

第二步：登录排名前三位的短视频发布平台进行浏览，深入了解这些平台的模块及功能，结合网络搜索，完成表8-4的填写（在平台模块及功能对应的单元格中打"√"）。

表8-4　短视频发布平台模块及功能调查表

平台名称	入口	首页模块	录制功能	编辑功能	关注	分享	评论	私信	附近推荐	数据统计	直播端口

> **知识链接** ▶▶▶
>
> 短视频发布平台一般具备如下功能：
>
> **1. 发布**
>
> 视频发布途径可分为发布本地视频和发布拍摄视频两种。发布视频时可以给视频添加文字、贴纸，也可以设置滤镜、特效、音乐，或对视频进行简单的剪辑和编辑。
>
> **2. 分类**
>
> 由于短视频APP中的内容是由用户自己生产的，因此短视频的类型也是多种多样的，平台需要对这些内容进行分类管理，让用户可以快速找到自己感兴趣的内容。
>
> **3. 互动**
>
> 每一位内容生产者都希望自己发布的视频能够得到回应。短视频发布平台的互动功能可以让观看者进行点赞、评论、转发，不仅观看者能够表达观点

和提出建议，内容生产者也能知道用户需求，从而创作出更有质量的短视频，增加用户黏性。

4．推广

短视频只有得到最大限度的推广，才能提高曝光度。因此，短视频APP都提供了分享功能，让用户可以将短视频分享到尽可能多的平台上，从而获得更多的用户。

5．直播

短视频发布平台的直播功能能够丰富和弥补内容呈现形式的不足，改善用户的观看体验，让用户直观地获取产品或服务信息；还能跟用户进行实时、有趣的互动，促进彼此之间的了解，满足用户的更多需求。

6．推荐

短视频发布平台通过精准的数据算法，为用户推荐与其兴趣相匹配的短视频，以满足用户对短视频的需求。对于一些热门的内容，短视频发布平台会主动推荐给用户，让用户不错过每个热点内容。

第三步：登录喜欢的短视频发布平台并进行内容浏览，在知识学习的基础上，结合网络搜索，了解各平台的用户属性及平台特点，完成表8-5的填写。

表8-5 短视频发布平台用户属性及平台特点

平台名称	Slogan（口号）	用户属性	平台特点	日活用户	内容生产方式	变现渠道

知识加油站

不同的短视频发布平台有着不同的属性和用户特点。面对如此众多的短视频平台，企业该如何选择呢？要想选择合适的短视频发布平台，就要增加对它们的了解。常见的短视频发布平台属性及特点见表8-6。

表8-6 常见的短视频发布平台属性及特点

平台	目标用户群	需求痛点	内容类型	主流文化	变现渠道
抖音	年轻、时尚、注重颜值的女性居多，主要是一、二线城市的中产用户	消费者：娱乐放松、解惑求知 生产者：展示自我、传递观念	泛娱乐：演绎、生活、美食、游戏、亲子、旅行等 泛知识：情感、文化、影视、美妆干货等	多元化，流行、时尚文化	电商变现 粉丝变现 用户付费 广告变现 其他变现

（续）

平台	目标用户群	需求痛点	内容类型	主流文化	变现渠道
快手	崇尚"老铁文化"，主要是三、四线城市热爱记录和分享真实生活的群体	消费者：娱乐放松、交流咨询 生产者：普通人获取社会关注、赚钱	泛生活：零食、美妆、服饰、农副产品、钓鱼、健身等 PUGC与抖音有一定重合度	内容更加本土化，更多地呈现出中国特色	电商变现 粉丝变现 用户付费 广告变现 其他变现
微信视频号	拥有庞大的微信用户基础 以大学生群体、职场新人、小白领群体为主	消费者：寻找同类人关注的内容 生产者：普通人展示兴趣内容，立人设；PGC展示个人技能、态度	资讯、娱乐、知识等	内容丰富、社交属性强	

试一试

请同学们帮助李成响团队完成玉雕工作室的目标受众分析，推测用户需求，在此基础上帮其选择合适的短视频发布平台，并填写表8-7，为后面短视频的发布和推广做好准备。

表8-7 玉雕工作室目标受众及用户需求分析

分析项	具体内容	短视频平台
性别、年龄		
地域		
兴趣爱好		
教育水平		
职业及经济收入		
喜欢浏览的网站		
喜欢浏览的内容		
需求		
痛点		

任务评价

认知短视频营销的任务评价见表8-8。

表8-8 认知短视频营销任务评价表

序 号	评 价 项 目	自 我 评 价			
		能准确阐述（优）	能阐述（良）	能大概阐述（合格）	不能阐述（不合格）
1	短视频营销的概念及优势				
2	短视频发布平台类型				
3	短视频内容生产者类型				
4	短视频发布平台一般功能				

教师评价：

任务二 短视频内容策划及发布

任务介绍

短视频营销的主要目的是促进短视频的有效传播，加强对品牌、产品和服务的宣传及与用户的沟通，加强短视频营销的效果。一个能够得到广泛传播的短视频，不仅需要优质的内容、恰当的宣传、合适的发布平台，还需要进行推广和用户运营。在本次任务中，我们将通过深入学习和探究，了解短视频的制作流程，知道并掌握短视频选题和内容规划的方法，掌握短视频的发布和推广技巧，以及短视频的用户运营方法。

活动一 确定短视频选题

活动描述

在上次任务中，李成响团队知道了短视频营销的概念及优势，认识了短视频发布平台类型及特点，明确了目标受众与平台的关联。那么该如何创作短视频呢？谢经理告诉大家，短视频创作首先要做好选题规划，找对方向，因为确定选题是短视频获取流量的关键一步。接下来，李成响团队在谢经理指导下，开始学习短视频选题的相关知识。

活动实施

第一步:通过学习,知道短视频营销的策略,了解短视频的制作流程,理解短视频选题的重要性。

知识链接

1. 短视频选题的概念

短视频选题就是短视频的主题或方向。前期规划好选题的框架和内容,不仅可以保障短视频有源源不断的输出,提升用户的黏性,而且更容易打造出精品内容和爆款短视频,吸引更多的精准用户。

2. 短视频营销的策略

(1)确定目标受众。企业应该根据自身的经营特点和目标用户,确定短视频的受众群体和宣传重点。例如,针对不同的用户群体,制作不同风格的短视频,以吸引更多的潜在用户。

(2)制作优质的短视频。要想做好短视频营销,创作者一定要进行选题策划,找对方向,在内容上做好定位。只有这样,才能创作出精品内容,吸引精准用户的关注,进而提升用户的黏性。短视频的选题和内容应该足够新颖,拍摄的视觉效果要美观,既要让消费者产生共鸣,又要让消费者感受到企业的特点和优势。

(3)发布短视频并定期更新。发布短视频后,企业应该关注评论和点赞率,并根据反馈调整宣传策略。此外,定期更新短视频也是提升用户体验的关键。

(4)整合跨平台推广。企业应该将短视频与其他平台相结合,例如微信公众号、抖音小店等,形成全渠道的营销推广,以提高短视频的曝光率和营销效果。此外,还可以利用社交媒体平台分享短视频,吸引更多用户体验企业的产品和服务。

(5)追踪营销效果。企业应该实时跟踪和分析短视频发布后的数据,了解短视频营销的效果和改进方向,不断优化和完善短视频营销策略。

3. 短视频的制作流程

与专业视频相比,制作短视频的复杂性和技术性相对较低。但是为了保证视频的质量和价值,短视频也需要遵守一定的制作流程。短视频的制作流程如图8-2所示。

确定选题 → 构思内容 → 撰写脚本 → 选择角色 → 拍摄视频 → 剪辑制作 → 压缩上传

图8-2 短视频制作流程

议一议

请同学们结合所学知识,在理解的基础上说说短视频营销中选题的重要性。

第二步：登录抖音短视频发布平台，搜索以下几个账号（见表8-9），对其账号信息及短视频内容进行浏览，分析他们的选题方向并进行连线。（温馨提示：如案例账号注销，教师可替换案例）

表8-9　选题方向分析表

账号名	车厘子真好吃	老师好我叫何同学	汉咖
账号信息			
选题方向	科普	地域文化	分享生活

> 📖 **知识链接** ▶▶▶
>
> **1. 短视频的选题来源**
>
> （1）用户需求。随着短视频行业竞争愈发激烈，用户对短视频的要求也越来越高。因此，短视频的创作一定要注重用户体验，以用户为中心，切不可脱离用户的需求。
>
> （2）热点资讯。短视频创作者要提升新闻敏感度，善于捕捉并及时跟进热点。只有这样，制作的短视频才可以在短时间内获得大量的曝光，快速增加播放量，吸引用户的关注。
>
> （3）竞争对手优秀作品。在进行短视频选题时，内容创作者可以对竞争对手的账号进行分析，将其优秀作品作为参考，利用这种方式归纳短视频选题。
>
> （4）行业专业知识。短视频创作者可以结合自身具备的行业专业知识，制作并分享教学类型的短视频，将知识分享作为选题方向。
>
> （5）粉丝反馈。因为短视频的内容要以用户需求为导向，所以视频创作者要时时关注用户的评论等反馈信息。只有从用户反馈中挖掘的好选题，才能吸引用户。
>
> （6）平台热搜。各短视频分享平台会提供部分热搜选题，短视频创作者可以结合平台提供的热搜选题，确定自己的选题方向。

2. 短视频的选题技巧

选题是短视频创作的第一步，它直接决定着短视频内容最终的关注度和播放效果，所以创作者需慎重选题，并掌握一定的选题技巧。

（1）从用户思维出发。从用户思维出发即考虑短视频是给谁看的，也就是划定短视频的用户群体。这是选题首先考虑的一点，也是最重要的一点，后续的内容创作和运营都离不开这一点。

（2）益趣。益趣是指选题要有趣、有益、有价值，向用户输出"干货"，让用户感到开心和有所收获，从而激发用户收藏、点赞、评论和转发，促进短视频的裂变和传播。常见的选题方向有知识、生活技能、揭秘等。

（3）蹭热点。想要运营好短视频，必不可少的一个技巧就是蹭热点。蹭热点可以说是短视频在短时间内获得流量、快速抓住用户注意力的效率最高的方式。创作者应当将目标转向用户正在关注的热点事件，学会辨别热点的及时性，还要关注热点的传播范围，以及热点是否与账号内容相关。

（4）正确的价值观。在短视频选题过程中，创作者应该承担一定的社会责任，保持敬畏之心，传播社会主义核心价值观。从短视频发布平台的统计数据可以看出，一个没有正确价值观的节目是不会获得用户长期关注的。

知识加油站

除了以上介绍的短视频的选题来源，还有两种方式为创作者选题提供了参考。

（1）短视频发布平台分类，抖音平台短视频分类与bilibili平台短视频分类如图8-3和图8-4所示。

图8-3 抖音平台短视频分类

图8-4 bilibili平台短视频分类

（2）短视频发布平台账号和视频内容。家居博主"小奶桔nice"的微信视频号账号简介和短视频合集如图8-5所示，其以分享生活日常为选题，吸引了大量热爱生活的年轻粉丝。

a）　　　　　　　　　　　　　　b）

图8-5 微信视频号"小奶桔nice"账号简介和短视频合集

玉雕博主"聚璟轩匠心馆"的抖音账号简介和短视频合集如图8-6所示，其以分享和传播玉雕技艺为选题，通过各短视频发布平台分享玉雕作品，将选料、构思、设计、制作的过程分享给用户，受到众多玉雕爱好者的喜爱。

图8-6 抖音账号"聚璟轩匠心馆"账号简介和短视频合集

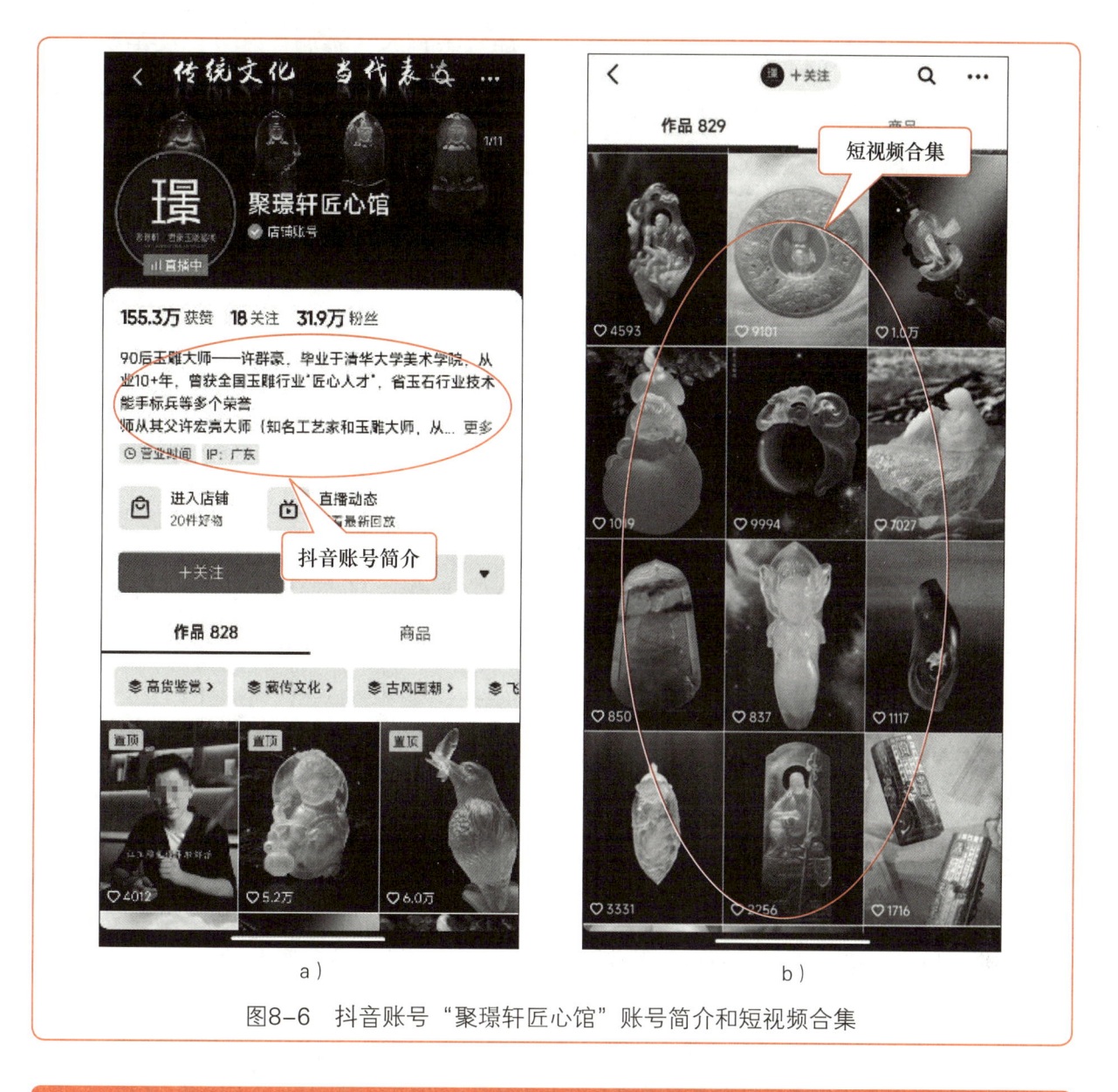

> **试一试**
>
> 请同学们结合所学知识,为玉雕工作室选择1～2个合适的选题方向,并简要说明选题思路。

活动二　规划短视频内容及脚本

活动描述

完成短视频选题后,谢经理告诉大家,在"内容为王"的营销时代,短视频内容的质量是短视频的生存之本。账号运营者必须做好内容规划,才能保障源源不断的短视频输出,提升用户的黏性,而且更容易打造出精品内容和爆款视频,吸引更多精准用户。然而，短视频内容以及用户喜好多种多样，容易众口难调，什么样的内容才能吸引用户呢？李成响团队成员感到一头雾水，于是向谢经理请教。谢经理通过案例引导大家深入学习。

活动实施

第一步： 分别登录3个自己平时比较喜欢的短视频发布平台，了解平台的短视频分类，观看平台发布的短视频并对其内容进行调查分析，然后在表8-10对应的单元格中打"√"。

表8-10 短视频内容调查分析

短视频发布平台	短视频内容								你喜欢的短视频内容
	知识讲解	影视解说	资讯	才艺展示	娱乐搞笑	时尚美妆	游戏	生活	

知识链接 ▶▶▶

随着短视频的持续火爆，用户的品位越来越高级，因此，优质内容是吸引用户的核心因素。通过调查发现，用户的需求主要有获取新闻资讯、提升知识水平、消磨时间、寻求指导、深度阅读等。根据这些需求，短视频内容主要分为以下六种类型：

（1）娱乐类。此类短视频主要目的是为用户带来快乐，所以内容上注重幽默性，但不能显得低俗，低俗的内容是不可能获得长期发展的。

（2）资讯类。现在很多用户都会通过短视频来了解每日资讯。资讯类短视频大多由团队打造，各个成员之间只有互相配合，才能保证让观众获得第一手信息。

（3）生活类。此类短视频主要解决人们在日常生活中遇到的问题，提升其生活品质。用户认为此类短视频很有价值，就会大量点赞和转发。

（4）社交类。此类短视频的一个主要特点是可以与用户形成互动，以此来增加用户的黏性。

（5）知识类。此类短视频涉及范围和覆盖的人群非常广，涵盖了各个年龄段、各个阶层的用户。短视频制作者需要在短时间内，把所传授的知识和技能讲清楚。

（6）电商类。以淘宝、京东为首的电商平台已经开始推出各自的短视频频道了。电商类短视频的一个基本功能是向用户展示商品，在内容安排上更多迎合了消费者的心理。

知识加油站

各大短视频发布平台的内容十分丰富,类型多种多样,每种短视频针对的目标用户群体也各不相同。再加上新媒体时代,短视频的创作门槛较低,人人都可以成为短视频创作者,因此衍生出很多新形式、新形态的短视频类型。短视频没有固定的、一成不变的类型,如图8-7所示的短视频内容分类,对短视频内容策划有一定的借鉴和启发作用。

剧情类	娱乐类	影视类	生活类	新奇类	文化类	商业类
搞笑 段子 恶搞 街坊 故事 ……	舞蹈 歌唱 明星艺人 娱乐八卦 星座 ……	影视解说 影视混剪 综艺 ……	情感 美食 穿搭 化妆 母婴 健康 ……	技术流 手艺 鬼畜 探索 ……	国学 哲学 历史 国风 二次元 ……	人物 故事 解说 技能 ……
资讯类	三农类	科技类	军事类	游戏类	宠物类	体育类
新闻 行业 地域 时事 ……	农村 农民 农业 ……	科技测评 数码 科技实验 黑科技 科普 ……	军事新闻 军事解说 军迷 武器 军事历史 ……	竞技游戏 网络游戏 创意游戏 游戏解说 ……	宠物表演 宠物日常 ……	体育赛事 赛事解说 赛事新闻 ……

图8-7 短视频内容分类

电商类短视频的内容策划方向主要有四个,分别从产品测评切入,如真假测评、实验对比;从供应链条切入,如原料产地、加工工厂(工艺);从知识科普切入,如破除谣言、提供建议;从使用场景切入,如亲身试用、开箱体验等,如图8-8所示。

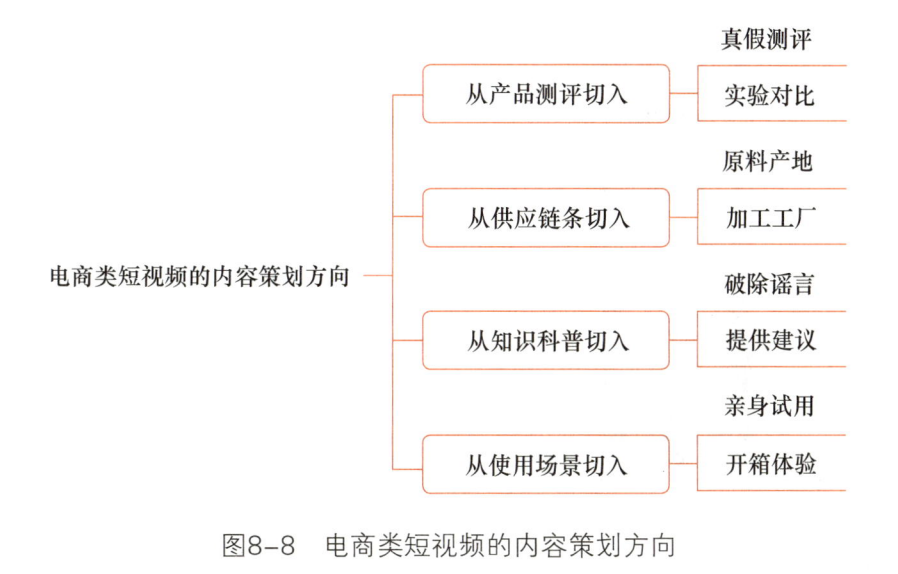

电商类短视频的内容策划方向
- 从产品测评切入 → 真假测评 / 实验对比
- 从供应链条切入 → 原料产地 / 加工工厂
- 从知识科普切入 → 破除谣言 / 提供建议
- 从使用场景切入 → 亲身试用 / 开箱体验

图8-8 电商类短视频的内容策划方向

小提示

在短视频中，有两个比较特殊的领域——财经和健康领域。平台要求这两个领域的创作者只有具备相关资质，才能进行内容创作，比如财经领域创作者应当有证券从业资格证等，健康领域创作者应当有三甲医院以上的医生资质。这些类别的短视频还有一个共性，即它们可以将内容知识化，用知识价值的传递来进行内容的输出和传播，内容即价值，内容即产品。

表8-11 短视频内容分析表

短视频截图	短视频内容类型
佳能R50开箱体验	三农类
如何避免被蚊子叮咬	生活类
夺得世锦赛银牌 大工E视界	商业类
萌宠百科 西藏棕熊	军事类
基准炮	体育类
农业圈火爆的顺口溜	宠物类

随堂记

连一连

请同学们浏览下面的短视频截图，根据画面呈现的内容进行分析，将截图与短视频内容的类型进行连线，完成表8-11。

议一议

请同学们登录主流短视频发布平台进行浏览，并结合所学知识议一议玉雕工作室可以选择哪些类型短视频内容进行规划？并简要说明理由。

第二步：通过学习，知道高质量短视频内容的特点，能够依据这些特点对短视频内容进行规划。

知识链接

短视频要想成为爆款，一鸣惊人，其内容必定是高质量的。现在是"内容为王"的时代，高质量的内容是短视频取胜的决定性因素。高质量的短视频内容一般有三个特点：

1. 内容深度细分

如今的短视频已经从之前的"野蛮生长"走向了"精耕细作"，用户更愿意为专业化、垂直化的内容买单。这就要求短视频的创作者关注产品形态，专注于某一领域的持续深耕，为用户提供深度的信息吸收场景。并且创作者在选定某一短视频领域之后，最好不要频繁地更换领域或选题。垂直领域内的短视频吸引来的用户更为精准，也更方便于短视频内容的后期变现。

2. 坚持内容的原创性

短视频创作者有一个共识，那就是要坚持内容的原创性。非原创的短视频无法体现出创作者自身的创意和个性，很难成为爆款。原创内容要符合三个要求，首先短视频内容要具有个性和辨识度。其次能让用户产生强烈的情感共鸣，趣味性强，使用户愿意分享、转发与评论；同时要让产品内容与热点产生关联，也就是要会"蹭热点"。再次要抓住"黄金前三秒"，即短视频开头的前三秒一定要吸引用户的注意力，将创作者的观点鲜明地表达出来，使其在用户的心中留下深刻印象。

3. 保证内容的价值性

优质内容应当注重满足用户需求，也就是其应当具有价值性。用户只关注对自身有价值的短视频，而不会将时间浪费在毫无价值的短视频上。首先短视频要能为用户提供知识，这些知识应当实用、专业、易懂。其次要能为用户提供娱乐。现在人们的生活和工作压力越来越大，所以人们对心理减压内容的需求非常大，而娱乐性的内容正好能满足用户的这类需求。再次能让用户提升生活质量。人们在生活中会遇到很多问题，如果短视频内容能对这些问题提供合理的解决方案，帮助用户解决难题和痛点，提升其生活品质，就会被用户认为很有价值，从而获得大量点赞和转发。

议一议

以抖音平台为例，请同学们登录平台，搜索与玉雕相关的热度较高的账号，观看该账号的短视频，分析其短视频内容的亮点，完成表8-12的填写。

表8-12 短视频内容亮点分析

抖音账号	选　题	内容类型	内容亮点

试一试

请同学们结合所学知识，帮助李成响团队为玉雕工作室的短视频进行内容规划，并填写表8-13。

表8-13 玉雕工作室短视频内容规划

序　号	选　题	内容类型	内容规划
1			
2			
3			

第三步：通过学习，了解短视频脚本及作用，知道短视频脚本的结构，能够帮助玉雕工作室撰写基本的短视频营销脚本。

知识链接 ▶▶▶

1. 脚本的概念

短视频的时长虽然较短，但优质短视频中的每一个镜头，都应当是经过精心设计的。短视频的拍摄离不开脚本。脚本是短视频的拍摄提纲和要点规划，用于指导短视频的拍摄方向和后期剪辑工作，具有统领全局的作用，可以提高短视频的拍摄效率与拍摄质量。如果没有脚本作为短视频拍摄和剪辑的依据，短视频制作和上线的工作进度将无法保证。脚本一般分为拍摄提纲、分镜头脚本和文学脚本三类。在短视频的创作中，比较常见且实用的是分镜头脚本。

2. 脚本的作用

脚本除了能对短视频内容制作起到指导作用，还能提高整体工作效率、明确拍摄主题和减少沟通成本。

（1）提高整体工作效率。一个完整、详细的脚本能够帮助明确拍摄角度、景别、道具和时长等，让摄像师在拍摄过程中更有目的性和计划性，避免浪费镜头和影响拍摄效果。

（2）明确拍摄主题。由于短视频时长较短，因此每一个镜头都要契合内容的主题，否则就会影响整个短视频的质量。脚本在拍摄过程中可以起到明确主题的作用，保证拍摄的全过程都围绕核心主题进行，为核心主题服务。

（3）减少沟通成本。大多数情况下，一条优质的短视频是由一个团队来完成的。如果没有脚本作为工作依据，那么拍摄团队在拍摄过程中很可能产生意见分歧和发生争论，这需要团队花费更多的时间成本去沟通和协调。如果有脚本作为工作依据，团队中的每个人都明确知道拍摄主题和各个细节，并严格按照脚本开展工作，这样会大大减少沟通成本，让整个拍摄工作更加顺畅。

3. 分镜头脚本的结构

分镜头脚本的结构包括画面内容规划，确定每个镜头的景别、机位、台词、时长和音效等制作内容，具体如表8-14所示。

表8-14 短视频分镜头脚本的结构

镜号	画面内容	景别	机位	运镜	台词	服化道	人物	时长	音效	备注
1	三位面试者坐在同一排，镜头由第一位女生摇到小慧（小慧在第三位）。三个人中，只有小慧低着头	中景	固定机位	摇镜头	无	小慧穿得朴素一点	1号人物、2号人物、小慧	2s	指针走动	无
2	…	…	…	…	…	…	…	…	…	…

> **试一试**
>
> 请同学们在学习完选题和内容规划的基础上，帮助李成响团队为玉雕工作室的短视频撰写基本的脚本。

活动三　发布与推广短视频

活动描述

在谢经理的指导下，李成响团队为玉雕工作室策划并拍摄了一系列的短视频，并将其投放到短视频平台上。大家自信满满，认为短视频一定会受到用户的喜爱，并得到广泛传播。可是一段时间后，大家却发现短视频的播放量和关注数据不尽如人意，于是感到沮丧。谢经理发现这一情况后及时与大家交流，告诉李成响团队"酒香也怕巷子深"，即使短视频内容很好，如果不积极运营及推广，短视频的曝光率也无法得到保障。接下来，谢经理继续指导李成响团队发布与推广短视频。

活动实施

第一步：通过发布短视频，掌握短视频发布的方法和技巧。

登录抖音短视频发布平台，单击首页下方中间的"+"图标，如图8-9所示。在打开的编辑页面中单击"相册"按钮，如图8-10所示。在相册中选择已经制作完成的短视频，添加音乐、贴纸、文字等功能，添加完成后单击"下一步"按钮，如图8-11所示。在打开的页面中可以添加作品描述、关联话题和@朋友，还可以根据需要选择是否附带定位信息，如图8-12所示。完成相关操作后，单击"发布"按钮，即可投放短视频。

图8-9 单击"+"图标　　　　图8-10 单击"相册"按钮

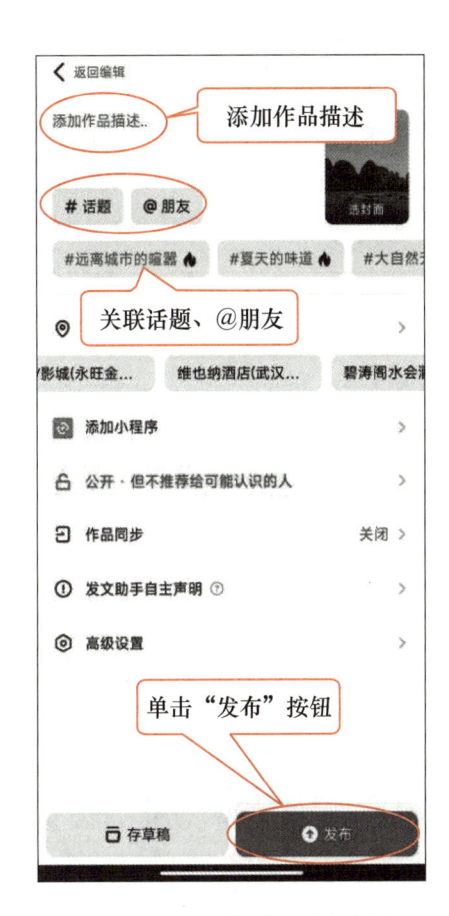

图8-11 选择短视频并添加音乐等功能

图8-12 添加作品描述等

知识加油站

发布短视频是有技巧的，主要涉及发布时间、发布频率、字幕与封面设计以及地址定位功能的选择等技巧。

（1）发布时间。短视频的发布应当固定在一个时间段内，这样有利于培养用户的观看习惯。根据抖音平台用户的使用习惯，短视频的最佳发布时间为11:00—13:00、17:00—19:00。

（2）发布频率。短视频的发布频率最好为一周多次，以加强用户对账号的印象。如果短视频的发布时间间隔过长，在庞大的内容池中，其很容易被用户遗忘。并且短视频采用固定的发布时间间隔，不仅有利于培养用户的观看习惯，也便于内容创作者掌握拍摄节奏。

（3）字幕与封面设计。短视频的封面应当做到美观且风格统一，足够吸引用户注意力，并且字幕不能遮挡画面或被画面遮挡。另外，字幕和封面设计要与账号风格相统一。

（4）地址定位功能的选择。短视频选择不同的发布地址，其基础播放量也不同。这里的基础播放量是指在短视频的发布地址,能够播放短视频的人口基数。如果把短视频发布地址定位在"网红"地标,其基础播放量就会由于人口基数更大,而获得更多流量。同时,将地址定位展现在短视频的文字简介下方,会让用户产生一种身份认同感,并且地址定位功能本身是一种私域流量入口,可用于商业广告的推广。

第二步:运用分享功能,多渠道推广短视频。微信作为目前国内最大的社交平台,拥有非常巨大的用户数量,而微信朋友圈更是人们日常社交的主要阵地,因此微信朋友圈可以作为分享短视频的主要渠道。

(1)登录抖音平台,在短视频播放界面右下角单击"分享"图标,如图8-13所示。

(2)在弹框中选择分享类型,可以直接分享给抖音好友,或复制链接并分享给微信好友,也可转发至个人日常动态等,如图8-14所示。

图8-13 单击"分享"图标　　图8-14 选择分享类型

第三步:增强互动,提升用户黏性。当短视频吸引到用户后,短视频运营人员应当与用户进行实时互动,使其对该短视频账号产生依赖,从而

议一议

请同学们议一议,短视频发布平台有哪些推广渠道?请说出2~3个,并简要说说操作方法。

提高用户黏性。对于大多数用户来说，短视频的评论功能是吸引用户进行浏览和积极互动的重要因素，因此运营人员借助评论功能引流涨粉是正确的做法。

（1）登录抖音平台，单击短视频播放页面右侧的"评论"图标，如图8-15所示。

（2）在弹出的评论区中浏览粉丝的评论，并在评论区下方发表评论，也可以回复粉丝的评论，如图8-16所示。

图8-15　单击"评论"图标　　　图8-16　发表、回复评论

任务评价

短视频内容策划及发布的任务评价见表8-15。

随堂记

议一议

请同学们议一议，还有哪些方法可以增强与短视频用户的互动？请说出1~2个，并简要说说操作方法。

试一试

请同学们帮助李成响团队为玉雕工作室策划并撰写一份简要的短视频发布与推广的营销方案。（提示：可以从发布时间、发布频率、封面设计、地址定位、推广渠道、互动方式等方面进行策划）

表8-15 短视频内容策划及发布任务评价表

序 号	评 价 项 目	自 我 评 价			
		能准确阐述（优）	能阐述（良）	能大概阐述（合格）	不能阐述（不合格）
1	短视频的选题来源				
2	短视频的内容类型				
3	高质量短视频内容的特点				
4	短视频脚本的作用				
5	短视频的发布技巧				
6	短视频推广与互动方法				

教师评价：

项目总结

- 本项目主要内容包括认知短视频营销、短视频内容策划及发布两个学习任务。
- 认知短视频营销主要通过案例分析，让同学们对短视频及其特点形成基本认知，了解短视频营销的概念及优势，认识主流短视频发布平台的特点及功能，理解目标受众与平台的关联，能够选择合适的短视频发布平台。
- 短视频内容策划与发布帮助同学们了解短视频的制作流程，掌握短视频的选题方法，了解短视频的内容类型及短视频脚本的基本结构，能够撰写基本的短视频脚本，发布并推广短视频，能够与粉丝互动。

项目练习

一、不定项选择题

1. 以下对短视频营销概念的理解正确的有（　　）。

    A. 短视频营销是指企业在短视频发布平台上，通过发布短视频及相关活动而开展的品牌营销活动

    B. 短视频营销是指个人在短视频发布平台上，通过发布短视频及相关活动而开展的产品销售活动

    C. 短视频营销是指企业在短视频发布平台上，通过发布短视频及相关活动而开展的企业公关活动

    D. 短视频营销是指企业在短视频发布平台上，通过互联网开展的网络营销活动

2. 常见的短视频发布平台有（　　）。
   A. 抖音　　　　B. bilibili　　　　C. 微信视频号　　　D. 快手
3. 下面属于短视频营销优势的有（　　）。
   A. 内容丰富　　B. 成本较低　　　　C. 目标精准　　　　D. 营销效果可视化
4. 下面不属于短视频营销前期准备工作的有（　　）。
   A. 了解品牌　　B. 确定选题　　　　C. 策划内容　　　　D. 发布视频

二、判断题

1. 短视频由于受各平台限制，不利于个人账号的发展。（　　）
2. 短视频营销的主要受众是年轻人，即90后、00后。（　　）
3. 短视频营销是网络营销手段之一。（　　）
4. 企业账号因为有品牌效应，所以一定比个人账号的营销效果好。（　　）
5. 短视频营销可以选择在多个平台同步进行。（　　）
6. 短视频营销由于传播路径较短，因此传播范围较小，其营销效果比传统网络营销差。（　　）
7. 由于短视频大多在短视频发布平台上发布，因此营销效果较差。（　　）

三、简答题

1. 请简述短视频营销的概念。
2. 请简述短视频发布平台的一般功能。
3. 请简要说出短视频的营销策略。
4. 请简要说出短视频的选题技巧。
5. 请简要说出短视频的发布技巧。

项目九 直播营销

项目简介

如今网络信息的形式十分丰富。与图文相比，直播具有更加直观的现场表现力。因此，直播这种新兴的营销形式逐渐被各大企业所采用。本项目中，我们将从同学们熟知的直播营销案例着手，了解直播营销概念、特点及优势；认识常见的直播营销模式，进一步加深对直播平台及功能的了解；通过案例和相关知识的学习，知道直播营销的基本流程和直播活动流程，学习撰写基本的直播活动脚本，掌握在直播中与粉丝互动的方法。

项目目标

- 了解直播营销概念、特点及优势，认知直播营销四要素。
- 知道常见的直播营销模式，了解直播营销平台及其功能。
- 理解目标受众与直播平台的关联，选择合适的直播平台。
- 知道直播营销的基本流程和直播活动流程。
- 能够进行简单的直播产品内容规划。
- 能够撰写基本的直播活动脚本。
- 掌握与粉丝互动的方法。
- 在活动中坚持社会主义核心价值观，培养积极向上、乐观健康的营销思维。
- 树立遵规守纪意识，不做违背法律法规的事情，传播正能量。
- 培养严谨的工作态度和较强的时间观念。

任务一 认知直播营销

任务介绍

说到抖音直播、淘宝直播、拼多多直播、京东直播，同学们一定不陌生。与图文、视频相比，直播具有更加直观的现场表现力，可以与用户进行实时互动。直播就是直播营销吗？答案是否定的。那么，什么是直播营销呢？直播营销有哪些常见的模式？如何选择合适的直播营销平台？在本次任务中，我们将带着大家走进直播营销，学习直播营销的基础知识，明确直播营销的概念及优势，形成对直播营销的基本认知。

活动一　直播营销案例解析

活动描述

李成响团队所在学校的电商专业，开展了一个振兴乡村的校企合作项目——直播助农，为湖北恩施鹤峰农产品代言。学校将此任务交与李成响团队运营。谢经理得知此事后，认为振兴乡村意义重大，表示赞同和支持，并指导李成响团队上网学习直播营销案例，通过登录直播平台，观摩达人的直播带货，提高对直播营销的认知。

活动实施

通过案例解析，了解直播营销的概念、特点和优势，认识直播营销四要素，知道直播营销的常用模式。

案例 9-1

90后返乡助农，获联合国新闻点赞

一年卖出莲藕2万多斤，菱角30多万斤——这是来自湖北洪湖的90后在过去一年通过抖音电商@洪湖赵美丽实现的销售业绩。近日，联合国新闻对赵美丽返乡助农的故事进行了报道（如图9-1所示），对她用直播带货为莲藕产业打开一条数字化转型之路点赞。

图9-1　联合国新闻报道赵美丽返乡助农的故事

30岁那年，赵美丽做了一个大胆的决定——辞去城市工作，回农村老家发

展。赵美丽的老家在湖北省荆州市洪湖市，那里是著名的鱼米之乡，产出的莲藕和菱角品质上乘。然而，这么好的农产品在以前却没能卖出好价格。这是因为它们被大规模批发给前来收购的商人，分散的农户很难有议价空间。

如何让家乡的优质农产品被更多人看到呢？赵美丽想到了直播带货。当时，抖音电商直播带货已在全国很多地方迅速兴起，但在洪湖农村还没有先例。说干就干，赵美丽把拍摄地点设在河塘，她穿上防水连体衣，跳进泥潭中开始直播。赵美丽希望通过镜头，让粉丝们亲眼看到莲藕是如何从淤泥里被挖出，菱角是如何被采摘的。赵美丽抖音直播画面如图9-2所示。

a)　　　　　　　　　　　b)

图9-2　赵美丽抖音直播画面

然而，直播效果不尽如人意。"在直播刚开始的半年里，一点希望都看不到。"赵美丽说道。甚至有一次直播持续了半天，只有几十个人观看。转机发生在一个雨天。那天赵美丽在荷塘里直播，天上突然下起了大雨，赵美丽像小时候那样擎着荷叶遮雨，对着镜头夸赞雨后的莲子格外好吃。没想到，这个直播"爆"了，点赞量达上万。网友们感慨，他们很久没有看到这种肆意的，无忧无虑的笑容了。

直播成功为赵美丽带来的不仅仅是流量。不少人留言表示，他们想买当地的农产品。当时正值菱角收获的季节，赵美丽顺势在直播间推出优质菱角，一次就卖出了200多单。这让赵美丽重新树立起在抖音直播带货的信心。赵美丽直播间评论与赵美丽在直播间分别如图9-3、图9-4所示。

图9-3　赵美丽直播间评论　　　　图9-4　赵美丽在直播间

次年的菱角季，赵美丽延续了一直以来的"体验式直播"。她坐在盆船中，掰开刚捞上船的菱角，对着镜头展示壳里白生生的菱角肉。那段时间，一场直播的在线观看人数有时会超过1万人，菱角也卖出了上万单。同时，得益于直播带来的销量，莲藕的价格比之前提高了一倍，老乡们看到了这种改变。

在赵美丽的带领下，越来越多的年轻人纷纷回乡创业。带货达人的增多产生了连带效应。在各种农产品上市的季节，达人们涌进农户家，即使挖光藕塘，莲藕也供不应求，单价也由原本的2元一斤涨到2.5元一斤，合计到一亩地里，农户可以多赚几千块。

如今，电商直播正在洪湖起飞，当地从事电商行业的已经有五、六十人。正是这些"同行者"，让赵美丽感受到了动力和希望。

案例分析：随着传统电商流量红利的逐步消失，以直播为表现形式的内容营销全面爆发，电商与直播实现了完美整合。对于企业和个人来说，直播可以带动线上销售，也可以为实体店引流。赵美丽通过在泥塘里直播，带网友体验沉浸式挖藕、采菱角，推销家乡的农产品。让直播成为"新农事"，是一些主流直播平台助力乡村振兴的一个突破点。直播平台通过打造"乡村网红"，不断创新直播形式和内容，为乡村振兴注入了新动力。

议一议

赵美丽的雨中直播为什么会"燃爆"？这种直播形式的亮点是什么？

知识链接

1. 直播营销的概念

广义的直播营销，是指企业以直播平台为载体开展营销活动，以品牌形象提升或产品销量增长为目的的一种网络营销形式。它是营销形式的重要创新。随着互联网技术的高速发展，尤其是移动互联网网速的飙升和智能手机的普及，新的直播形式的出现让电商商家看到了新的希望，并将直播视为新的带货利器。现阶段谈到的"直播营销""移动直播营销"，默认指基于网络或互联网的直播营销。

2. 直播带货的含义

直播带货是指商家利用在线直播平台或其他直播工具，通过主播引导以及设置优惠条件，最终促成消费者下单的销售方式。它是直播营销的变现方式之一。

3. 直播营销的四要素

（1）场景。场景是指营造直播的气氛，让观众身临其境。

（2）人物。人物是指直播的主角，主角可以是主播，也可以是直播嘉宾，他们要展示产品并与观众互动。

（3）产品。产品应当与直播中的道具或互动内容有关，以软植入的方式达到营销目的。

（4）创意。创意指商家优化直播效果，吸引观众观看，如明星访谈、互动提问等形式，就比简单的表演直播更加吸引观众。

4. 直播营销的特点

传统电商最大的痛点是消费者对产品体验的缺失，这是影响消费者做出最终决策的重要因素。近年随着消费升级，消费者更加注重产品的品质和真实的购物体验。而直播营销解决了传统电商的这一痛点，让消费者可以直观且全面地了解产品及服务信息。

（1）即时互动性强。直播营销最显著的优势在于能够即时收集用户反馈，从而获得有效的营销成果。网络直播突破了传统营销方式时间上的局限性，它可以将品牌、产品信息在第一时间传递给观众。通过网络观看直播的观众可以与主播，或与其他观众通过弹幕或评论即时互动。观众可以及时向主播提出疑问，主播也可以及时解答观众的问题。

（2）参与门槛低。相较于传统电视直播，网络直播胜在设备简单、操作简易，如智能手机、平板、计算机都可以作为直播设备。普通用户只需通过网络直播平台的审核，便能开通自己的直播间，这大大降低了直播门槛。

2020年2月11日，淘宝直播宣布：所有线下商家都能零门槛、免费开播，甚至没有入驻淘宝的商家也能在淘宝直播带货。这仿佛打开了一道大门，门外的人纷纷涌了进来。当月，新开播商家数量比2020年1月增加719%，超过100种职业的用户在1个月内转战淘宝直播间。

（3）营销覆盖面广。商家采用直播以外的营销方式，观众在查看产品信息的同时，还要自己在脑海中构建使用场景。而直播营销可以将产品的形态、使用过程等直观地展示给观众，将其带入营销场景，达到全方位覆盖用户对产品认知的效果。

（4）可以直达用户。直播营销直达用户是指其能够消除品牌与用户之间的距离感，实时、直观地向用户展示产品及企业文化等信息。直播营销无法对直播内容进行剪辑和加工，因此直播的内容与观众看到的内容是完全一致的。

5. 直播营销的优势

（1）营销反馈更有效。传统营销中消费者是"沉默者"，他们只能"用脚投票"。而在直播营销中，消费者是"参与者"。直播的双向互动模式可以让主播在直播的同时接收观众的反馈信息，这些信息不仅来自观众对产品的反馈，还来自观众在直播现场的表现，这也为企业的下一次直播营销提供了改进空间。

（2）营销效果更直接。直播营销可以通过主播的解说更加直观地传递各种优惠信息，也可以在直播的同时开展现场促销活动。这些可以极大地刺激观众的消费热情，增强营销效果。

（3）在市场竞争中生命力更强。直播营销特点是灵活性高、成本低、娱乐性强、互动性强、社交性强，仅通过一部手机就可能打造出一个超级直播网红。直播营销的内容丰富多样，有唱歌、跳舞、游戏、运动、美食、健身、知识传授等。

（4）营销集聚能力更突出。直播营销最大的优势就是可以快速聚粉、沉淀和互动，然后进行二次营销。粉丝不但是观看者，而且是传播者。因此，要发挥粉丝的价值，将直播营销的集聚能力更好地发挥出来。

说一说

请同学们说出案例9-1中直播营销四要素的具体体现，并填写表9-1。

表9-1 直播营销四要素的具体体现

直播营销四要素	具 体 体 现
场景	
人物	
产品	
创意	

找一找

请同学们对案例9-1进行分析，找出体现直播营销特点的具体内容，并填写表9-2。

表9-2 体现直播营销特点的具体内容

直播营销特点	案例具体内容
即时互动性强	
参与门槛低	
营销覆盖面广	
直达用户	

知识加油站

1．常见的直播营销模式

在我国，注册直播平台的人数已经超过了两亿。直播营销已经成为网络营销的主流方式之一，各大品牌也纷纷加入直播营销浪潮，因此出现了几种企业直播营销模式，如大咖访谈直播、小米无人机发布会直播等。不同的直播模式在很大程度上决定着直播的效果。

（1）直播+电商。直播+电商是指企业以直播的方式，进行商品的推销、销售。直播本质上只是一种营销工具，它的最终目的仍是对商品进行销售，从而增加营业额。

（2）直播+发布会。每次推出新产品时，企业通常会举办新品发布会，这是企业联络、协调与客户之间关系的机会。新品发布会直播除了能够提升企业的知名度和品牌形象，还能展示企业实力，通过直播的方式让观众们更直观地感受到企业在资金和文化方面的双重实力。

（3）直播+企业日常。企业日常直播是指企业利用网络视频技术，在互联网上进行实时视频直播，以传达企业信息、宣传产品、服务为目的。

（4）直播+广告植入。广告植入直播是指企业将品牌和产品信息融入直播的一种营销模式。观众在观看直播时，很难意识到自己观看的内容其实是企业广告。

（5）直播+活动。活动直播是指企业将活动现场的内容拍摄并分享给用户，用户既可以实时观看现场画面，也可以观看视频直播，甚至观看图片直播。

2．直播营销的变现方式

（1）用户打赏。用户打赏是一种较常见的直播变现方式，很多直播平台和主播都是以用户打赏为重要的收入来源。用户一般以送礼物的形式进行打赏，而礼物则是用户花钱购买的。

（2）承接广告。当主播拥有一定的名气或者大量的粉丝之后，商家会看中直播间的流量，委托主播对他们的产品或品牌进行宣传，主播向商家收取一定的推广费用。一般主播私下承接的广告，平台不参与分成。平台也可以在APP、直播间、直播礼物中植入广告，按点击量结算费用，这也是一种承接广告的变现形式。

议一议

1. 赵美丽采用的直播营销模式有哪些？直播带货属于哪种模式？

2. 李成响团队可以采用哪些直播营销模式直播助农？请说出理由。

（3）直播带货。直播带货是将直播与电商相结合，主播在介绍商品时，有需求的用户可以点击链接进行购买。这种营销方式是目前直播中最常用的。直播带货体现了流量的价值，将企业的网络营销与直播结合了起来。

（4）内容付费。目前市场上的直播模式多种多样，一对一直播、在线教育等内容付费模式的直播逐渐流行起来，粉丝通过购买课程、计时付费等方式进入直播间观看。内容付费模式对直播的内容质量要求更高，只有这样才能吸引粉丝付费，并且留住粉丝。

找一找

请同学们上网搜索一下，找一找除了上述5种直播营销模式，还有哪些直播营销模式？

活动二　选择直播平台

活动描述

李成响团队通过对案例分析及相关知识的学习，对直播营销有了一定的了解，坚定了直播助农的决心。直播营销需要借助直播平台，接下来李成响团队将学习如何选择合适的直播平台来开展直播助农。

活动实施

第一步： 上网搜索国内知名的直播平台，了解2023年直播平台排名，完成表9-3的填写。直播平台排名可参考网址https://www.maigoo.com/maigoo/4818yx_index.html。

表9-3　直播平台排名表

排名	直播平台		直播带货平台		游戏直播平台		秀场直播平台	
	品牌	品牌指数	品牌	品牌指数	品牌	品牌指数	品牌	品牌指数
1								
2								
3								
4								
5								
6								

知识链接

直播平台类型及受众特点

直播平台主要分为社交娱乐类、游戏类和电商购物类三种类型，我们应当通过了解直播的目标受众来选择合适的直播平台。

1. 社交娱乐类直播平台

用户最多，年龄层广。

典型代表：抖音直播。

社交娱乐类直播是当前直播市场上用户数量最多的一个类别。明星、剧组、网红的入驻，保证了平台的粉丝基数。粉丝可以与偶像线上实时接触，是直播相较于传统媒体的最大优势。

受众特点：年龄层分布广，年轻用户活跃度高，一、二线城市具有消费能力的用户占主流。

2. 游戏类直播平台

开发最早，依赖主播。

典型代表：虎牙。

游戏类直播是最早形成的直播类别。互联网巨头很早就将目标瞄准了电子竞技游戏直播领域，平台知名游戏主播通过对游戏直播讲解来吸引粉丝。在游戏类直播领域，主播相当于平台的"命脉"。

受众特点：以80后、90后乃至00后的男性粉丝为主。

3. 电商购物类直播平台

变现最快，方式直接。

典型代表：淘宝直播。

购物类直播也称消费类直播，相当于早先的电视购物。购物类直播以网红主播展示和讲解商品的功能为吸睛点，激发用户的消费欲望，从而达到将商品售出的目的。消费类直播的模式比起文字或视频更加直观，主播与用户的互动性也更强。

受众特点：具有一定消费水平的女性占八成以上。平台拉拢大量明星、网红以及知名品牌入驻，是吸引粉丝最主要的方式。

小提示

2016年11月4日，《互联网直播服务管理规定》由国家互联网信息办公室发布，自2016年12月1日起施行。《互联网直播服务管理规定》是为加强对互联网直播服务的管理，保护公民、法人和其他组织的合法权益，维护国家安全和公共利益而制定的法规。《互联网直播服务管理规定》明确禁止互联网直播服务提供者和使用者利用互联网直播服务从事危害国家安全、破坏社会稳定、扰乱社会秩序、侵犯他人合法权益、传播淫秽色情等活动。

第二步：登录排名前三的直播平台进行浏览，了解这些直播平台的功能，完成表9-4的填写（在该平台对应功能的单元格中打"√"）。

表9-4　直播平台功能调查表

平台名称	直播功能	购物车功能	商品讲解橱窗	录制回放	聊天与弹幕	美颜功能	直播间管理	直播数据统计	观众上麦	主播连麦PK	预约功能

> **知识链接** ▶▶▶
>
> 直播平台的一般功能包括：
>
> （1）直播推流与观看。这是直播的基础功能，由主播发起直播，观众就能观看。推流一般需要第三方推流工具的支持。
>
> （2）随看随购（购物车）。主播可对购物车内的商品进行管理；观众可查看当前直播间已上架的商品，将其加入购物车并购买。
>
> （3）商品讲解橱窗。主播讲解的商品将直接显示在客户端直播间的显眼位置（商品讲解橱窗），以引导观众点击，提高转化率。
>
> （4）录制回放。直播间支持将讲解视频进行录制，在直播后进行二次展示和销售。
>
> （5）聊天与弹幕。直播间支持观众与主播在线聊天，或发送滚动弹幕。
>
> （6）美颜。美颜可以让主播上镜更美观，但要注意尽可能保留商品特征。
>
> （7）直播间管理。支持主播创建和开启直播。主播可自定义设置房间标题、公告、封面等信息。
>
> （8）直播数据统计。直播间支持统计在线人数、观看时长、弹幕数、点赞数、PV（页面浏览量）、UV（独立访客量）等。
>
> （9）观众上麦。观众可与主播进行视频连麦或音频连麦，或举手上麦。
>
> （10）主播连麦PK。主播与主播之间可跨房间连麦。连麦时，两个房间的观众都可以看到连麦画面。
>
> （11）预约功能。商家开启直播购物频道时，可以设置一个直播开启时间点，然后向系统申请预约一个时段进行视频直播，并通过系统后台推送信息等方式，将视频直播信息告知广大用户。

第三步：通过学习案例，学会简要分析直播营销的目标用户和产品，选择合适的直播平台和营销模式。

案例 9-2

农产品认养+直播带货，他把柠檬卖到全国各地

在高县悠然柠檬基地，满山遍野的柠檬树上挂满了黄澄澄的果子，空气中弥漫着阵阵果香，沁人心脾。剪枝采摘、分拣装箱、发货运输……这两天，高县"悠然柠檬"品牌创始人、人们口中的"柠檬哥"吴开强忙得不亦乐乎。

2016年，吴开强回乡创业，开始种植柠檬，发展柠檬产业。由于市场知名度不高，柠檬的销路一直无法打开，造成滞销，柠檬加工制品也反响平平。吴开强不仅花光积蓄，还负债累累，质疑声随之而来。2019年，电商直播异军突起，吴开强发现抖音是一个非常流行的短视频发布平台，每天有数亿用户通过抖音浏览和分享视频，或在直播间卖货。直播带货让商家直接面对消费者，消费者可以直观地了解产品的品质和特点。相比于传统的线下销售模式，直播带货无须租赁店面、雇佣员工等，只需一部手机和一些简单的设备就可以进行。于是吴开强提出了打造"电商直播村"的想法，得到了当地政府的大力支持。2020年1月15日，"上古里·电商直播村"挂牌成立，之后连续举办了多届助农直播节，如图9-5所示。

图9-5 "上古里·电商直播村"助农直播节

经过大半年的筹备和市场调查，吴开强发现对于很多消费者来说，想吃到原生态的农产品其实是一个很大的难题——新鲜蔬果保质周期一般在一周以内，市场上的农产品很多使用药物保鲜，而且由于存在中间商赚差价，价格很贵。于是，吴开强注册了抖音账号，推出农产品认养+直播带货，如图9-6所示。

吴开强构思了"299元认养一颗柠檬树，10年免费吃柠檬"的销售模式，让消费者以更少的钱买到更好的柠檬。这种模式每月提供5~6斤新鲜柠檬，保证无打蜡、无药物、自然保鲜，并承诺柠檬从枝头到舌尖不超过5天。该模式用消费者的口碑做广告，还能让消费者体验当"地主"的感觉，同时带动周边农户解决销售难题。吴开强的直播从一开始介绍柠檬的品质，到分享自己的创业过程和成功经验，再到推广"299元认养一颗柠檬树"。299元认养柠檬树模式吸引来很多媒体，提高了高县柠檬的知名度，也为家乡吸引了大量人气。

随堂记

图9-6 农产品认养+直播带货

柠檬销路打开后，吴开强并没有停下奋斗的脚步。他将认养模式与各种节日绑定，推出爱情树、健康树等概念；在直播间与消费者互动，增加用户黏性和忠诚度；通过抽奖、发放优惠券等方式，吸引更多的消费者参与，提高销售额；他还带领团队研发出柠檬酒、柠檬腊肉、即食柠檬、柠檬茶、柠檬果酱、柠檬蜂蜜、柠檬面膜等一系列深加工产品，这些也成了"俏销货"。经过不断创新，吴开强打响了"高县柠檬"品牌，为家乡吸引了大量人气。通过电商直播带货和线上推广，"高县柠檬"的知名度不断提升，还带动了周边大米、红薯、板鸭、粉条等众多农副产品的销售。

2021年，吴开强当选为宜宾市第六届人民代表大会代表。对于未来，他有着清晰的方向："我希望通过我们的努力，吸引越来越多从大山里走出去的游子们回归家乡，共同创业，建设家乡，为家乡发展贡献一分力量。"

议一议

1. 吴开强销售的农产品有哪些目标用户？他通过什么方法对目标用户进行分析？这些目标用户的需求痛点是什么？

2. "299元认养一颗柠檬树，10年免费吃柠檬"属于哪种直播营销模式？这种模式能否满足目标用户的需求？

3. 柠檬等农产品是否适合直播带货营销模式？吴开强选择抖音进行直播带货，是因为该平台具备哪些优势？请说出你的理由。

知识链接

选择直播平台及营销模式的方法主要有：

1. 直播产品分析

直播间所销售产品的用户应当是明确的，这些用户与直播平台用户是否吻合，是首先要分析的。

2. 直播用户分析

不同的产品有不同的潜在消费群体，要想实现直播目标，必须对直播用户进行分析。通过用户细分，了解用户购买需求及行为特征，构建目标用户群体画像，进而针对主要目标用户群体的行为特征和观看心理，更有针对性地制定直播间的促销活动方案。

直播用户分析包括用户细分分析和用户群体分析。首先进行用户细分分析，包括用户标签分析及用户行为分析两个维度。然后根据用户标签、用户行为特征等信息划分目标用户，进而构建目标用户群体的画像。

3．营销目标分析

直播目的只有服务于企业的市场营销目标，才能给企业带来整体效益的提升。直播目的不是一成不变的，企业需要根据不同阶段、不同情况下的市场营销目标做出调整。

经过对直播产品、直播用户及营销目标的分析，企业就能确定直播营销目的，以此作为选择直播平台和营销模式的依据。

做一做

请同学们选择3个直播平台，分别在每个平台上搜索3个农产品直播间，记录主播用户名、粉丝数量、主推产品以及带货口碑等信息，完成表9-5的填写。

表9-5　直播平台农产品直播间记录表

平台名称	主播用户名	粉丝数量	主推产品	带货口碑/主播等级	直播模式

任务评价

认知直播营销的任务评价见表9-6。

试一试

请同学们帮助李成响团队分析直播助农项目的目标用户，并对直播平台和直播营销模式的选择提出合理建议。

表9-6　认知直播营销任务评价表

序号	评价项目	自我评价			
		能准确阐述（优）	能阐述（良）	能大概阐述（合格）	不能阐述（不合格）
1	直播营销的概念				
2	直播营销的特点及优势				
3	直播营销的常见模式				
4	直播平台及功能				
5	分析目标用户的方法				

教师评价：

任务二　直播营销策划

任务介绍

直播是一种内容呈现方式。企业直播营销要想吸引粉丝、聚集人气，最重要的是做好直播流程和直播产品内容的规划，并做好粉丝的维护。个人直播只需主播简单地对着摄像头聊天或分享，与此不同，企业直播营销需要对营销目的、目标用户进行设计，策划专门的营销活动方案，并严格执行方案。本次任务将带大家走进直播间，与直播营销亲密接触，通过案例学习知道电商直播营销的流程，认识直播内容规划的重要性，掌握直播营销中与粉丝互动的方法。

活动一　规划直播营销活动流程及脚本

活动描述

李成响团队通过任务一的学习，对直播营销的兴趣越来越浓厚，大家跃跃欲试，想开一场直播。但是谢经理给大家泼了一盆冷水，他说不要认为有手机和网络就可以直播带货，例如在哪里播、播什么内容、选什么产品、主播是谁等问题都应当有规划。谢经理告诉大家，直播营销虽然门槛较低，但是要想取得好的效果，还要认真规划直播流程，制定直播方案。谢经理让大家在直播平台上多观摩学习，重点关注直播流程和内容，还要加强相关知识的学习积累。

活动实施

第一步：通过学习，知道电商直播营销的基本流程，认识直播产品内容规划的重要性。

知识链接

直播营销如果没有明确的目标、清晰的执行方案，整场活动就会没有章法，很容易乱套。因此在开展直播营销活动前，直播团队应该厘清思路，制定合理的直播营销方案，有目的、有计划地执行方案。直播营销的基本流程如图9-7所示。

明确目标 → 撰写方案 → 开展宣传 → 准备物料 → 开展直播 → 再次传播 → 复盘提升

图9-7　直播营销的基本流程

（1）明确目标。开播前需要先明确直播目标，是销售产品、推广品牌还是积累粉丝。明确直播目标后，才能确定直播的内容，如直播时间、直播品类、优惠力度和方式等。

（2）撰写方案。直播营销策划方案是直播活动的指导。撰写方案是指通过前期的调研、策划，将直播流程以方案的形式呈现出来。直播营销策划方案应分为直播前、直播中、直播后三个阶段，内容如图9-8所示。

直播前	直播中	直播后
・安排时间、地点 ・选品 ・营销策略 ・团队分工 ・搭建直播环境 ・准备物料 ・应急预案	・话术脚本 ・进度安排 ・粉丝福利 ・人员配合	・数据复盘 ・总结优化 ・商品交付 ・客户管理

图9-8　直播营销策划方案的三个阶段及内容

(3) 开展宣传。做好直播营销策划后，开播前需要对直播活动进行预告宣传，在平台内外进行预热引流，通过增加直播活动的曝光度，吸引更多观众关注直播活动，增强直播的效果。

(4) 准备物料。直播前各种物料的准备工作十分重要，特别是直播环境的搭建。直播环境包括直播场地、直播间视觉效果、直播设备、网络、产品等。

(5) 开展直播。当做好直播前的准备后，即可正式开展直播。直播过程包括预热、商品讲解、互动、送福利、引导关注等。直播开始后，团队成员各司其职，配合主播，以便顺利完成直播活动。

(6) 再次传播。将直播过程中的视频进行编辑，制成短视频，可用于二次传播，吸引流量，促进销售。

(7) 复盘提升。复盘是对上一场直播活动的总结，复盘的目的是通过回顾直播来总结经验、发现问题，寻找规律，并在下一次直播时进行优化。复盘包括直播回顾、数据分析、直播间优化和粉丝需求反馈。

知识加油站

在很多直播失败的案例中，我们会发现主播并没有对直播内容做充分的规划，常常想到什么就播什么，有的主播甚至根本不知道要播什么内容。这些做法不但会降低直播的质量，而且会降低观众的黏性。因此在直播时，做好直播内容的规划是非常有必要的。

策划原创性的直播内容时，主播要做好直播产品内容规划，为直播提供方向和思路，让后续的直播有的放矢。主播在进行产品内容规划时，要结合产品或品牌的特点及优势，提炼出产品或品牌的卖点或特点关键词，然后根据关键词规划直播内容和表现风格。

表9-7是某直播间销售某品牌毛呢大衣的内容规划，可帮助我们学习并掌握产品内容规划的方法。

表9-7　某直播间销售某品牌毛呢大衣的内容规划

内容规划	具体内容
主播展示	展示毛呢大衣上身效果，让观众对产品形成直观的整体印象
商品卖点介绍	介绍毛呢大衣的款式、面料、设计亮点等，使观众对产品形成直观认识
专业知识介绍	根据产品亮点或卖点，介绍毛呢面料的专业知识，展现其与裙装、裤装、围巾、包等的搭配方法。这样既能加深观众对商品的了解，又能体现直播的专业性
促销活动介绍	简要介绍毛呢大衣的价格，购买方法，以及购买优惠等信息
穿搭体验	邀请购买过毛呢大衣的观众在直播间发表自己对商品的评价。这样能够有效增加其他观众对产品的信任度

试一试

请同学们任选一款湖北恩施鹤峰的农产品，完成对该产品直播营销的内容规划。

第二步：通过学习，了解直播活动的流程设计，知道不同阶段的内容安排及营销技巧。

知识链接 ▶▶▶

一般来说，直播活动可以分为以下三个阶段：直播活动开场，帮助观众了解活动的基本情况；直播活动过程，提升观众兴趣；直播活动结尾，促使观众接受营销内容。直播活动流程设计如图9-9所示。

```
直播活动开场          直播活动过程         直播活动结尾
● 欢迎         →     ● 商品讲解    →     ● 引导关注
● 主播介绍           ● 互动               ● 邀请加群
● 开场               ● 送福利             ● 销售转化
● 本次预告                                ● 下次预告
```

图9-9　直播活动流程设计

（1）直播活动开场（开播）。直播活动开场的目的是让观众了解直播的内容、形式和组织者等信息，给观众留下良好的第一印象，以便观众判断该直播是否具有可看性。开场的观众主要来自前期宣传所吸引的粉丝，以及在直播平台随意浏览的观众，这些观众一般在进入直播的1分钟内可以做出是否继续观看的决定，因此要做好直播活动的开场设计。

直播活动开场方式主要有6种，分别是直接介绍、提出问题、数据引入、故事开场、活动开场、借助热点。

（2）直播活动过程。直播活动过程主要是对直播内容的详细展示，一般包括商品讲解、互动、送福利等。主播应根据直播策划方案，把控商品介绍和互动活动，在增加观众兴趣的同时，引爆活动高潮，促使观众下单。

（3）直播活动结尾（下播）。从直播开始到结束，观众的数量一直在发生变化。到结束时仍在观看的观众，在一定程度上就是本次直播营销活动的潜在目标用户，因此，一定要重视直播活动结尾，最大程度引导直播结尾的剩余流量实现转化，促进产品与品牌的宣传与销售。

直播活动结尾的具体内容包括引导关注、邀请加群、销售转化、下次预告。

第三步：通过案例，知道直播活动脚本的写作方法，能够撰写基本的直播活动脚本。

案例9-3

以下为某直播脚本（见表9-8）供参考。

表9-8 ××直播脚本

序号	时间	内容	产品	话术建议
1	19:45—20:00	主播做开播准备		主播和进直播间的观众打招呼，引导观众注册商城等
2	20:00—20:15	1. 直播开场，主播介绍自己 2. 介绍直播福利 3. 介绍下单操作 4. 介绍互动游戏		女主播：晚上好，欢迎大家来到我们的直播间，我是×××，今晚我们有很多福利送给大家。 男主播：大家好，我是×××，今晚的直播我会一直陪伴大家哟！ 女主播：×××，你知道今晚的直播有什么特别的吗？ 男主播：当然知道，今天是我们的首次直播，要送福利给大家。 女主播：没错，机会难得。 男主播：说起带货，我知道今晚上架的产品也大有来头。 女主播：是的，今晚上架的6款产品全部是由企业直接提供的，价格实惠，优惠活动只限今晚的直播，错过就没有了。 男主播：今晚的产品有茶叶、旅游套票、农产品。接下来的直播中，我们会详细介绍每一款产品，随后会有一轮抽奖，大家一定要守在屏幕前一起拼手速啊！ 女主播：那今晚的产品要怎么购买呢？ 男主播：很简单…… （主播介绍产品购买途径）
3	20:15—20:25	简单介绍并展示今晚直播主推的产品	6款产品快速展示	
4	20:25—20:35	1. 介绍第一款产品 2. 中间可穿插与观众互动 3. 抽奖环节	小黄罐茶叶	产品卖点详看"产品介绍"： 1. 介绍产品特色，现场试喝小黄罐茶叶。喝完茶叶，将茶叶罐子放在桌面用作收纳，环保有创意。 2. 女主播引导下单：我们的直播助理已经把链接放上来了，大家可以点击购物车抢购。 3. 抽奖。
5	20:35—20:45	1. 介绍第二款产品 2. 中间可穿插与观众互动 3. 抽奖环节	徐家庄旅游套票	产品卖点详看"产品介绍"： 1. 介绍产品特色。 2. 女主播引导下单：3、2、1上链接！大家可以点击购物车抢购了。 （特别注意这里发放的是电子票，主播要说清楚如何使用，并且强调这款套票是专门为这场直播定制的，价格十分优惠） 3. 抽奖。
6	20:45—20:55	1. 介绍第三款产品 2. 中间可穿插与观众互动 3. 抽奖环节	桑芽叶	产品卖点详看"产品介绍"： 1. 介绍产品特色，现场试吃。 2. 男主播引导下单：3、2、1上链接！大家可以点击购物车抢购了。 （注意主播要说明收到产品后如果不立即食用需要放在冰箱冷冻层，并且强调价格比天猫、拼多多还低） 3. 抽奖。 女主播：没有抽到奖的观众们也不要泄气哦，在弹幕上打出666。如果超过100个，主播今天就再给大家上一波福利！

(续)

序号	时间	内容	产品	话术建议
7~9	略（内容和话术参考4~6）			
10	21:25—21:30	直播结束介绍语		女主播：今天的直播马上就要结束了，不知道大家有没有抢到心仪的产品？ 男主播：今晚的产品实在是太实惠了，如果大家还想继续购买优惠产品的话，请在弹幕上打出1，反响好的话，我们会很快再次跟大家见面哦！ 女主播：哈哈，那我也要发个弹幕。最后还要提醒今晚中奖的朋友，记得联系我们的客服领奖哦！ 男主播：没关注主播的观众可以关注一下，这样后续直播就能直接收到通知啦！好的，今晚的直播到此结束，下次直播再见，大家晚安。 女主播：再见，祝大家晚安。

知识链接

1. 直播脚本的作用

一场直播是否成功，最主要的决定性因素在于主播输出的内容是否优质。优质的直播脚本能帮助主播把控直播节奏，保证直播流程的顺利进行，达到直播的预期目标，使直播效果最大化。直播脚本的作用如下：

（1）梳理直播流程。主播在开播之前制作直播脚本，能够帮助参与直播的人员了解直播流程，让每个人各司其职，保证直播工作有条不紊地开展。

（2）帮助主播了解直播内容。主播需要在直播前了解本场直播的内容和商品，以免在直播中出现对活动规则不熟悉等情况。直播脚本帮助主播了解商品卖点，梳理直播行为和话术，让主播清楚地知道某个时间点应该做什么、说什么，从而在直播中表现得游刃有余。

2. 直播脚本的类型

直播脚本分为单品直播脚本和整场直播脚本两类。

（1）单品直播脚本。单品直播脚本是针对某款商品的脚本，其主要内容包括品牌介绍、商品卖点、功能展示、优惠方式等。单品直播脚本可以帮助主播全方位地了解直播商品，也可以帮助相关人员避免在对接过程中产生疑惑。

（2）整场直播脚本。整场直播脚本是对直播活动整体的规划与安排，重点是对直播的逻辑、互动方法和直播节奏的把控。整场直播脚本的要点包括确定直播目标、直播时间、直播主题、人员安排、主播介绍、直播中的流程细节介绍等。其中流程细节介绍要详细说明开场预热、品牌介绍、直播活动介绍、产品介绍、观众互动、直播结束等各个环节的具体内容和操作方法等。

试一试

请同学们帮助李成响团队策划一场以"我为鹤峰代言"为主题的直播助农活动,需要撰写整场直播脚本,规划直播活动流程,见表9-9与表9-10。(本表格只起抛砖引玉的作用,大家可以根据具体需要进行调整)

表9-9 "我为鹤峰代言"整场直播脚本

直播脚本要点	具体说明
直播目标	
人员安排	
直播时间	
直播主题	
直播产品	
前期准备	
主播介绍	

表9-10 "我为鹤峰代言"直播活动流程

时间	内容	直播话术
直播活动开场时间段:	欢迎	
	开场预热	
	本次预告	
直播活动过程时间段:	品牌介绍	
	产品介绍	
	优惠活动介绍	
	引导下单	
	观众互动	
	送福利	
	直播总结	
直播活动结尾时间段:	引导关注	
	邀请加群	
	销售转化	
	下次预告	

活动二 维护粉丝

活动描述

李成响团队的成员看过很多次直播,他们认为优秀的主播应当善于活跃直播间气氛,并且擅长与粉丝互动。这些主播所在直播间的粉丝数量也比较可观,销售转化率也较高。谢经理认可了大家的看法,并告诉大家,只有对直播活动吸引的粉丝进行维护,才能使粉丝转变为用户,再成为忠实用户,实现企业直播营销的目的。于是谢经理带着大家继续深入学习直播间互动的方法和技巧。

活动实施

通过学习,知道常见的直播间互动方法和操作技巧,理解各种互动方法的不同作用,能够根据需要选择恰当的互动方法。

知识链接

维护粉丝的技巧就是在直播中进行互动。互动能提高直播间的人气和趣味性,直播间只有搞好氛围,观众才会停留,并转变为粉丝。直播带货中常见的互动方法有以下几种。

1. 直播抽奖

如果直播间一直没有评论,可以安排一次直播抽奖。观看直播的观众,一方面想购买实惠的商品,另一方面想体验直播的乐趣。直播抽奖是调动粉丝积极性的方法之一。在直播中,主播可以反复强调直播有抽奖环节,并说明规则,让观众在直播间停留更久。

抽奖可以通过"关注+回复相应关键词"的方式来操作。这种方式一方面可以提高直播间的粉丝数量,另一方面可以让大家把弹幕刷起来,营造积极的直播间氛围。要注意的是,主播通过手机截图抽奖时,应当让手机对着直播镜头,以保证公正性。并且抽完一个奖品后,要立即告诉观众下一个抽奖时间节点。

2. 点赞活动

直播间的点赞数代表着主播人气的高低,体现了直播间的活跃人数的多少。直播间点赞数越多,主播的人气越高,也越能吸引观众。直播间可以设置点赞达到一定数量就给粉丝发福利、发红包等规则。如果有福利可领,大家更乐意点赞。这个时候主播可以引导大家将直播转给朋友,和朋友一起点赞,争取尽快领到下一个福利。

3. 秒杀活动

秒杀是指发布一些低价格的商品。秒杀是吸引人气的"撒手锏",秒杀产品常常一上架就会被一抢而空。这是很多主播喜欢用的一个方法。直播带货刚开始的时候,相对频繁的秒杀,可以促进直播间的转化。但秒杀产品不

议一议

请同学们议一议，除了这些互动方法，直播间还有哪些吸引你的互动方法？请说出1~2个。

能随意选择，一般选择比较热门、受欢迎的产品。秒杀活动时间要做分段规划，隔一段时间秒杀一次，引导观众分享、转发。

4．夸张道具

首先，直播道具必须能够吸引人注意力。比如主播可以拿出一个巨型骰子，告诉观众跟大家玩互动游戏，给通过截屏选中的观众送礼物，礼物种类根据掷骰子掷到的数字决定。这种独特的小游戏会让直播间的人气瞬间增长。

5．提问互动

主播在直播的时候不能单向输出，要引导观众评论，并通过提问的方式让观众参与。主播可以选择一些与直播主题相关的话题，尽量提有选项的问题，避免提开放性的问题。

想一想

请同学们思考，直播中进行提问互动时，为什么要尽量提有选项的问题？

任务评价

直播营销策划的任务评价见表9-11。

表9-11 直播营销策划任务评价表

序　号	评价项目	自我评价			
		能准确阐述（优）	能阐述（良）	能大概阐述（合格）	不能阐述（不合格）
1	直播营销的基本流程				
2	直播产品内容规划的重要性				
3	直播活动流程的三个阶段及设计内容				
4	直播脚本的作用				
5	直播带货中常见的互动方法				

教师评价：

试一试

李成响团队规划了直播活动流程并撰写了整场直播脚本。请大家为助农直播设计2~3个互动活动及操作方法，帮助李成响团队提高直播间人气，吸引粉丝，促进销售，为助农出一分力。

项目总结

- 本项目主要内容包括认知直播营销和直播营销策划两个学习任务。
- 通过本项目的学习，同学们可以了解直播营销的概念；认识直播营销四要素；知道常见的直播营销模式和直播营销平台及功能；在理解目标受众与直播平台的关联后，做出直播平台和营销模式的选择；知道直播营销的基本流程和直播活动流程；能够进行简单的直播产品内容规划；能够撰写基本的直播活动脚本；能够采取有效的方法与粉丝互动。

项目练习

一、不定项选择题

1. 以下对直播营销概念的理解，正确的有（　　）。
   A. 广义的直播营销指的是企业以直播平台为载体开展营销活动，以品牌形象提升或产品销量增长为目的
   B. 直播营销多数情况下默认是基于互联网的直播
   C. 直播营销必须使用手机
   D. 直播营销就是电子商务

2. 直播营销的特点有（　　）。
   A. 即时互动性强　　　　　　B. 参与门槛低
   C. 营销覆盖面广　　　　　　D. 时间长

3. 直播营销的优势有（　　）。
   A. 营销反馈更有效　　　　　B. 营销效果更直接
   C. 在市场竞争中生命力更强　D. 营销集聚能力更突出

4. 以下不属于直播营销四要素的有（　　）。
   A. 场景　　　B. 人物　　　C. 产品　　　D. 优惠活动

5. 目前人气排名前三位的直播平台有（　　）。
   A. 淘宝直播　B. 快手直播　C. 抖音直播　D. 多多直播

6. 直播平台的三种类型包括（　　）。
   A. 旅游类　　B. 社交娱乐类　C. 游戏类　　D. 电商类

二、判断题

1. 直播粉丝无需维护，直播间只要商品足够好就能吸引粉丝。（　　）
2. 如果你的生活富有趣味，就可以做生活类直播，如美食分享等。（　　）

3. 如果你想在直播间卖货，可以做电商直播。（   ）
4. 策划直播脚本的目的是让直播按照流程进行。（   ）
5. 直播脚本的作用包括梳理直播流程和帮助主播了解直播内容。（   ）

三、简答题

1. 简述直播营销的特点。
2. 简述直播平台的一般功能。
3. 简述直播脚本的作用。
4. 请说出两种维护直播粉丝的方法。

项目十 网络营销效果测评

项目简介

企业开展一系列的网络营销后,如何知道是否有效果呢?企业开展网络营销,必不可少的一项工作是对其效果进行评价,"谁掌握了数据,谁就掌握了主动权"。本项目中,我们将了解数据分析对网络营销效果评价的重要性,学习如何对网店和网站进行数据统计,知道网店和网站数据统计分析指标,掌握网店和网站数据统计分析的步骤和方法。

项目目标

- 了解数据统计分析对网店和网站的重要性。
- 知道网店和网站数据统计分析指标。
- 能够使用数据统计分析工具。
- 掌握网店和网站数据统计分析的步骤和方法。
- 具备法律意识,遵守保护个人隐私和商业数据的法律法规,在数据采集和分析中做到不侵权、不违法。
- 维护数据的真实性,遵守职业道德,践行社会主义核心价值观。
- 培养耐心、细致、严谨的工作态度。

任务一 网店数据统计分析

任务介绍

要想知道网络营销对网店的效果,就要对网店的数据进行统计与分析。在本次任务中,我们将通过案例,了解数据分析对网店经营的重要性,能够使用"生意参谋"工具获取数据,知道网店数据统计分析指标,掌握数据统计分析的步骤和方法,能够运用数据来支撑网店运营。

活动一　利用"生意参谋"获取数据

活动描述

李成响团队在企业实习期间表现得很好，他们掌握了网络营销各种方法，并且很想知道自己参与的网络营销活动是否有效果。谢经理理解大家的想法，告诉他们想要对营销效果进行评价，就要进行数据统计分析。谢经理让大家先了解数据统计分析对网店的重要性，并通过"生意参谋"工具学习网店数据统计分析指标。

活动实施

第一步：通过案例分析，知道数据统计分析对网店的重要性。

案例 10-1

"×××玩具店"是一家主营玩具销售的天猫网店，从2018年开张以来，经营好几年了。开店之初，网店评分低于同行，浏览量也少得可怜。店主采取了多种营销方法，经过一段时间的努力，店铺信用等级终于提升到了四星标准，但是店铺评分还是很低，如图10-1所示。

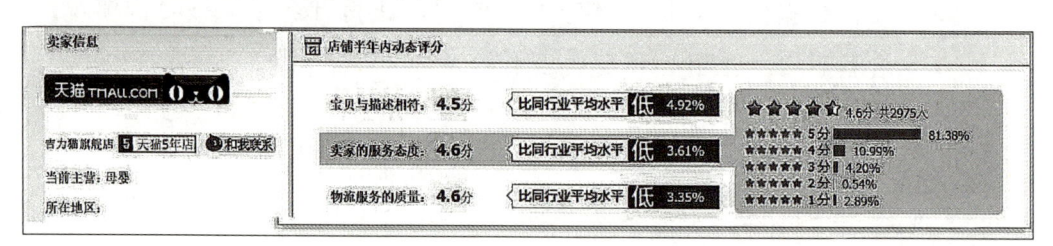

图10-1　网店信用等级和评分

店主想不明白，为何网店信用等级有所提升，但是其成长仍然如此缓慢？店主通过学习，发现自己忽略了数据统计分析对网店的重要性。店主平时很少关注网店数据，没有诊断、优化网店，也没有了解和分析竞争对手的网店运营数据，这样的情况下，怎么和别人竞争呢？于是店主开始使用"生意参谋"工具对网店进行数据统计分析。店主分析后，发现经营状况很不乐观，日均访客数未能过万，浏览量一直在2万左右，交易额很难突破10万，如图10-2所示。店主对"生意参谋"工具提供的数据进行分析，想要找出问题，并调整营销策略。几个月后，店主再次查看网店数据，显示当天支付金额达10万多，访客数过万，浏览量也增加了十几倍，如图10-3所示。店主通过前后对比，深深感受到了数据对网店的重要性。

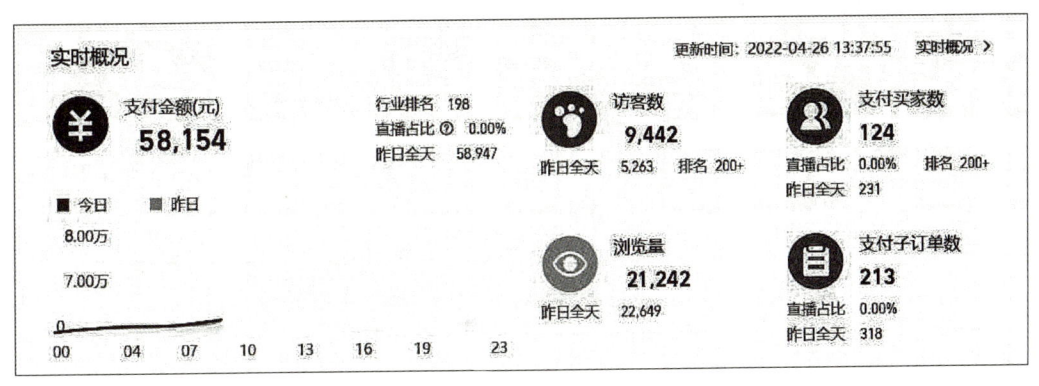

图10-2 网店未进行优化前的各项数据

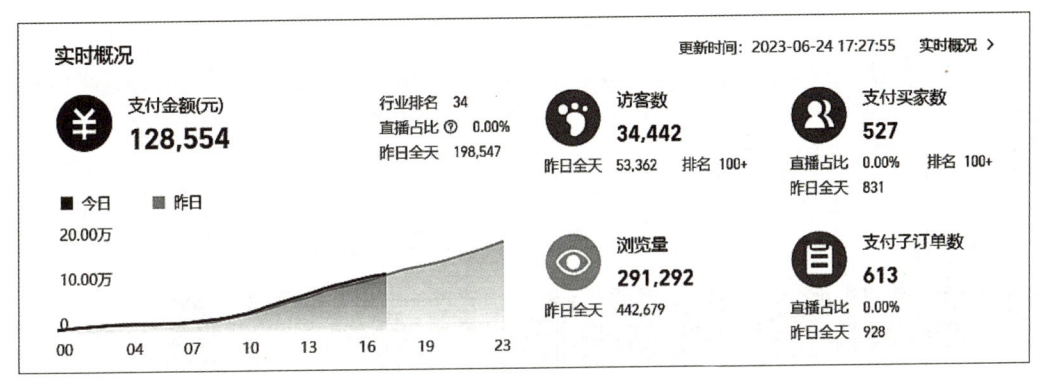

图10-3 网店进行优化后的各项数据

知识链接

对网店数据进行统计分析，一方面可以查看自己网店的情况，了解问题所在；另一方面可以查看竞争对手的情况，了解竞争对手使用了哪些策略，自己网店的差距在哪里。

1. 自查自纠

自查自纠是指网店通过查看数据，了解经营状况；通过数据统计分析，监控流量，实现流量转化；通过分析商品，对商品进行管理，为网店装修、选品、促销活动的设置提供依据，实现精准营销，提升网店销量。

2. "生意参谋"

"生意参谋"不仅能够让卖家全面了解自己店铺的情况，而且能够提供卖家所处行业中竞争对手的销售情况，让卖家知道与优秀同行的差距以及自己网店在行业中的地位。

想一想

请大家想一想，为什么"×××玩具店"店主采取多种营销方法，但是店铺的成长始终很缓慢呢？

第二步：认识"生意参谋"工具，知道网店数据统计分析的核心指标。

> **知识加油站**
>
> "生意参谋"工具诞生于2011年,最早是应用在阿里巴巴B2B(企业对企业电子商务)市场的数据工具。2013年10月,"生意参谋"正式走进淘系。2014年—2015年,在原有规划基础上,"生意参谋"分别整合量子恒道、数据魔方,最终升级成为阿里巴巴商家端统一数据产品平台。"生意参谋"集数据作战室、市场行情、装修分析、来源分析、竞争情报等数据产品于一体,不仅是商家端统一数据产品平台,也是大数据时代下赋能商家的重要平台。通过"生意参谋",商家可以看到口径标准统一、计算全面准确的店铺数据和行业数据,从而为商务决策提供参考。运用好"生意参谋",对网店的生意来说是质的提升。

通过案例分析,大家知道了数据统计分析对网店运营的重要性,那么应该如何获取网店数据呢?哪些数据是最重要、最核心的呢?谢经理带领大家登录"生意参谋"平台,进行深入探究。

(1)登录"生意参谋"平台https://sycm.taobao.com,输入"账号名/邮箱/手机号"和"登录密码"进行登录,如图10-4所示。(温馨提示:由于"生意参谋"平台经常更新,请以平台实时信息为准)

图10-4 "生意参谋"登录方式1

如果你已经登录淘宝网店,可以在淘宝首页顶部找到并单击"千牛卖家中心"(如图10-5所示),进入千牛商家工作台,向下滑动页面,在左侧找到"数据"栏并单击,就可以进入"生意参谋"平台,如图10-6和图10-7所示。

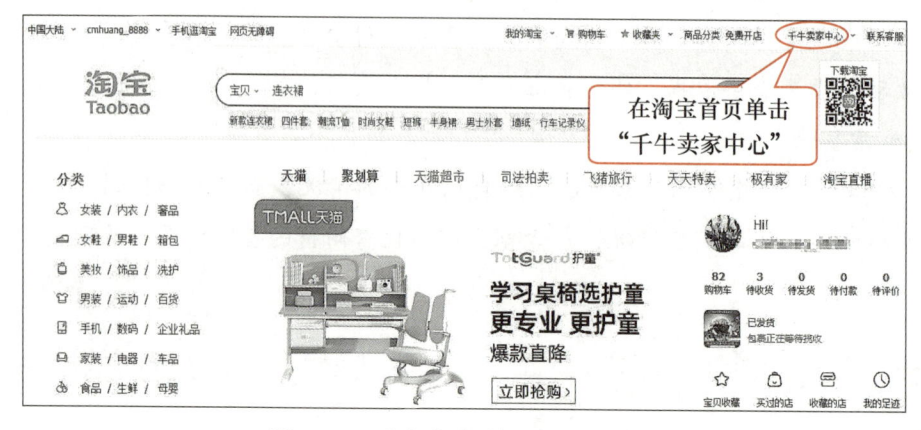

图10-5 "生意参谋"登录方式2

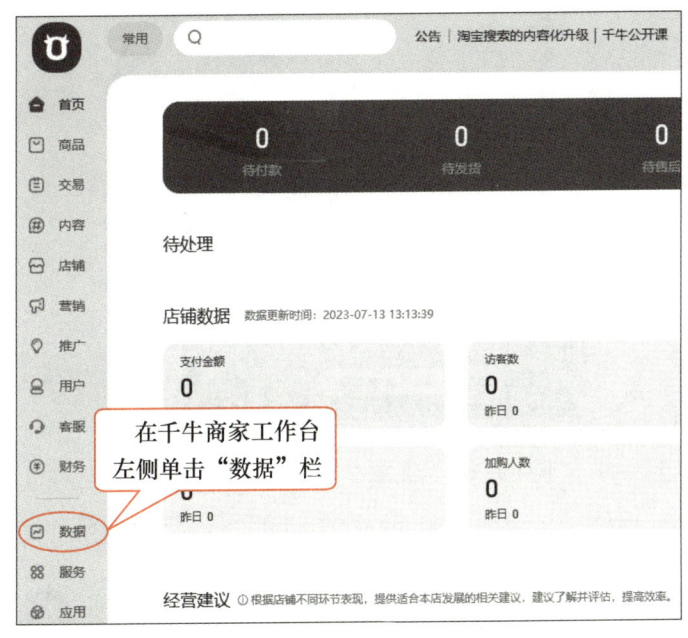

图10-6 单击千牛商家工作台"数据"栏

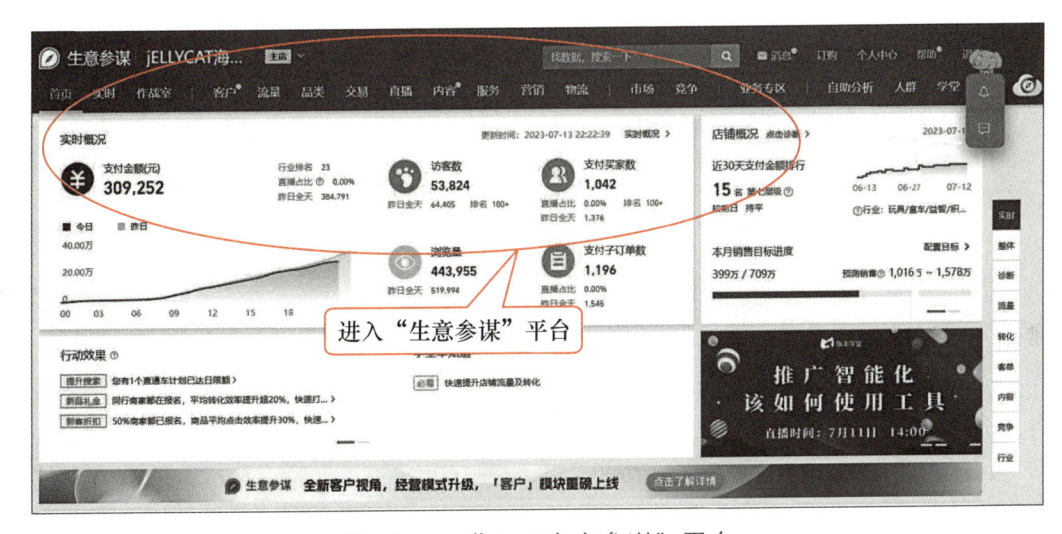

图10-7 进入"生意参谋"平台

（2）查看"生意参谋"核心指标。"生意参谋"首页右侧导航栏显示了不同的版块，分别是实时概况、整体看板、诊断看板、流量看板、转化看板、客单看板、内容看板、竞争看板和行业排行等，以方便数据的查看，如图10-8所示。对于新手商家或者刚接触"生意参谋"的用户，不需要对每个看板的所有数据都进行统计分析，只需抓住几个重要的核心指标。

1）实时概况。在"实时概况"版块中，可实时查看重要指标如"访客数""浏览量""支付买家数""支付子订单数"，还能看到当天和前一天实时数据的对比。点击右上角的"实时概况"，可以进入"实时直播"页面，查看更详细的实时数据，如图10-9所示。

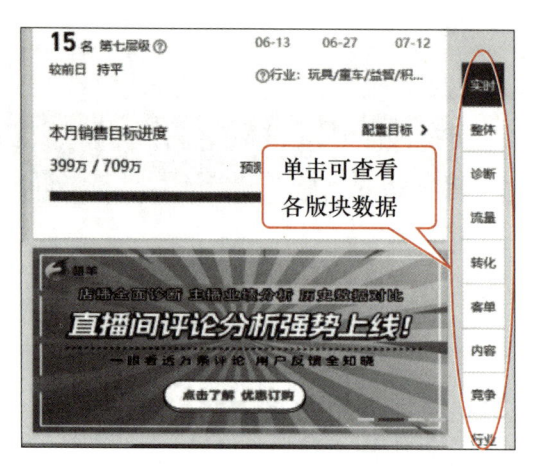

图10-8 "生意参谋"的不同版块

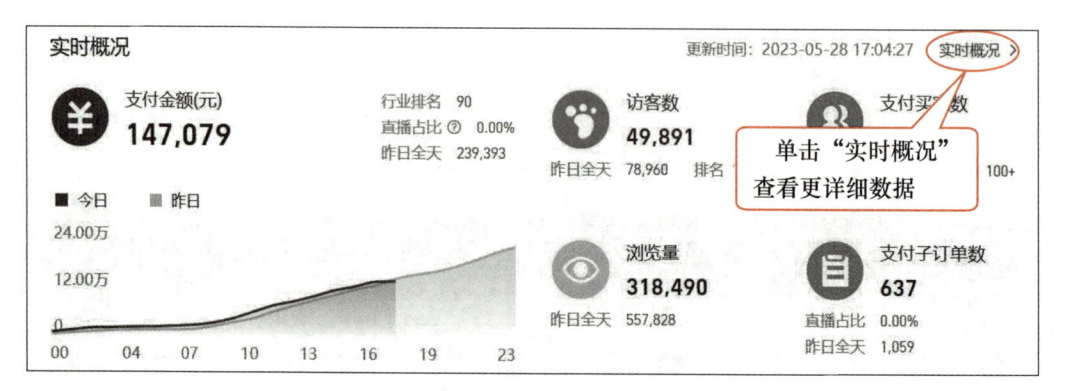

图10-9 "生意参谋"的"实时概况"看板

2）整体看板。在"整体看板"中包括"支付金额""访客数""支付转化率""客单价""成功退款金额""直通车花费"等各种指标数据。右上角有"同行对比"，包括图表和表格两种选择，能够更为直观地查看、分析同行对比数据，让卖家清楚自己的经营水平和不足的地方，如图10-10所示。

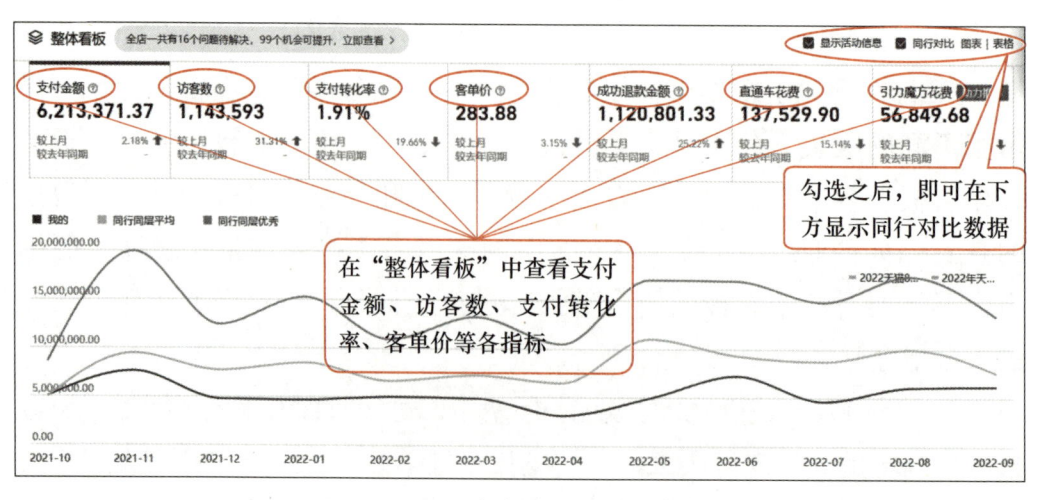

图10-10 "生意参谋"整体看板

3）流量看板。"流量看板"分为一级流量走向和二级流量来源两部分。一级流量走向其实就是流量的渠道归类（平台流量、广告流量），二级流量来源就是流量渠道的明细。此版块的重要指标有"跳失率""人均浏览量""平均停留时长"，能够帮助卖家快速制订年度计划，确定年度营销重点。另外，可以实时监控数据，追踪店内各种流量渠道和重点商品的实时数据，快速针对各种渠道和商品做出调整，如图10-11所示。

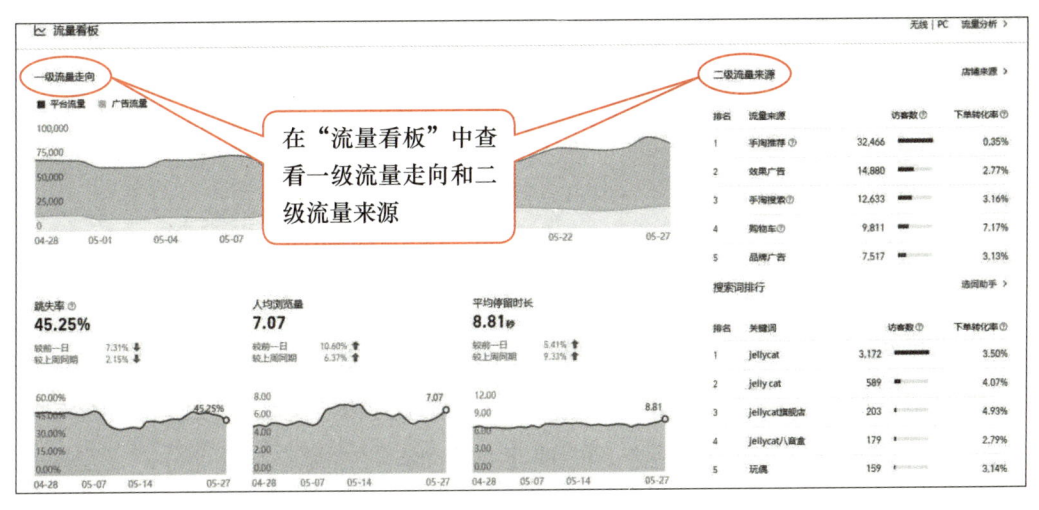

图10-11 "生意参谋"流量看板

4）行业排行。"行业排行"版块包括"店铺""商品""搜索词"三个指标，查看该版块可以获得"交易指数"和"搜索人气"数据。通过行业排行，可以知道交易指数排前10名的店铺和商品，单击"市场行情"还能查看更多的排行数据。卖家通过查看竞店、竞品数据，可以发现自己店铺的不足之处，找到问题所在，做出相应的优化和调整，如图10-12所示。

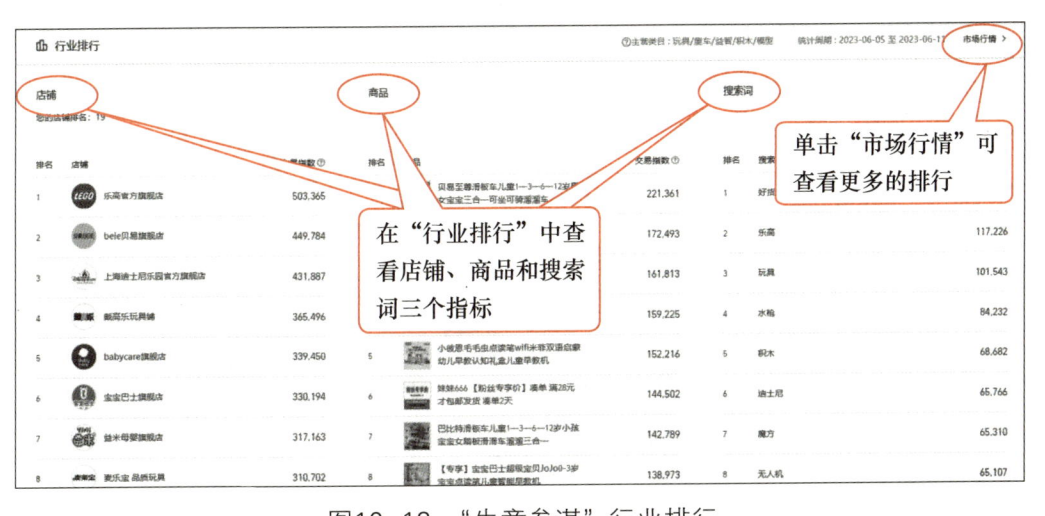

图10-12 "生意参谋"行业排行

议一议

请同学们登录"生意参谋"平台，深入查看各大版块相关数据，同时利用网络搜索相关知识，议一议淘宝的中小卖家主要查看"生意参谋"的哪些数据？

活动二　网店数据统计分析与效果评估

活动描述

在活动一中，李成响团队借助"生意参谋"工具，知道了网店数据统计分析的核心指标。谢经理告诉大家，不仅要看懂指标，还要能够对数据进行分析，找出网店存在的问题，制定并实施优化方案，并对方案实施前后的效果进行评估。谢经理以一个真实的网店为例，带领大家进行分析，帮助大家掌握数据统计分析的步骤和方法。

活动实施

第一步：通过案例分析，掌握数据统计分析的步骤和方法。

案例 10-2

"×××玩具店"虽然经过几年的运营，评分已经达到了4.8分以上，但是经营状况时好时坏，很不稳定。出现这种情况的原因是什么呢？网店决定对几个核心指标进行统计分析，发现问题所在。

1. 对基础数据进行采集整理

图10-13和图10-14是网店在2022年7月的基础流量数据。单击"流量"版块进入"流量纵横"页面，单击"访问店铺"可以查看店铺"访客数""浏览量""关注店铺人数""直播间访客数"等指标。单击"转化"，可查看"支付买家数""支付转化率""下单转化率""客单价"等支付转化数据。对于卖家而言，流量和转化率是必须要关注的指标，应当对每日、每周、每月、每年的流量和转化数据进行采集和整理。

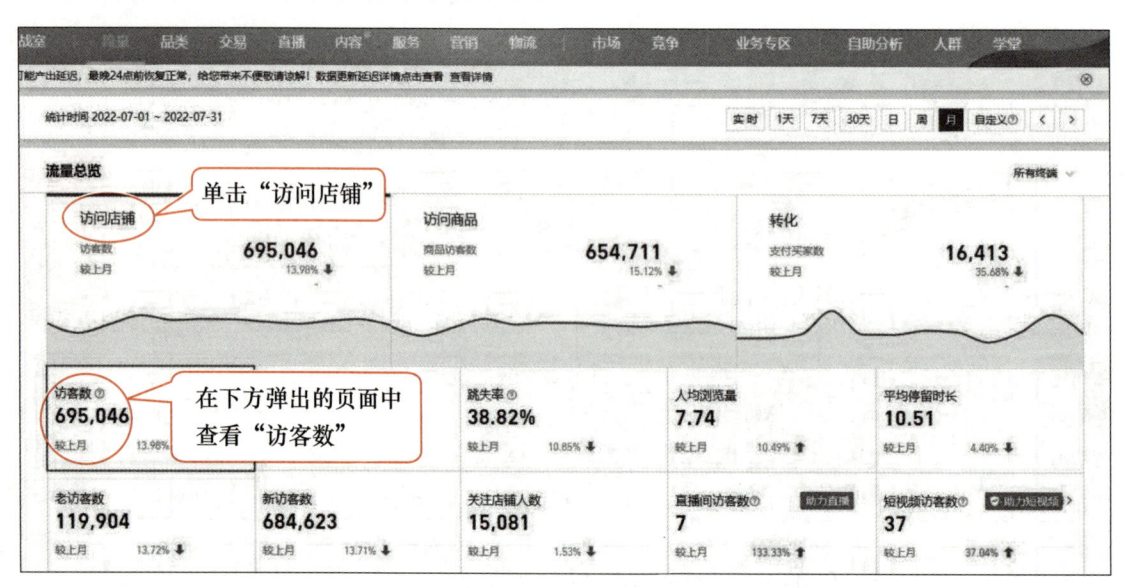

图10-13　"生意参谋"的"访问店铺"数据

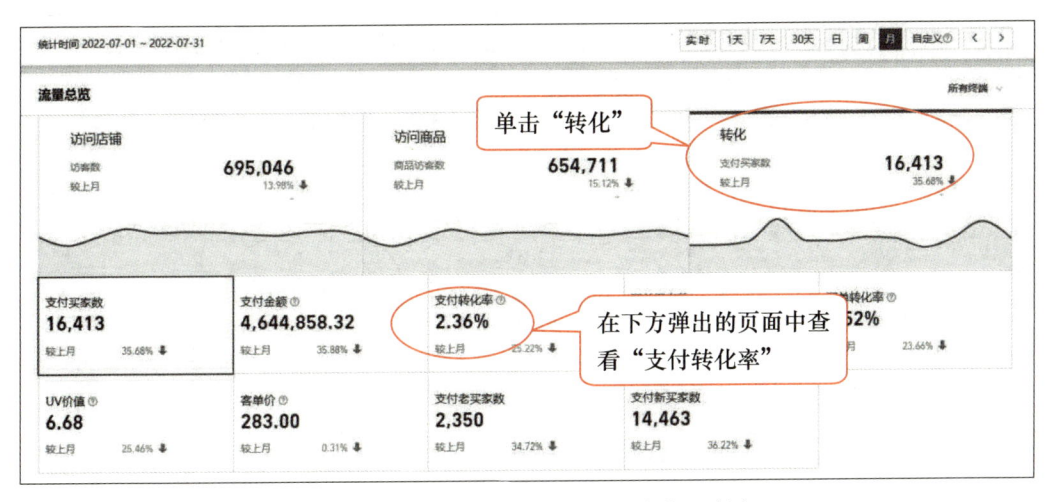

图10-14 "生意参谋"的"转化"数据

2. 对数据进行比较分析，发现问题

只有通过对数据进行比较分析，才能发现问题，从而有针对性地对网店的营销策略进行调整和优化。

表10-1是"×××玩具店"2022年6月和7月访客流量来源数据对比，通过比较可以发现两个问题：①站内付费流量中，直通车和引力魔方7月数据比6月下降许多；②站外流量中，7月数据比6月下降许多。针对这些问题，需要进行引流策略方案的优化和调整。

表10-1 "×××玩具店"2022年6月和7月访客流量来源数据对比

访客流量来源			6月	7月	环比增长率
站内流量	淘内免费	手淘推荐	220,594	225,077	2.03%
		手淘搜索	211,389	218,407	3.32%
		其他	46,665	48,127	3.13%
	付费流量	直通车	177,827	97,168	-45.36%
		引力魔方	104,765	56,394	-46.17%
	自主访问	购物车	74,000	62,483	-15.56%
		我的淘宝	79,984	67,777	-15.26%
站外流量		淘宝客	6,811	4,630	-32.02%
		流量宝	1,670	1,136	-31.98%

表10-2是"×××玩具店"2022年6月和7月转化数据，从表可以看出7月"加购转化率""支付转化率"都比6月有所下降。针对这个变化，需要查找转化率降低的原因并进行优化和调整。

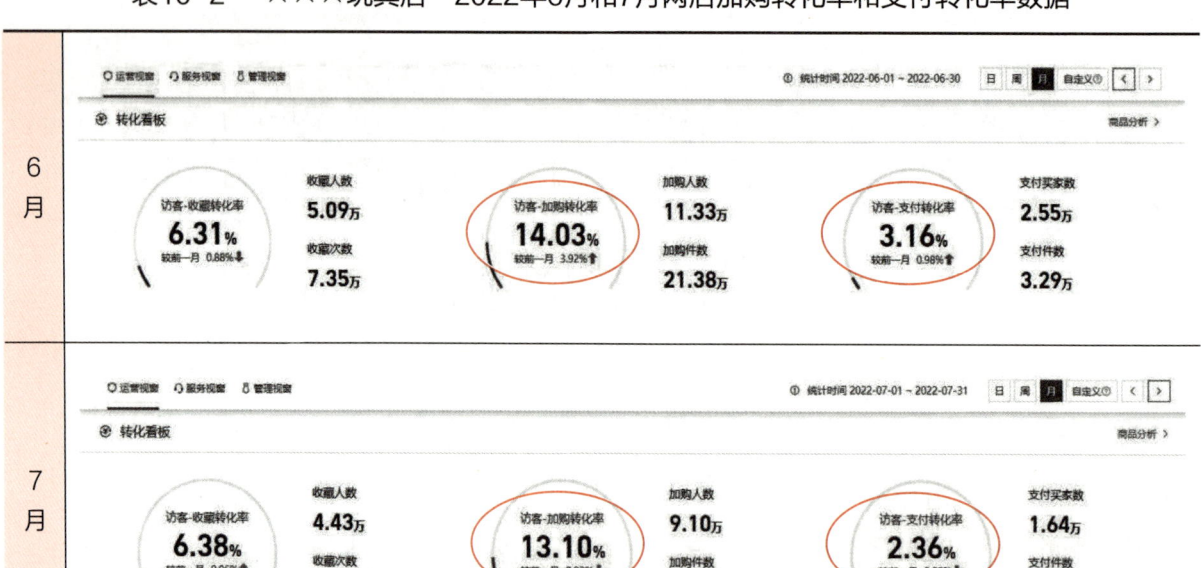

表10-2 "×××玩具店"2022年6月和7月网店加购转化率和支付转化率数据

月份	收藏人数	访客-收藏转化率	收藏次数	访客-加购转化率	加购人数	加购件数	访客-支付转化率	支付买家数	支付件数
6月	5.09万	6.31% 较前一月 0.88%↓	7.35万	14.03% 较前一月 3.92%↑	11.33万	21.38万	3.16% 较前一月 0.98%↑	2.55万	3.29万
7月	4.43万	6.38% 较前一月 0.06%↑	6.53万	13.10% 较前一月 0.92%↓	9.10万	16.45万	2.36% 较前一月 0.80%↓	1.64万	1.96万

知识加油站

1. 支付转化率

在一段时间内，购买产品的人数与访问店铺的人数的比值，即访客数转化为支付买家数的比例称为支付转化率。计算公式：支付转化率=支付买家数/访客数。支付转化率越高，代表发生购买行为的人数占进店人数的比例越高，即购买人数越多。

2. 淘宝网店访客流量来源的分类

淘宝网店访客流量可以分为站外流量和站内流量。站外流量包括通过搜索引擎、淘外网站、淘外APP、论坛和微博等渠道进入淘宝的流量。站内流量可以分为三大类：淘内免费、付费流量和自主访问。

3. 查看流量、支付转化率两个核心指标的必要性

流量的大小关系到网店的排名、商品被搜索到的概率。流量越大，买家在搜索同件商品时，网店的商品排名越靠前；流量能够增加网店浏览量和客源；流量能够大大提高网店的排名和曝光率。支付转化率是网店最核心的数据，商品有转化才有成交，没有转化，再多的流量都是空谈。支付转化率能够衡量网店产品的受欢迎程度和宣传效果。

议一议

请同学们议一议，假如你是店主，看到这些统计数据后会怎么做呢？

第二步：对营销策略进行优化调整并具体实施，进行效果评估。

案例 10-3

"×××玩具店"对核心数据进行对比分析后，找出了问题，然后制定优化方案对网店营销策略进行了优化调整。

1. 提高站内流量

对于卖家来说，通过淘宝自然搜索引入的流量是最常见的，也是被淘宝默认等级最高的。站内流量可以从以下几个方面进行优化：

首先，优化商品标题，"促销手段+商品卖点+热搜索关键词"构成最优标题格式。其次，美化主图，检查主图、文案是否与同行类似，是否足够吸引人。如图10-15所示，左边是优化之前的主图，商品阴影处有瑕疵，没有商品卖点，优惠价格不突出；右边是优化之后的主图，更为美观精致，同时增加商品卖点，优惠价格突出。另外，通过优化上、下架、优化详情页和优化服务等措施，也可以实现流量的提升。

图10-15　主图优化前后对比

2. 提高站外流量

从上述数据对比中，我们得出该店的站外流量还不够大，需要优化站外的推广，从而提高站外流量。

3. 提高转化率

商品详情页的美观程度、买家评价、同行低价款和关键词精准度是影响支付转化率的重要因素。如图10-16所示，卖家在商品详情页中更换了高清产品图，增加了买家秀好评，提高了买家信任度，促使支付转化率得到提高。

a)　　　　　　　　　　　　　　　　　b)

图10-16　高清产品图展示和买家秀好评

4. 效果评估

对网店营销策略进行优化后，"×××玩具店"8月站内、站外流量都有了较大的提升，如表10-3所示。同时支付转化率也得到了提升，如图10-17所示。

表10-3　"×××玩具店"6-8月访客流量来源数据对比

访客流量来源			6月	7月	8月	环比增长率
站内流量	淘内免费	手淘推荐	220,594	225,077	291,608	29.56%
		手淘搜索	211,389	218,407	263,928	20.84%
		其他	46,665	48,127	60,040	24.75%
	付费流量	直通车	177,827	97,168	185,737	91.15%
		引力魔方	104,765	56,394	84,922	50.59%
	自主访问	购物车	74,000	62,483	78,773	26.07%
		我的淘宝	79,984	67,777	87,075	28.47%
站外流量		淘宝客	6,811	4,630	8,506	83.70%
		流量宝	1,670	1,136	1,677	47.62%

图10-17　8月网店支付转化率数据

试一试

以下是某网店的一件商品,后台提示有4项内容需要优化,请同学们根据提示,尝试进行优化吧!商品优化提示如图10-18所示。(温馨提示:产品图片及产品背景信息见教材资源包中的素材)

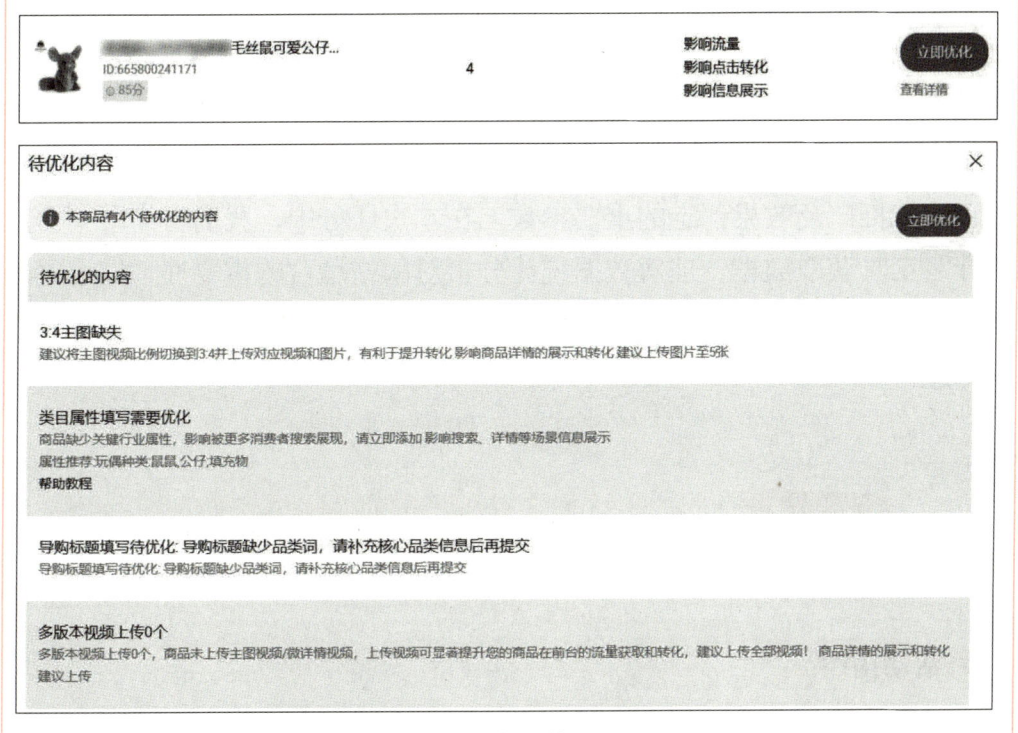

图10-18 商品优化提示

任务评价

网店数据统计分析的任务评价见表10-4。

表10-4 网店数据统计分析任务评价表

序 号	评 价 项 目	自 我 评 价			
		能准确阐述（优）	能阐述（良）	能大概阐述（合格）	不能阐述（不合格）
1	数据统计分析对网店的重要性				
2	网店数据统计分析的核心指标				
3	核心指标的含义				
4	网店数据统计分析步骤				
5	网店数据统计分析方法				

教师评价:

任务二 网站数据统计分析

任务介绍

网站在企业网络营销中具有重要的地位和作用，网站数据是网站运营、实施推广及效果评定的重要参数。在本次任务中，我们将借助"百度统计"工具获取数据，理解数据统计分析对网站运营的重要性，知道网站数据统计分析指标，掌握数据统计分析步骤和方法，能够运用数据来支撑网站运营。

活动一 利用"百度统计"获取数据

活动描述

李成响团队完成了网店数据统计分析的任务之后，成员们提出了新问题：既然评价了网络营销对网店的效果，那么是否也要评价网络营销对网站的效果呢？谢经理对大家勇于探究的态度给予了肯定，并且告诉他们这是必要的，可以使用"百度统计"工具来获取数据，知道网络营销的效果。

活动实施

第一步：通过案例分析，知道数据统计分析对网站的重要性。

案例 10-4

某生产休闲零食的企业，有独立网站，希望通过网站宣传企业品牌和推广产品。企业网站运行了一段时间后，网站运营人员对于"我们的网站有多少人看过""谁在访问我们的网站""我们的网站是否被人们喜欢""人们在哪些页面的停留时间短"等问题不能给予准确的回答，也无法知道网站是否达到了营销宣传的效果。于是网站运营专员通过上网搜索，了解到这些问题需要进行数据统计分析才能知道答案，而"百度统计"正是可以解决上述问题的工具之一。

企业通过"百度统计"对网站进行了为期一个月的监控,发现网站平均每日浏览量不足200人次,访客数不足100个,跳出率达到了93.33%,平均访问时长不足1分钟,如图10-19所示。这些数据充分说明了网络营销对网站没有达到宣传目的。于是网站通过"百度统计"进行数据统计分析后,在次年进行了大幅度调整:首先对沿用多年的企业网站进行了改版,新网站结构简洁,导航醒目,栏目和内容设计迎合用户的喜好,提升了用户体验;其次增加了产品种类,更换了产品包装,使品牌形象从土气变得有品质、有品位;同时增加了宣传推广力度,扩大了品牌的知名度和影响力。"百度统计"的监控数据显示,经过此次对网站的优化调整,网站每日浏览量提升到近1200人次,访客数提升到近1000个,跳出率下降到75.33%,平均访问时长增加到2.5分钟,如图10-20所示。

今日流量	浏览量(PV)	访客数(UV)	跳出率	平均访问时长
今日	158	89	93.33%	00:00:43

图10-19　网站优化前各项数据

今日流量	浏览量(PV)	访客数(UV)	跳出率	平均访问时长
今日	1189	989	75.33%	00:02:32

图10-20　网站优化后各项数据

知识链接

数据统计分析对网站的作用如下:

1. 监控网站运营状态

数据统计分析可以采集浏览量、点击率等数据,分析其变化,进而从各个角度了解网站的运营状态。

2. 提升网站推广效果

数据统计分析可以通过分析数据对推广效果进行评估,指导网站优化推广方式,提升推广效果。

3. 优化网站结构

网站布局是否合理,对用户吸引力够不够,都可以通过数据来反映。数据统计分析可以针对问题提出可行的解决方案,从而帮助网站进行内容优化及页面布局调整。

4. 提升访客对网站的黏性

数据统计分析可以通过对网站流量和点击率等数据的分析,了解访客的行为及其关注的内容,从而找到留住访客的方法,以提高用户体验度。

> **议一议**
>
> 若将访问网站比作逛超市,请同学们讨论一下,网站运营者需要获得哪些方面的数据呢?请将讨论结果对应地填入图10-21的方框里。

图10-21 填写统计数据

想一想

请同学们想一想,该企业是如何发现网站的问题的?针对问题,该企业做了哪些调整优化呢?

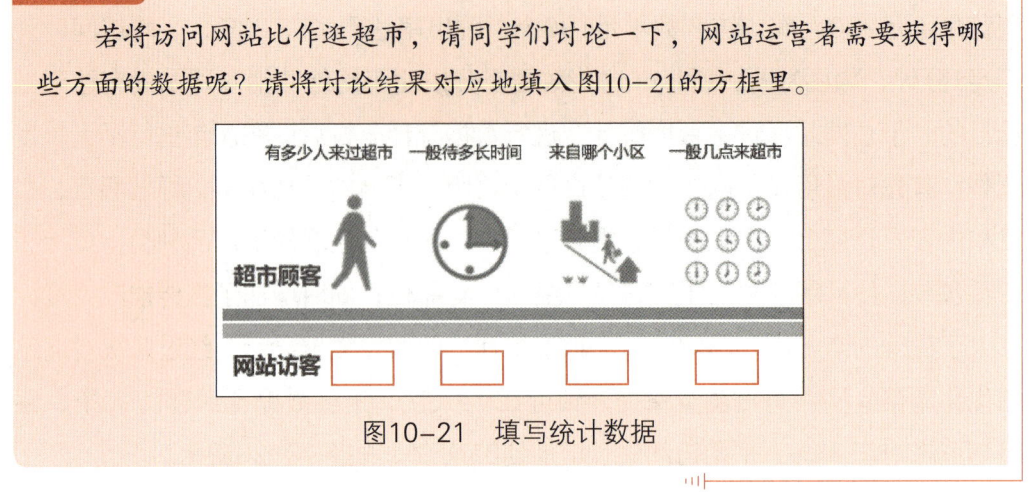

第二步: 认识"百度统计"工具,知道网站数据统计分析的核心指标。

> **知识链接** ▶▶▶
>
> "百度统计"(tongji.baidu.com)是百度推出的一款稳定、免费、专业、安全的数据统计、分析工具。"百度统计"提供了丰富的数据指标、图形化报告、全程追踪访客的行为路径,能够告诉用户访客如何找到并浏览网站,以及访客在网站上的行为习惯。这些功能可以帮助用户及时了解推广方案及其效果,从而找出网站营销中存在的问题,帮助用户发掘高转化率的页面,让企业营销更加精确有效。

1. 注册账号并登录

登录"百度统计"平台首页https://tongji.baidu.com/web/welcome/login。如果没有"百度统计"账号,可以单击"体验Demo"以访客身份进入平台(如图10-22所示),但是注册账号后登录能够更方便地获取数据。单击平台首页右上角的"登录"按钮,弹出"登录/注册"窗口,再单击"注册"按钮,按照提示完成注册,如图10-23所示。(温馨提示:由于"百度统计"平台经常更新,请以平台实时信息为准)

图10-22 体验Demo

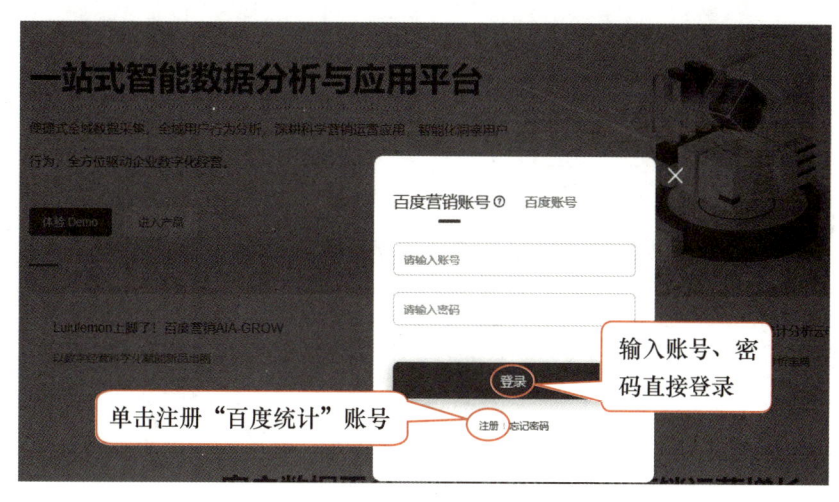

图10-23 注册账号

2. 查看网站数据

"百度统计"划分了5个重要数据分析版块，分别是"流量分析""来源分析""访问分析""转化分析""访客分析"，每个版块都各具功能。"百度统计"页面的左侧为网站导航，在导航里可以快速找到这5个版块，如图10-24所示。

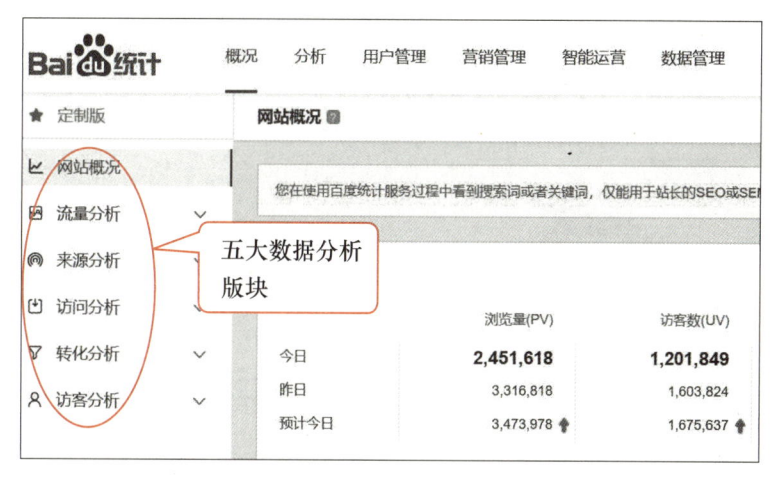

图10-24 "百度统计"五大数据分析版块

（1）网站流量数据分析。单击"流量分析"按钮，右侧就会出现实时访客数据，还可以查看一段时间内用户网站的流量变化趋势，及时了解该时间段内用户对网站的关注情况及各种推广活动的效果，如图10-25所示。"百度统计"可以在不同的地域内对网站的用户流量进行细分。

（2）网站访问用户来源数据分析。单击"来源分析"按钮，右侧就会出现"来源类型"和"来源网站"选项按钮，再次单击按钮，即可直接获得不同渠道的访问用户来源数据，如图10-26所示。

网站的访问用户来源主要包括直接访问、搜索引擎访问和外部链接访问等。网站的访问用户来源数据分析一方面便于评估当前的推广效果，另一方面能帮助网站寻找推广的盲区。

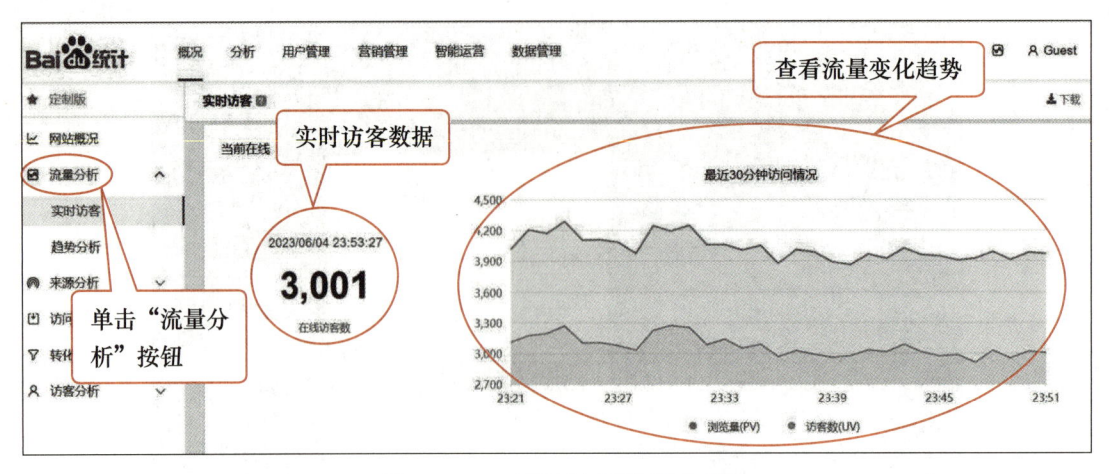

图10-25　网站流量数据分析

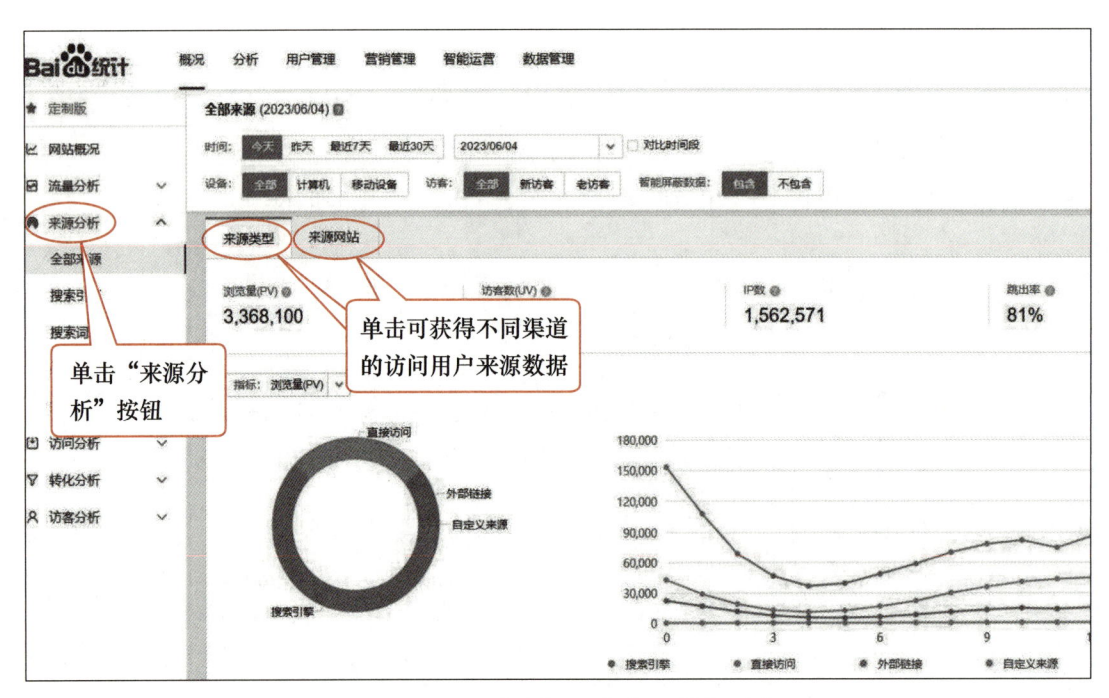

图10-26　网站访问用户来源数据分析

（3）网站访问数据分析。单击"访问分析"按钮，右侧就会出现对应的数据，可以查看访客对网站内各个页面的访问情况，及时了解哪些页面吸引访客，以及哪些页面容易导致访客流失，从而帮助用户更有针对性地改善网站质量，如图10-27所示。

（4）网站转化数据分析。单击"转化分析"按钮，右侧就会出现对应的数据，通过数据分析可以获知网站的转化目标页面，帮助用户有效地评估与提升网络营销投资回报率，监控转化效果，有针对性地发现问题、对网站进行提升，如图10-28所示。

（5）网站访客数据分析。单击"访客分析"按钮，右侧就会出现对应的数据，可以查看访客来自哪些地区，使用何种系统，访客性别、年龄比例等信息，如图10-29所示。

项目十 网络营销效果测评 | 237

图10-27 网站访问数据分析

图10-28 网站转化数据分析

图10-29 网站访客数据分析

知识链接

通过对"百度统计"工具功能的认识,可归纳出网站数据统计分析的核心指标,见表10-5。

表10-5 网站数据统计分析的核心指标

核心指标	指标含义
浏览量	浏览量即PV、页面浏览量或点击率,在一定统计周期内,用户每刷新一次网页,即被计算一次
访客数	访客数即UV,访问网站的每台电脑客户端计为一个访客,同一天内相同的客户端只被计算一次
访问来源	网站的访问用户来源可以分为直接访问、外部链接访问、搜索引擎访问
访问时长	访问时长即访问用户打开最后1个页面时间与打开第1个页面时间之差。访问时长越长,代表内容对用户越有吸引力
跳出率	跳出率即用户仅浏览了一个页面就离开网站的访问次数占总访问次数的比例。跳出率越低越好

试一试

请同学们在了解"百度统计"的功能和网站数据统计分析的核心指标的基础上,试着将核心指标对应填入图10-30的椭圆框中。

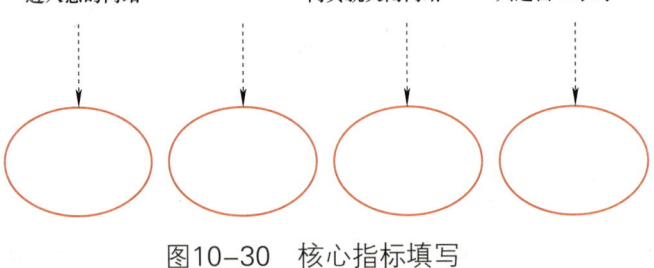

图10-30 核心指标填写

活动二 网站数据统计分析与效果评估

活动描述

在上一个活动中,李成响团队认识了"百度统计"工具,知道了网站数据统计分析的核心指标。谢经理告诉大家,不仅要能看懂指标,还要能够对数据进行分析，找出网站存在的问题，制定并实施优化调整方案，并对实施前后效果进行评估。谢经理仍以该零食企业为例，带领大家继续探究，帮助大家掌握数据统计分析的步骤和方法。

活动实施

第一步：通过案例分析，掌握数据统计分析的步骤和方法。

案例10-5

该零食企业知道了数据统计分析的重要性后，接下来应该如何操作呢？

（1）查看报告、采集基础数据。进入"百度统计"首页，单击"网站概况"，查看网站当日的基础数据：浏览量1,714,180次，访客数801,618个，IP数745,036个，跳出率81.98%，平均访问时长2分22秒，转化次数5,486次，如图10-31所示。对这些数据进行采集整理，是进行对比分析的基础。

图10-31 查看"百度统计"网站概况的指标数据

（2）分析数据，通过对比发现问题。表10-6是某零食企业网站9月和10月的各指标数据对比。从中我们可以发现这样两个问题：第一，该网站指标在整体下滑，需要对营销策略进行重新调整；第二，通过对指标进行细化分析，可以发现访问来源中外部链接访问下滑得比较严重。

表10-6 某零食企业网站9月和10月的各指标数据对比

指　　标	9月	10月
浏览量（人次）	45,284	41,905
访客数（个）	34,350	31,951
跳出率（%）	78.82%	76.74%
平均访问时长	2分07秒	2分01秒

> **议一议**
>
> 请同学们登录"百度统计"平台，深入查看各大数据分析版块，同时利用网络搜索相关知识，然后议一议中小企业主要关注"百度统计"中的哪些数据？

（续）

指标		9月	10月
访问来源	直接访问（人次）	15,796	15,506
	外部链接访问（人次）	9,127	7,178
	搜索引擎访问（人次）	20,361	19,221

第二步：制定并实施优化方案，进行效果评估。

1. 制定并实施优化方案

通过数据的对比分析，零食企业找到了问题所在，并针对问题制定如下优化方案：

（1）突出产品品质，提升网站品牌效果。该零食企业的品牌定位非常清晰，定位于高端零食。企业不以价格为标准，突出高品质原料。为匹配产品的定位，网站用很大的促销页面来展现产品的高端品质，并从客户角度出发，强调高品质服务，如图10-32所示。

图10-32 促销页面

（2）美化页面，优化网站结构。为了符合品牌的高端定位，优化整个网站结构可以使导航栏的设计更加简约醒目，使整个网站功能划分更加清晰。网站增加了品牌宣传内容，重新对页面进行了美化，能够刺激访客的购买欲望，如图10-33所示。

（3）提升访客对网站的黏性。网站的目标在于维系老用户，拓展新用户。网站通过会员制度吸引消费者，通过整合购买方式方便消费者，使访客数量稳中有升，从而提升访客对网站的黏性。另外网站还设计了加盟专区、招聘专区，以吸引合作者，拓展新用户，如图10-34所示。

图10-33　优化网站结构和内容

图10-34　提升客户黏性

2. 效果评估

优化方案实施一段时间后，企业再次进行了数据统计，如表10-7所示。企业11月的各项指标数据都有不同程度的上升，访客数和外部链接访问数据上升特别明显，这说明优化后的营销方案行之有效，推广渠道精准，促销活动有吸引力，网站宣传效果好。

表10-7　某零食企业网站9-11月的各指标数据对比

指　　标		9月	10月	11月
浏览量（人次）		45,284	41,905	50,227
访客数（个）		34,350	31,951	37,639
跳出率（%）		78.82%	76.74%	70.28%
平均访问时长		2分07秒	2分01秒	4分16秒
访问来源	直接访问（人次）	15,796	15,506	15,902
	外部链接访问（人次）	9,127	7,178	12,500
	搜索引擎访问（人次）	20,361	19,221	21,825

试一试

图10-35是一组网站访问来源数据，同学们能否分析一下，直接访问、外部链接访问、搜索引擎访问哪个渠道带来的流量最多？

来源网站	浏览量(PV)	占比
百度	1,287,164	61.81%
直接访问	467,921	22.47%
https://demo.tongji.baidu.com/web/opt/speed	65,446	3.14%
https://demo.tongji.baidu.com/sc-web/home/c...	47,503	2.28%
神马搜索	46,575	2.24%
搜狗	42,377	2.03%
360搜索	28,972	1.39%
https://demo.tongji.baidu.com/web/custom/su...	14,327	0.69%
https://demo.tongji.baidu.com/web/custom/flow	11,464	0.55%
其他	70,726	3.4%

图10-35　网站访问来源数据

任务评价

网站数据统计分析的任务评价见表10-8。

表10-8　网站数据统计分析任务评价表

序 号	评 价 项 目	自 我 评 价			
		能准确阐述（优）	能阐述（良）	能大概阐述（合格）	不能阐述（不合格）
1	数据统计分析对网站的作用				
2	网站数据统计分析核心指标				
3	核心指标的含义				
4	网站数据统计分析步骤				
5	网站数据统计分析方法				

教师评价：

项目总结

- 本项目主要内容包括网店数据统计分析和网站数据统计分析两个学习任务。
- 网店数据统计分析主要目的是让同学们知道数据统计分析对网店的重要性，并且能够运用"生意参谋"工具对网店数据进行统计分析。在此过程中，同学们需要掌握网店数据统计分析的核心指标及含义，掌握数据统计分析的步骤和方法，从而优化网店。
- 网站数据统计分析主要目的是让同学们知道数据统计分析对网站的重要性，并且能够运用"百度统计"工具对网站数据进行统计分析。在此过程中同学们需要掌握网站数据统计分析的核心指标及含义，掌握数据统计分析的步骤和方法，从而优化网站。

项目练习

一、不定项选择题

1. 想要查看网店整体的数据情况，应当去看（　　）的数据。
   A. 转化看板　　B. 客单看板　　C. 内容看板　　D. 整体看板

2. "生意参谋"首页清晰地划分了九大版块，除了实时概况、整体看板、诊断看板、流量看板，还有（　　）。
   A. 转化看板　　B. 客单看板　　C. 内容看板　　D. 竞争看板
   E. 行业排行

3. 站外流量包括（　　）。
   A. 搜索引擎　　B. 淘外网站　　C. 淘外APP　　D. 论坛
   E. 微博

4. 站内流量包括（　　　）。

　　A. 手淘推荐　　　B. 直通车　　　　C. 手淘搜索　　　D. 购物车

5. 站内流量中，以下需要付费的流量来源有（　　　）。

　　A. 手淘推荐　　　B. 直通车　　　　C. 手淘搜索　　　D. 购物车

6. "百度统计"数据分析的核心指标有（　　　）。

　　A. 浏览量　　　B. 访客数　　　C. 访问来源　　　D. 访问时长

　　E. 跳出率

7. 网站访问来源有（　　　）。

　　A. 直接访问　　　B. 外部链接访问　　C. 搜索引擎访问　　D. 随机访问

二、判断题

1. 访问网站的每台计算机客户端为一个访客，同一天内相同的客户端访客数只被计算一次。（　　）

2. 访客流量来源分为站外流量和站内流量。站内流量可以分为三大类：淘内免费流量、付费流量和自主访问流量。（　　）

3. 浏览量就是UV，访客数就是PV。（　　）

4. 50个访客在某网站共逗留45个小时，可以计算出平均访问时长。（　　）

5. 跳出率越高，代表网页对用户的吸引程度越低。（　　）

三、简答题

1. 什么是支付转化率？什么是跳出率？
2. 请分别说出网站和网店数据统计分析的常用工具。
3. 数据统计分析对网店的作用有哪些？
4. 数据统计分析对网站的作用有哪些？

参考文献

[1] 冯英健. 网络营销基础与实践[M]. 5版. 北京：清华大学出版社，2016.

[2] 惠亚爱，乔晓娟. 网络营销：推广与策划[M]. 北京：人民邮电出版社，2016.

[3] 戴恩勇，袁超. 网络营销[M]. 北京：清华大学出版社，2015.

[4] 黄文莉. 网上开店实务：项目式教材[M]. 2版. 北京：机械工业出版社，2016.

[5] 刘春青. 网络营销实务[M]. 北京：外语教学与研究出版社，2015.

[6] 勾俊伟，哈默，谢雄. 新媒体数据分析：概念、工具、方法[M]. 北京：人民邮电出版社，2017.

[7] 隗静秋，廖晓文，肖丽辉. 短视频与直播运营：策划 制作 营销 变现 视频指导版[M]. 北京：人民邮电出版社，2020.

[8] 唐铮，刘畅，佟海宝. 短视频运营实战[M]. 北京：人民邮电出版社，2021.

[9] 刘望海. 新媒体营销与运营：从入门到精通 微课版[M]. 北京：人民邮电出版社，2018.

[10] 李俊，魏炜，马晓艳. 新媒体运营[M]. 北京：人民邮电出版社，2020.